吉林大学"985 工程"中国国有经济改革与发展研究哲学社会科学创新基地建设项目

高校社科文库
University Social Science Series

教育部高等学校
社会科学发展研究中心

汇集高校哲学社会科学优秀原创学术成果
搭建高校哲学社会科学学术著作出版平台
探索高校哲学社会科学专著出版的新模式
扩大高校哲学社会科学科研成果的影响力

国际贸易学说史

李俊江
史本叶 /等著

The History of
International Trade Theory

光明日报出版社

图书在版编目（CIP）数据

国际贸易学说史 / 李俊江等著 . ‐‐北京：光明日报出版社，2011.9（2024.6 重印）
（高校社科文库）

ISBN 978‐7‐5112‐1596‐3

Ⅰ.①国… Ⅱ.①李… Ⅲ.①国际贸易—贸易史—研究
Ⅳ.①F749

中国版本图书馆 CIP 数据核字（2011）第 189437 号

国际贸易学说史

GUOJI MAOYI XUESHUO SHI

著　　者：李俊江　等

责任编辑：宋　悦　　　　　　　责任校对：海　宁　罗　中
封面设计：小宝工作室　　　　　责任印制：曹　净

出版发行：光明日报出版社

地　　址：北京市西城区永安路 106 号，100050

电　　话：010‐63169890（咨询），010‐63131930（邮购）

传　　真：010‐63131930

网　　址：http://book.gmw.cn

E‐mail：gmrbcbs@gmw.cn

法律顾问：北京市兰台律师事务所龚柳方律师

印　　刷：三河市华东印刷有限公司

装　　订：三河市华东印刷有限公司

本书如有破损、缺页、装订错误，请与本社联系调换，电话：010‐63131930

开　　本：165mm×230mm

字　　数：300 千字　　　　　　印　　张：16.25

版　　次：2011 年 9 月第 1 版　　印　　次：2024 年 6 月第 2 次印刷

书　　号：ISBN 978‐7‐5112‐1596‐3‐01

定　　价：69.00 元

CONTENTS 目　录

绪 论

一、为什么要写国际贸易学说史

国际贸易学说史是在国际贸易产生之后，伴随着国际贸易理论产生和发展的。国际贸易经历了一个漫长的历史发展过程。在人类社会形成的初期，并不存在国际贸易。原始社会后期虽然出现了个别部落之间的商品交换，但这种少量剩余产品的交换只是偶然的物物交换。与原始社会相比，奴隶社会和封建社会的商业贸易得到进一步发展。从历史上看，世界很多地区这个时期都曾经有过频繁的商品交换，例如在地中海沿岸就出现了腓尼基、希腊和罗马等贸易中心。但从生产力发展水平看，当时世界各国的自然经济仍占主导地位，世界市场尚未形成，制度和组织的演化仍处于低级状态，还不具备产生国际贸易思想和学说的环境和条件。

资本主义生产方式在西欧的出现以及在世界各地的传播，使得各国经济在世界范围内有机地联系起来，国际贸易成为推动经济形态变革的动力，分工日益深化并且超越国界形成了国际分工。"过去那种地方的和民族的自给自足和闭关自守状态，被各民族的各方面的互相往来和各方面的互相依赖所代替了。"[1] 随着制度和组织的发育、技术的进步，世界市场形成了。"资产阶级，由于开拓了世界市场，使一切国家的生产和消费都成为世界性的了。"[2] 可见，国际贸易是人类社会发展到一定历史阶段的产物，并伴随世界市场的扩大而逐步向纵深发展的。国际贸易的发展必然催生着国际贸易理论和学说的产生与发展。

在西方国家，对国际贸易的研究已有数百年的历史，形成了以西方经济学为理论基础的国际贸易理论体系。目前，国内外关于经济学说史的研究相对较

---

[1] 《马克思恩格斯选集》第一卷，人民出版社 1995 年版，第 276 页。
[2] 同上书，第 275～276 页。

多，而关于国际贸易学说史的研究相对较少。在早期的国际贸易理论中，国际贸易理论和经济学一样，与哲学、社会学、政策等是混合在一起的，即使在经济理论与哲学理论分离而形成一套独立的思想体系之后，也是和其他经济学理论混合在一起。如果说作为经济学理论的历史科学，经济学说史是随着经济理论的形成而逐步形成，那么即使在亚当·斯密（Adam Smith）开始贸易理论系统研究之后，国际贸易学说史研究也没有系统地建立起来，因为所有关于国际贸易学说史的研究都是包含在经济学说史的研究当中。20世纪初以来出现了各种专门的"经济思想史"和"经济学说史"著作，这使得经济学说史作为一门独立的科学逐步建立发展起来，并牢固树立其在经济科学研究领域和教学领域中的地位。由于大多数经济学家的研究领域都比较广泛，国际贸易问题只是其中一个研究方向，即使在今天关于国际贸易学说史的系统研究也并不多见。国际贸易理论系统的梳理和归纳多出现在历史上陶西格（Taussing）、俄林（Ohlin）以及克鲁格曼（Krugman）等人的著作中。

研究国际贸易学说史有其必要性。经济学说史的主要任务就是通过历史上各种经济学说的主要内容、基本特征、思想渊源等揭示经济思想产生和发展的规律性。但是我们通常只知道托马斯·孟（Thomas Mun）、斯密（Smith）、李嘉图（Ricardo）、马歇尔（Marshall）等著名经济学家对国际贸易理论的研究，而对其他人的贸易思想并不了解，这个问题在改革开放30年以来引进西方国际贸易理论的过程中表现的尤为突出。多数的国际贸易本科教材甚至研究生教材，让我们只知道国际贸易的代表人物而对贸易理论的来源和脉络不是很清楚，因此我们希望通过编写一本《国际贸易学说史》来解决这个问题。

研究国际贸易学说史也是认识国际贸易发展历史和现实的需要。按照历史唯物主义的观点，每种思想既不能从本身理解，也不能从所谓的人类精神理解，它们都是理论和实践分别从内因和外因两方面作用的结果。从这个角度看，国际贸易理论的产生和发展更多地受到国际贸易实践的影响。例如，16、17世纪的重商主义适应了新兴民族国家的经济发展需要；20世纪30年代的"大萧条"催生了凯恩斯主义经济学；二战后50～70年代世界贸易的大发展导致产业内贸易理论、产品生命周期理论和重叠需求理论等新理论的产生和发展。按照这个逻辑，理清各种国际贸易理论的理论渊源、发展脉络、贡献及不足将会促进我们对国际贸易理论发展规律的认识，进而也会有利于认清国际贸易的发展方向。例如，异质企业理论和垂直专业化理论反映和揭示了国际贸易更多地向跨国公司主导的新型国际分工转变的发展趋势。

二、主要研究内容

参考经济学说史的定义，本书可以将国际贸易学说史界定为："以历史上经济学家的国际贸易思想和各个时期国际贸易学说为研究对象，专门研究各个历史时期有代表性的国际贸易思想、国际贸易理论和学说，研究他们产生和发展的社会历史背景、理论渊源、经典著作和代表文献，研究学说发展脉络、贡献和不足，研究他们产生和发展对后世的影响。"国际贸易学说史的基本任务就是通过研究历史上各种国际贸易理论的主要内容、基本特征、思想渊源来揭示国际贸易理论产生和发展的规律性，进而指导国际贸易理论研究和国际贸易实践。

本书之所以不使用"国际贸易思想史"的提法，是因为二者之间的差别与"经济学说史"和"经济思想史"的差别①相类似：国际贸易思想史研究人类各个历史时期形成的国际贸易思想和观点，而不论这些观点是否形成一个体系；国际贸易学说史研究的范围仅限于已形成比较完整的经济理论体系的思想和观点。因此，国际贸易思想史的外延更广，时间也可能更早，表述上更倾向以经济学家或贸易理论学家代表人物为线索；国际贸易学说史的逻辑性更强，理论体系更完整，更倾向按照理论或学说名称来表述（但是这种学说名称不像人名那样固定，是历史形成的，因此有科学性和非科学性的问题，也有时效性的问题，例如"新贸易理论"），可以融入更多的研究者的观点。本书以《国际贸易学说史》为名，就是为了更好地揭示各种国际贸易学说的发展脉络，发现其中的规律，按照历史唯物主义的观点将学说的介绍和思想的介绍结合起来。② 当然，为了很好的说明各种理论的来源和背景，我们不会回避任何贸易思想的介绍，例如早期的贸易思想和重商主义的观点。

既然国际贸易学是经济学的一部分，那么关于国际贸易学说史的研究自然不能回避对经济学说史的借鉴。在目前经济学说史的研究中，以"古典经济学——新古典经济学——新古典综合——现代经济思想和经济学"的逻辑最为成熟。因此，本书将国际贸易理论的发展划分为以下五个阶段：（1）重商主义（包括早期的贸易思想）；（2）古典贸易理论。这一理论阶段是指从18世纪末到20世纪初，主要包括了亚当·斯密在《国富论》中论述的绝对优势理论和大卫·李嘉图提出的比较优势理论，它们的共同点是认为各国劳动生产

---

① 参见吴宇晖、张嘉昕编著：《外国经济思想史》，高等教育出版社2007年版，第1页。

② 大多数的"学说史"和"思想史"都是如此处理，其中很多专著将它们完全混淆。

率之间的绝对或相对差异是国际贸易的动因，此外对同一时期卡尔·马克思
（Karl Marx）的国际贸易观点也进行了论述；（3）新古典贸易理论。20世纪
20年代，瑞典著名经济学家赫克歇尔（Heckscher）和其学生俄林提出了"生
产要素禀赋论"，从生产要素供给的相对丰裕（稀缺）角度论证了国际贸易的
格局，称为"赫克歇尔－俄林模型"，这可以称做是现代国际贸易理论的开山
之作。该理论认为国际贸易产生的动力是各国在生产要素禀赋上的差异，由此
解释了国际贸易的格局。其后，萨缪尔森（Samuelson）等经济学家又用数学
方法进一步论证了该理论，并且推论出了"要素价格均等化理论"（Factor
Price Equalization Theory）和"斯托尔珀－萨缪尔森定理"（Stolper-Samuelson
Theorem）。但里昂惕夫（Leontief）在力图证明该理论的过程中却发现了与之
相悖的事实，也就是著名的"里昂惕夫悖论"（Leontief Paradox）；（4）新贸
易理论。新贸易理论开始于20世纪60年代，当时国际贸易活动中出现了大量
与"赫克歇尔－俄林模型"预言不相符合的现象，为了解释这些现象经济学
家提出了一系列新的理论。这一时期的代表人物是克鲁格曼，他把规模经济与
垄断竞争的概念引入国际贸易理论，以规模经济和差别产品解释产业内贸易；
（5）新兴古典贸易理论。这一理论开始于20世纪80年代，以澳大利亚籍华
裔经济学家杨小凯为代表。杨小凯回到了亚当·斯密的《国富论》，用现代数
学方法，以分工和专业化来解释国际贸易的动力及格局。

三、主要创新之处

　　本书以国际贸易思想的成长为主线，以各种国际贸易学说的形成和发展为
参照，以时间为主轴，结合社会、政治、文化和经济发展的背景，介绍历代贸
易思想家的经济学思想和政策主张。主要涉及在所处时代有过重要影响以及对
国际贸易作出重要贡献的思想和流派。思想内容涉及国际贸易问题的核心内
容，如国际分工、贸易条件、贸易方向、贸易利益、贸易影响等问题。具体
包括：

　　第一，系统整理和发掘各种贸易理论的渊源。学术界对国际贸易学说史研
究的不足使得对这个领域进行开拓性探索和研究本身就是一个创新，所以对其
进行进一步系统整理和发掘非常有意义。本书把国际贸易思想的发展看成是一
个渐进的演变过程，选择在历史上有过重要影响的思想家及流派，对其思想及
贡献进行梳理和评价。

　　第二，使本书起到历史书、工具书和文献导读的作用。所谓"历史书"
就是要揭示每个学说和代表人物背景、生平、影响等历史问题；所谓"工具

书"就是对每种学说进行客观地概括和解释，并解释出每种学说的形成过程、理论来源和代表人物；所谓"文献导读"主要是对学说中涉及的大量文献按照理论贡献依次引用和介绍，让读者对文献有全景式的了解，以便开展进一步的研究，发挥"文献导读"的作用。

第三，在写作体系和写作风格上的创新。研究国际贸易学说史的目的在于通过对国际贸易理论发展历史的考察，探索国际贸易学说自身发展的规律。本书对理论体系的把握：一是以里程碑式的人物及其贡献作为分界标志，便于对历史发展的整体把握；二是避免按范式分类带来的对内容选择和处理的限制，使体系本身保持相当的灵活性。同时，在材料来源和处理上以及对贸易经济学家的介绍和评价上尽可能客观、准确，引用原著、原句进行论证，避免一家之言带来的偏颇；在写作风格上力求结构完整、逻辑合理、叙述准确、文字流畅。

第一章

重商主义学说

第一节　重商主义学说产生的历史背景

重商主义产生于欧洲资本原始积累时期，是代表商业资产阶级利益的经济思想和政策主张。这个体系产生于 15 世纪，16、17 世纪达到它的全盛时期，18 世纪趋于没落。就其国家干预经济的政策主张来说，其影响是极为深远的。马克思把重商主义称为"对现代生产方式的最早的理论探讨"[①] 是恰如其分的。

一种经济思想的产生不是偶然的，它一定有其深刻的经济以及政治背景。

一、经济背景

资本主义生产方式最早产生于封建制度没落、瓦解时期的欧洲。随着这个时期商品货币经济的发展，早在 14 世纪，资本主义生产方式的萌芽就已在地中海沿岸的一些城市，如威尼斯、热那亚、比萨、佛罗伦萨和米兰等地开始出现。15 世纪以后，西欧各国的社会分工得到了进一步的发展，手工业和商业开始与农业分离，封建自然经济不断衰落和瓦解，商品货币经济则不断发展和壮大。在这种情况下，流通中所需要的货币量急剧增加。当时印刷技术较落后，信用制度还不够发达，充当交易媒介物和结算工具的主要是黄金、白银、铜等铸成的金属货币。货币需求的扩大导致金银需求的增加，由于当时大多数西欧各国不产金银，少数产银国的产量又较少，并且他们在与东方各国进行贸易时总是出现逆差，因而输出的金银量总是大于输入量。金银供需矛盾的极其尖锐造成西欧各国普遍的金银荒，从而使人们产生出强烈的"黄金渴望"。在

---

① 马克思：《资本论》第三卷，人民出版社 1975 年版，第 376 页。

这种渴望的刺激下，一些冒险家远涉重洋，企图到东方寻找黄金，结果却意外的发现一批新大陆，其中当数美洲新大陆最大。到 16 世纪，当率先登上新大陆的西班牙转眼间暴发成为富甲天下的殖民大帝国时，其他各国政府便立即认定西班牙是自己的榜样。走西班牙的道路，这就是他们的结论。正如后来约翰·洛克所说，对于缺少金银矿藏的国家来说，"通向财富的道路只有两条，即掠夺和贸易。"①

随着地理大发现的进一步发展，商业资本的活动空间急剧扩展。西欧国家通过对殖民地的不等价贸易和掠夺为本国积累了大量金银，这进一步刺激了国内商品经济的发展。这样，社会财富的主要形式就由封建制度下的田产转变为商业财富——黄金和白银，从而使社会各个阶层的经济生活对商业和商业资本的依赖日益加深。封建地主已经不再满足利用土地所有权剥削农民的实物地租了，他们急需将日益增加的以物质形态提供的贡赋转化为货币，变实物地租为货币地租，以便购买来自世界各地的高昂的奢侈品和精美无比的手工业品。随着地租形式的演变农民也被卷入商品经济，这样就需要有更多的货币投入流通。为了满足国内商业经济发展对金银的需求，欧洲各国纷纷举起重商的旗帜，把其作为富国富民的重要手段。

二、政治背景

西欧国家在商业资本的经济实力不断增强的同时，在政治上也相继演化成为封建专制的中央集权国家。进入 16 世纪后，欧洲民族主义的力量越来越强大。随着以王权为中心的民族国家的兴起，其面临的首要问题就是如何生存并应付政府开支全面增加的挑战。当时的欧洲已经成为了一个争夺权力的舞台，这个舞台有一个非常显著的特点，那就是权力非常分散，没有哪个国家可以取得霸权。这种情况的形成，一方面原因是地理环境、人口分布等因素，以及受通讯和战争技术的局限；另一方面是由于帝国政府的能力有限，不能有效的治理他们得到的领土。当某个国家力量强大到对其他国家形成威胁时，其他的国家就会结成联盟——尽管是脆弱的、暂时的，这些联盟挫败了那些企图以夺取一个又一个首都来不断扩大权力的人的美梦。

正是由于既要扩充权力又要预防外来的威胁，欧洲的民族国家陷入了无法摆脱的竞争网络。这在经济上产生两方面的影响：一方面，为了抵抗比较先进

---

① 汉斯·豪斯赫尔：《近代经济史》中译本，商务印书馆 1987 年版，第 228 页。

国家的入侵或可能的入侵，落后国家就不得不向先进的国家学习，去接受新的方法和政策。比如在当时，法国以及瑞典的行政制度、荷兰的银行业务、农业舰船技术、工业技工等都是其他国家学习的榜样；另一方面，出于对随时可能发生战争的担心，各国把筹集资财来应付可能的战争作为首要任务。一个国家筹款能力的大小取决于国王对地主、强大的城镇和西方的行会有多大的权力，取决于行政管理的效率，取决于国王所能取得的由农业、商业、银行和工业活动所产生的收入和财富的总和。除此之外，国王还可以在国内征召兵员，从国外雇佣士兵，或通过收买来结成盟友等等。因此，调动一切"不受限制的经济资源"是传统帝国统治者政策的核心。一般来说，当国王有紧急需要必须立即征收大量金钱的时候，可以从地主、工场主和商人三个方面征集，其中商人所起的作用是最为重要的。虽然地主和工场主也有作出贡献，但是地主和工场主只能够支配他们的收入和他们的年产品，唯有商人在必要的时候可以把他们的全部财产交给政府使用。由于他们的资本都是随时供应消费的货物和供应市场日常消费的商品，可随时出卖，因此商人可以在比其他任何公民都少受损失的条件下提供国王所需要的大量钱款。在早期的欧洲现代史中，具有发达的商业体系对一个国家来说是至关重要的。以查理十二世时期的瑞典为例，正是由于查理十二世强有力的执政使瑞典具有了良好的商业基地、形成了持续的出口能力，从而使只有300万人（包括非瑞典人）的瑞典成为了一个令人生畏的军事强国。17世纪的荷兰仅有200万人口，但它却通过发达的商业体系一举成为海上霸主，这也刺激了17世纪的英国和法国去奋力竞争，形成了柯尔培尔主义制度（重商主义）。17世纪英国的人口是荷兰共和国的两倍多，而法国大约是荷兰的6倍，但是直到1650年英法仍是农业社会。要把资源集中起来用于军事目的是极为困难的。当时荷兰的财政收入大大超过英国，荷兰人的平均纳税额几乎相当于同等收入的英国人和法国人的三倍。此外，荷兰用分散的政治权力和经济组织取得了足够的防御力量和巨大的殖民企业，而越往东方这种筹集资财的能力越弱。

因此，在这样的一个历史背景下，欧洲各国的国王关心国内商业的发展，以及通过贸易顺差和其他办法来建立金银储备并采取各种重商主义的政策行为是有一定道理的，重商主义的产生是当时历史条件下的必然产物。

第二节　重商主义理论思想

重商主义最初是作为"国家政策"出现的。正是由于国家采用了重商主义的措施和政策，也就产生了从理论上阐述这些政策的必要性。因此，重商主义逐渐形成较为系统的思想体系。

一、重商主义的基本思想

重商主义对经济现象的研究深受当时欧洲文艺复兴时期的人文主义思潮的影响。人文主义是适应资本主义生产关系的产生和发展而出现的资产阶级意识形态，它强调以"人"为中心，用人性对抗封建的神性，用人权反对神权，用个性自由反对宗教道德规范的约束。人本主义打破了从"圣书"和宗教规范中寻找真理标准的教条，主张一切从人出发，以商人的观点来观察社会经济生活现象，反对他们维护自然经济而敌视货币财富的观点。重商主义者之所以能够发表符合自己阶级利益的言论，一个主要的原因就是当时的商人和中央政府的利益是一致的，这在前边的背景中我们曾论述过。重商主义是以如何增加国家的财富、如何从国家的角度管理经济的面目出现的。

重商主义者摆脱了社会宗教观念的束缚，开始对社会经济现象进行实际的研究，并在研究中注意事物之间的因果关系，因此重商主义思想具有一定的进步意义。但是重商主义的研究只停留在表面现象上，他们所找到的联系不是经济现象之间的内在联系，而只是停留在经济现象和流通领域的表面联系。正如马克思所指出的那样，重商主义"必然从流通过程独立化为商业资本运动时呈现出的表面现象出发，因此只是抓住了假象。这部分的是因为商业资本是资本本身的最早的自由存在方式；部分的是因为它在封建生产的最早的变革时期，即现代生产的发生时期，产生过压倒一切的影响。"[1]

重商主义的基本思想可简单的归纳如下：

第一，重商主义者认为财富就是货币，货币就是金银。从这个理念出发，一个国家富裕和发展程度的标准是看它拥有的货币量，而推动一个国家发展的根本动力就是积累货币。重商主义者从商业资本家的利益出发，把注意力集中在商业和货币的流通上，特别是注意黄金和白银的流向，认为国家一切经济活

---

① 马克思：《资本论》第3卷，《马克思恩格斯全集》第25卷，376页。

动的目的就是获取金银。重商主义的这种财富观念也反映了当时人们对于金银的那种狂热。哥伦布曾这样说过：“金真是一个奇妙的东西！谁有了它，谁就成为了它想要的一切的东西的主人。有了金，甚至可以使灵魂升入天堂。”①当时西欧各国对于金银的这种狂热，恩格斯曾这样指出：“葡萄牙人在非洲海岸、印度和整个远东寻找的是黄金；黄金一词是驱使西班牙人横渡大西洋到美洲去的咒语；黄金是白人刚踏上一个新发现的海岸时所要的第一件东西”。②

当然，重商主义者并不否认工农业产品和自然资源也是财富（他们称为"自然财富"），也不认为金银可以代替物质产品。但是，他们并不认为国家财力的积累取决于物质生产的发展。因为，在他们看来，过多的超过人口需要的产品如果不能出售就是没有意义的，只有能实现和真正实现货币的东西才是财富。

第二，重商主义者把财富和利润的来源归于流通领域。基于货币是财富的惟一形态的观点，他们认为财富的源泉有两个：金银矿的开采和发展对外贸易。在重商主义者看来，开采金银矿是有条件限制的，不存在金银矿的地区或国家是无法以开矿的方式增加财富的。因此，获取财富的更重要的源泉是发展对外贸易。重商主义认为，商业在国内和国际开展的结果是有区别的。国内商业无疑是有益的，但它不能增加一国的货币总量或财富总量，其结果只是一部分人手中的货币或财富增加，而另一部分人手中的货币或财富减少。因此，对外贸易才是获取货币或财富的真正源泉，同时也是利润的源泉。商人通过对外贸易将本国商品输出国外，换回金银运回本国；在商品转手中通过贱买贵卖获得利润。通过对外贸易的方式，一国可以迅速的积累起越来越多的财富。而国内的商业虽然也是重要的，但是它的重要性只在于给对外贸易造成的间接影响，国内商业本身既不会使国内致富也不会使国家贫穷。因此，使国家富裕的惟一手段就是发展对外贸易。

第三，重商主义者认为对外贸易的原则应该是少买多卖和少支出多收入。在重商主义者看来，商品输出是外国人支付了制造这些商品的雇佣工人的工资，进口则是本国支付了外国工人的工资。因此，为了在国际收支平衡中实现有利的差额，增加对外贸易中的货币流入，必须获得贸易出超和顺差，国内的商品应服从于对外出口的需要，应鼓励和发展有利于本国出口的工场手工业，

① 《马克思恩格斯全集》第 23 卷，人民出版社 1973 年版，第 151 页。
② 《马克思恩格斯全集》第 21 卷，人民出版社 1973 年版，第 450 页。

限制或禁止外国商品进口。

第四，重商主义者主张国家应该采取措施积极干预国内的经济。由于处于封建社会内部的商业资本本身还是比较弱小，他们的主张必须依靠封建民族国家的政权制定和执行有关的政策和法令才能得以实现。因此，重商主义者积极要求国家进行经济干预，要求国家通过法令保护国内的商业和工业。在工业和商业之间，国家把商品生产只看做是进行对外贸易的先决条件，国内的工业生产是服从于商品输出的需要，商品生产是为对外贸易服务的。所以他们要求国家鼓励发展那些在国外可以按高价畅销其产品的工业部门，采取各种政策和措施，如保护关税、奖励出口等，以保护和促进对外贸易的发展，增加流入的货币量，使国家财富得到增长。

从上述重商主义经济思想的主要特点可以发现，重商主义无论是思想还是研究方法都是比较原始和肤浅的，在具体的研究中还没有挖掘到事物的本质，混淆了很多概念，其方法还没有超出经验主义的范围，提出的也都是一些经验性的规律。尽管如此，和经院哲学的演绎法比较仍是一个历史的进步。在重商主义出现之前，欧洲的经济思想主要包含在对整个社会的总体研究中，并未形成专门的经济学说。在经济学的科学方法论体系中，对实践经验的总结都是科学方法的第一步，它的进步作用在于冲破了经院哲学的教义，从而使经济思想从宗教规范下解放出来。

二、重商主义的发展阶段

西欧重商主义的发展大体上可以分为两个阶段：早期重商主义阶段和晚期重商主义阶段。无论早期重商主义还是晚期重商主义都混淆了财富和货币的含义，把货币看做财富的主要或惟一形态，但在如何增加货币上却有着不同的看法和主张，提出了不同的措施和方法。

（一）早期重商主义

早期重商主义大约是从 15 世纪到 16 世纪中叶，其主要代表人物是约翰·海尔斯（？～1571 年）、威廉·斯塔福德（1554～1612 年）、安徒安·德·孟克列钦（1575～1622 年）。早期重商主义反映的是资本原始积累初期的商业资本思想意识。在 15～16 世纪时期，商品生产和商品流通还不够发达，对外贸易还没有充分展开，信用制度也还没有发展起来，传统的封建观念还支配着人的意识，因此这一时期的重商主义的封建色彩还很浓。他们坚持认为一切购买都会使货币减少，一切销售都会使货币增加，所以国家应该做的就是尽量的少买或不买。这样可以少花钱将货币积累起来使国家致富；反之，货币就会离手使国家趋于贫困。英国理查二世时颁布的命令中有这样一段话："金银离开我们的手，我们的财富正在消灭，破灭即在眼前，因此，这种不安将要到来，它将给国家带来困难。"所以早期重商主义者认为，要积累本国的货币，第一，必须严格禁止金银出口；第二，防止金银外流，在对外贸易中必须严格实行多卖少买甚至只卖不买的原则；第三，为了有效阻止本国金银外流和吸引外国货币入境，应该由国家制订一系列行政措施来进行干预。例如英国曾经设立皇家汇兑管理机构，一切汇兑交易都必须经过这个机构，而且各国都用法令规定本国经营出口贸易的商人必须带回一定数量的外国货币，而外国商人出售商品所得的货币必须全部在当地购买商品。总之，在对外贸易的每一笔交易中都要求增加本国的金银。可见，早期的重商主义者还不是用真正的资本家的眼光来看待货币的增加问题，而是从货币储藏者的角度"竭力把货币从流通中拯救出来，以谋求价值无休止的增殖"。① 恩格斯曾对早期重商主义有过这样一段精彩的描述："各国彼此对立着，就像守财奴一样，双手抱着他心爱的钱袋，用妒忌和猜疑的眼光打量着自己的邻居。"② 所以，马克思又把早期重商主义叫做重金主义。在经济学史上，早期重商主义对财富增殖的见解被称为货币差额论或货币主义。

（二）晚期重商主义

晚期重商主义大约从 16 世纪下半叶到 17 世纪中叶，其主要代表人物是托马斯·孟（1571～1641 年）和让·巴蒂斯特·柯尔培尔（1619～1683 年）等。早期重商主义对货币增殖的看法是守财奴式的积财办法，他们力图用控制货币本身的运动的方式来积累货币，这种办法对商品流通的发展是不利的。一些思想敏锐的人开始明白："一动不动放在钱柜里的资本是死的，而流通中的资本却会不断增殖。"③ 他们把自己的金币当作诱鸟放出去，把别人的金币引回来。他们实际上已经用资本家的眼光来看待货币了。他们的目的仍然是积累货币，但他们是通过不断的把货币重新投入流通来达到这一目的的。可见，对他们来说，货币已经不是单纯的货币，而是增加财富的手段、是资本。在这种认识的基础上，他们主张取消金银出口禁令，因为只要在一定时期内保持总出口量大于总进口量，那么出口的金银将带回几倍甚至几十倍于自身数量的外国

---

① 《马克思恩格斯全集》第 23 卷，人民出版社 1973 年版，第 175 页。
② 《马克思恩格斯全集》第 1 卷，人民出版社 1960 年版，第 596 页。
③ 同上。

金银。他们还主张国家实行关税保护政策，奖出限入，抵制外国商品的竞争，保护和扶植本国工业的发展。因此，马克思有时把晚期重商主义称为重工主义。晚期重商主义对财富增殖的见解又被称为贸易差额论，他们强调在对外贸易中保持顺差。由于晚期重商主义是在货币的不断运动中来谋求货币的增加，这种观点与商业资本的要求最相适应，所以马克思称他们为真正的重商主义。

第三节　重商主义的国内政策纲领

实际上，重商主义的出现并不是以某种理论体系面世的，它是一系列的政策措施的综合体。除了前面所提到过的重商主义者所采取的外贸制度外，为了使本国能在国际市场上出口更多的商品，使本国的产品更具有竞争力，重商主义者还在国内实施了很多相关的配套措施为其服务，并形成了一系列的国内政策纲领。这些政策主要包括以下几方面：

一、改进国内的交通设施，统一国内市场

商人们认识到国内的各种通行费用都将导致本国商品成本的提高，不利于大量出口，减少国家的金银收入，因此他们反对一切妨碍商品国内流通的限制措施，尽力统一国内的市场。在统一国内市场方面，英国具有一定的有利条件，一方面英国拥有沿海航运，另一方面从中世纪开始英国就形成了一个牢固的传统，即公路通行费必须严格按它所提供的服务征收，不能成为地方当局垄断的税收来源，这种政策一直延续下去。到18世纪，经议会批准新建了收费的公路和运河，这样运输体系就得到了加强。而在法国，路易十四时期的大臣柯尔培尔竭力把四分五裂的国内市场统一起来。例如，他大幅度降低河道和公路的通行费；他的1644年的关税法大大简化和统一了五大农场的税收，而这五个农场几乎占据法国整个北半部。随着1700年波旁王朝的建立，西班牙通过广泛的实现统一和现代化的方法，建立了统一的政治和行政体制，正式打破国内的关税壁垒，建立国内的统一市场。

二、直接或间接采取措施鼓励制造业的发展

民族国家的出现直接引发了种种活动，一个普遍的现象是各国都力求加强全国的工业管理和促进认为与国家利益有关的制造业。像许多重商主义政策那样，对待制造业的最初办法只是把中世纪的方法在大范围内具体化。英国工业法规中典型的例子就是1552年制定及修订的《布品法规》和1563年制定的较

为出名的《工匠条例》。前者详细规定了 22 种毛织品的标准，后者规定了全国最高工资额和学徒章程。英国政府的种种干预对工业产生了一定的影响，使其更灵活的适应市场，如当纺织工人的工资经认定为太低时，政府就随时规定最低工资。此外，政府的干预还使行政管理变得较为松散，在这种情况下，常识、对当地特点的敏感和市场的力量就得以发挥很大的作用。而法国对工业的管理，至少在形式上比英国更成体系，从路易十一开始就逐步有计划的鼓励、调整法国的制造业。其目的：一方面是要用本国产品代替进口品，保证出口商品的质量和扩大出口，以巩固贸易平衡。另一方面是把发展工业作为增加国内收入的来源。到了法国路易十四时期，柯尔培尔在前任的基础上巩固和充实了一系列管理章程、大力推行了一系列政策，努力建立庞大的海军来支持殖民政策，给予私人企业以垄断特权和其他形式的补贴来扩大制造业的规模。

三、采取特殊方法使军队拥有独自的经济基础

重商主义者认为只有出口多于进口才能增加国家的货币财富，而他们又同时意识到不可能世界上所有的国家都能做到出超，因此一国的致富必须以其他国家的贫穷为代价。为了在这样的国际竞争中成为强者，重商主义者主张国家应该大力发展本国的军事力量，这样就可以控制更多的殖民地，主导国际贸易的规则，在国际贸易竞争中取得优势，从而赚取更多的金银财富。重商主义者的这种观念很自然地导致了军国主义，当时欧洲各国都拥有规模庞大的海军和商业舰队，在必要的时候，大公司（如东印度公司）的商业舰队也会加入海军以壮大国家对外扩张的军事力量。

四、重视就业并强迫人民参加劳动

重商主义时期欧洲的人口增长较快，就业成了政府需要解决的一个重要的问题。很多重商主义者在其著作中都提到了有关如何增加国内就业的内容，如托马斯·孟在《英国得自对外贸易中的财富》中写道："我现在谈一谈生丝和靛蓝。靛蓝是呢绒的非常好的染料，由于使用了靛蓝，我们的呢绒在世界很多国家都受欢迎，为王国增添了光彩。此外，他们还创造了很多的就业机会，帮助了成千上万的穷人。呢绒业始终雇佣了很多人做纺织工作。"[①]

同时重商主义者发现人们勤奋工作对国家也有很多好处：能生产出大量可供出口的产品，获得更多金银；由于人们在辛勤的工作中得到了锻炼，所以国

---

① 托马斯·孟著，顾为群等译：《贸易论（三种）》，商务印书馆 1982 年版，第 8 页。

家可以随时征招到大量合格的士兵和水手用于对外军事扩张；充足的劳动力供应有利于保持较低的工资水平，从而降低本国产品的价格，增加出口优势。

他们的这些认识对国家的立法产生了影响，于是法律中出现了很多严厉的措施以惩治那些"游手好闲"的人。如英国 1536 年颁布的法令宣布"身体健全"的流浪汉将被割去耳朵，第三次发现的流浪汉将被处以死刑；1572 年伊丽莎白女王统治时期规定：未经当局许可的 14 岁及 14 岁以上的乞丐都要受到鞭打并被打上烙印，除非有人愿意雇佣他们；若第二次触犯，如果没有人愿意雇佣他们，他们将被处死。

五、积极吸收资金和技术

重商主义时期，在经济上取得重大成功的国家无一例外地都采用过有益于吸收资金和人才的政策。如英国曾积极的吸引欧洲大陆的资金和人才。1572 年到 1685 年，5 万多胡格诺教徒从法国来到英国，他们带来了 300 多万英镑的资金和优秀的造纸、陶瓷和纺织等生产技术。当时英国最好的丝绸、花丝缎、天鹅绒、麻布、挂毡都出自他们之手。①

对本国不能生产的进口原材料免征关税，对本国能够生产的制成品实行保护并严格限制原材料出口。重视出口而不愿意进口被称之为"对商品的恐惧"。商人的利益优先于国内消费者的利益。商人得到流入的黄金作为他们出口商品的回报，而限制进口又减少了国内商品的消费。结果，金银得以累计，国家的财富和实力也得到增强。

禁止原材料外流有利于保持最终产品出口的低价。例如，在伊利莎白女王统治时期的 1565～1566 年曾颁布法律禁止出口活绵羊，违反该法律的惩罚措施是没收财产、一年监禁和砍掉左手，第二次触犯将被处以死刑。在查尔斯二世统治期间（1660～1685）曾禁止羊毛出口，违反者也被处以同样的刑罚。

重商主义者所采取的这些国内政策虽然其核心是为了国家能获得更多的金银，但是同时它也在一定程度上促进了国内商业的发展，为封建主义社会向资本主义社会的过渡奠定了基础。

第四节 对重商主义的历史评价

重商主义是资本原始积累时期资产阶级的经济思想体系，它反映了商业资

---

① F·W 迪克纳：《英国社会工业史》，伦敦英文版，第 270、348 页。

产阶级的利益，是维护其经济政策的理论根据。重商主义者的理论观点构成了资产阶级政治经济学的前史，因为他们把自己的主要注意力放在了流通领域。

不同国家的重商主义既有共同的基本特征又带有不同的民族色彩。例如，英国很早就开始了土地所有者的资产阶级化，重商主义促进了资本主义在工业和农业中的同时发展。法国的柯尔培尔（1619～1683）是重商主义政策的积极宣传者，他的重商主义政策具有片面的性质。由于封建主义生产关系对农业的束缚，柯尔培尔力图保证外贸的出超，用一切办法来奖励工业的发展，但却轻视农业的利益，如准许农产品进口而阻碍农产品出口等。

重商主义在历史上具有进步的性质，它打破了封建伦理观念的束缚，使其从中世纪的宗教神学和伦理观念的束缚中解放出来，把经济现象作为独立的研究对象。重商主义反对古代奴隶主、封建主阶级思想家维护自然经济和反对货币财富的观念，反对中世纪神学家把"圣"书、宗教规范和伦理观念作为人们行为的准则，反对从宗教规范和伦理观念中寻找经济论证的根据，突破了过去时代人们考察经济现象的狭隘眼界和中世纪经院哲学式的或教条主义式的研究经济问题的方式，把商业实践反映到了理论上来。重商主义开始用新的研究方式考察现实社会经济生活，把研究范围从主要考察奴隶主家庭经济和封建庄园经济扩展到考察整个国民经济。正是从重商主义开始，经济学的研究范围拓展到一个新的领域，正如凯恩斯所承认的那样，重商主义是现代宏观经济学的先导。重商主义把货币看做是真正的财富，这实际上就表明，在资本家的心中财富并不是使用价值，而是交换价值。重商主义者还认为货币要投入流通才能增殖，抛出货币是为了获取更多的货币，货币已经不是一般的交换手段，而是具有资本的职能了。这样，在资本主义生产关系萌芽时期，重商主义者就明确地说出了资本主义生产的实质和使命就是赚钱发财。重商主义者的观点尽管还很粗糙，但是有助于提高人们对于资本主义初期的经济状况及商业资本利益的认识。由于重商主义的研究着重于流通，特别是对外贸易，这为现代的国际贸易理论的形成提供了基础。同时，将一国财富的增长放在一个开放的国际经济环境中考察，这也拓展了人们的视野。重商主义主张的经济政策在历史上起着一定的进步作用。在西欧、英法等国由于实行了重商主义政策，积累了大量货币资本，促进了商品经济和资本主义工场手工业的发展，为资本主义生产方式的成长创造了必要的前提。

尽管具有相当的进步意义，重商主义还不是真正的现代经济科学，它的研究方法和基本观点还存在着不少缺陷和错误。由于重商主义所处时代是封建社会的末期，这时期作为资本的最早形态之一的商业资本在社会经济生活中占据支配地位，它成为具有压倒一切影响的资本形态。这时期的商业资本就不同于资本主义社会的商业资本，它不是从产业资本中分离出来并从属于产业资本的资本形态，而是以控制原材料、加工或包买制度等方式控制着工业，凌驾于资本之上的资本形态。商业资本的活动范围在流通领域，所以作为这种商业资本意识形态的重商主义对资本主义生产方式的研究仅仅局限于流通领域，对该领域的表面现象做了描绘。他们对于金银货币的认识只停留在简单、粗陋的水平上，把金银与货币、货币与财富简单的等同，从而认为在一国范围内除了开采贵金属矿外，财富增长的惟一途径，即财富的直接源泉，就是流通领域，就是顺差贸易。因此，总的来讲，重商主义的理论还是存在很多错误的，正如马克思所指出的那样，真正的现代经济科学只有当理论研究从流通过程转向生产过程的时候才开始。

第二章

自由竞争时期的贸易保护学说

　　18 世纪中叶的产业革命使得英国取得了"世界工厂"的地位，伴随着英国自由贸易政策的实施及其在欧洲的竭力推广，特别是 1776 年亚当·斯密的著作《国民财富的性质和原因的研究》（以下简称《国富论》）的出版使得自由贸易理念在那个时代占据了统治地位。尽管如此，仍有一些人对当时被普遍接受的自由贸易理论提出了挑战，最有影响的是汉密尔顿和李斯特。在自由贸易理念占据主导的时期，他们站在落后国家的立场上主张各国应从自己的实际情况出发，实施适合本国实际发展情况的贸易政策，不能盲目的实行自由贸易政策，落后的国家应采取保护手段促进本国民族工业的发展。

第一节　汉密尔顿贸易保护主义学说

一、汉密尔顿贸易保护主义学说产生的背景

　　美国在独立之前一直都受到英国的殖民统治，作为英国原材料供应市场和英国制成品的销售市场，美国的经济发展受到严重制约，经济发展水平十分落后。1776 年，英属北美殖民地大陆会议发表了著名的《独立宣言》，宣布解除与英国国王的隶属关系，建立独立国家——美利坚合众国。经过七年的艰苦战争，殖民地人民终于取得了胜利，1783 年英国被迫签署了《巴黎条约》承认美国独立。虽然美国在政治上获得了独立，但是在经济发展方面却面临着极大的困难。由于在独立战争之前英国垄断了北美殖民地的对外贸易，并限制北美殖民地发展自己的民族工业，使其主要工业品一直从英国输入，所以到独立战争前期，美国的工业制造业极其落后，在经济上形成对英国的严重依赖。

　　独立战争期间，对战略物资的需求和对外贸易的严重封锁使得美国国内工业得到了迅速发展，特别是冶铁业、纺织业和其他日用品工业都曾一度繁荣。但随着战争的结束，英美之间的国际贸易又重新得到恢复。当时英国的工业革

命已经取得了很大成功，大机器生产逐步发展起来，国际竞争能力大大加强，大量物美价廉的商品涌往世界各地，而美国还处于落后的工场手工业时期，两者经济实力的对比是相当悬殊的。所以美国在战争期间发展起来的弱小工业根本经受不住英国机器工业的强大冲击，纷纷破产倒闭。虽然美国在 1789 年通过了第一个关税法案，但由于该法案所确定的大多数商品的关税水平只有 5%，最高的也不过 15%，因此对当时的美国工业基本上起不到什么保护作用。① 此时，美国在未来发展方向上也出现了两种不同的声音，北方工业资产阶级主张独立自主的发展本国工业，特别是制造业；南方的种植园主则坚持从前的发展模式，即出口本国具有比较优势的农、林等初级产品，进口本国所需的工业品。正是在这个时候，亚历山大·汉密尔顿（Alexander Hamilton，1755～1804）提出了美国经济发展的"汉密尔顿主义"，他从美国当时的具体实际情况出发，提出了发展民族工业、实行贸易保护的政策主张，并向国会提交了一份题为《关于制造业的报告》来阐述自己的思想理念。

二、亚历山大·汉密尔顿的生平

1755 年 1 月 11 日，亚历山大·汉密尔顿出生于英属西印度群岛的尼维斯岛。汉密尔顿从小经历十分坎坷，10 岁时他的父亲为了逃避债务而离家出走，他的母亲也由于一系列的打击于 3 年后病逝。成为孤儿的汉密尔顿被迫自谋生路，不幸的家世与艰难的成长使他形成了自尊自强与坚忍不拔的性格。

汉密尔顿从小就与众不同，其他孩子还在玩游戏的时候他已经立志长大要做北美殖民地的政治领袖。他阅读了每一本能够得到的书籍，不管是英语的、拉丁语的、还是希腊语的。他在很小的时候就学习了不少商业和经济知识，能清楚、有力地表达自己的主张，正是这种表达能力给他的新生活奠定了基础。

1772 年 5 月，在别人的资助下汉密尔顿前往北美求学，来到了纽约。汉密尔顿到了纽约后，申请到国王学院学习，也就是如今的哥伦比亚大学，但是因为他的教育水平不够，所以没有被录取。因此他决定先到新泽西伊丽莎白镇的一所预备学校去。在新泽西，汉密尔顿是学校里最认真的学生之一，每天看书到午夜，早上又很早起床到一个安静的墓园去继续读书。他写了很多文章，每次都努力改进自己的风格。在伊丽莎白镇呆了一年后，汉密尔顿被国王学院录取了，并于 1773 年秋进入国王学院攻读医学专业，后来他又改学经济学、

---

① 福克纳：《美国经济史》上卷，商务印书馆 1964 年版，第 199 页。

政治学以及法律。

1775 年 4 月，北美独立战争爆发，汉密尔顿积极投身于北美人民反英斗争的洪流中，参加了北美大陆军。他当了一年炮兵上尉后，于 1777 年 3 月被调到总司令部任华盛顿将军的副官。从此，他的命运与华盛顿紧密地联系在一起。从 1777 年至 1781 年，他一直跟着华盛顿将军南征北战，共同度过了战争中最艰难困苦的岁月。他具有敏锐的观察力和理解力、训练有素的文笔能力和勇敢无畏的精神。作为华盛顿的军事秘书、通讯员、参谋助手、使者，他出色地完成了被交托的各项任务，从而赢得了华盛顿的深切信任，成为华盛顿最得力的助手。

汉密尔顿从在军队经历的艰难困苦以及战后亲身体验到的联邦政府软弱无力的窘境中认识到，美国要成为一个繁荣富强的国家必须建立一个坚固的诸州联盟和一个强有力的中央政府。战后，他一直为实现这一目标坚持不懈的斗争。

为结束联邦时期的混乱，汉密尔顿推动了制宪会议的召开。新宪法产生后，他以极大的热情投入到批准宪法的运动中。他与麦迪逊、杰伊一起先后在报纸上发表了 85 篇宣传解释新宪法的文章，其中 51 篇文章出自汉密尔顿之手，后来这些文章被汇编成为《联邦党人文集》。美国政治学者克林顿·罗西特称该文集是"美国政治学迄今最重要的著作"①，是美国"政治理论的经典著作"①，是美国政治文献中"仅次于《独立宣言》和宪法，位居第三的文献"。② 正是在确保宪法获得诸州批准的"这最后的决定性斗争中，汉密尔顿对宪法事业做出了最伟大的贡献"。在其后的实践中，他又提出了一系列富有创造性的思想，为宪法的进一步完善与发展作出贡献。

联邦宪法被大多数州批准以后，共和制的联邦政府成立。1789 年 4 月 30 日华盛顿就任第一届总统，9 月华盛顿任命汉密尔顿为财政部长、驻法大使杰斐逊为国务卿。当时正值币值惨跌、国库空虚，汉密尔顿提出举债筹款的办法，征集包括劳动者的资金以增加国家收入、稳定国家的财政、金融和信用。汉密尔顿在 1790 到 1791 年间作过 4 个有关财政和经济的报告，对美国资本主义生产的发展具有深远的指导作用。

---

① 理查德·霍夫施塔特:《美国政治传统及其缔造者》，北京商务印书馆 1994 年版，第 30～31 页。

② 余志森:《华盛顿》，中国社会科学出版社 1996 年版，第 242 页。

1795年1月汉密尔顿辞去财政部长职务，回到纽约继续从事原来的律师职业。虽然离开政坛，汉密尔顿仍然十分关注自己精心缔造的联邦共和制度和财政制度，并在1800年大选中阻止了伯尔当选，使杰斐逊当选为总统，粉碎了联邦党人联合他分离联邦的阴谋。1804年再一次总统选举时，新英格兰的联邦党人平克理等人正策划脱离联邦、组织北方邦联，许愿帮助伯尔当选为纽约州的州长，以后再推选他担任北方邦联总统。汉密尔顿尽其全力在投票时挫败了伯尔，并揭发了伯尔的卑鄙行径。伯尔大为恼怒，邀汉密尔顿决斗。1804年7月11日，两人在新泽西州东北部的帕利塞兹丘陵决斗。汉密尔顿身受重伤，次日逝世，时年49岁。

三、汉密尔顿贸易保护主义的内容

汉密尔顿的贸易保护思想主要体现在1791年12月他向国会提交的《关于制造业的报告》中，报告明确表达了他的关税保护思想。汉密尔顿认为美国工业起步晚、基础薄弱、技术落后、生产成本高，难以和经济起步较早的英、法、荷等国进行自由竞争。美国虽是一个新兴国家，但建国之时还是一个农业国，不是制造业发达的国家。汉密尔顿指出，美国要想在世界经济中占据有利地位，绝对不能走小农经济、执行重农主义政策，一定要走工业化的道路、建成一个工业国，汉密尔顿的这个观点主要基于以下几种考虑：

第一，保障国家的安全。在北美独立战争期间，美国的武器、弹药等军需物品全部依赖国外的供给，因此汉密尔顿指出，如果一个国家不能够自己生产防备武器，那么这个国家的安全是没有保障的。

第二，出于经济独立的考虑。汉密尔顿认为，一个国家的真正独立不仅仅包括政治上的独立，还应该包括经济上的独立，每个国家都应该把人民生活所需要的衣、食、住、行等生活物资的生产掌握在自己的手里，而这些生活物资除了部分的由农业提供外大部分都是需要工业生产，因此制造业的发展与国家真正意义上的独立是密切相关的，发展制造业是一个国家经济独立的基础和前提。

第三，为农产品的销售寻找出口。美国独立之前是英国的殖民地，当时美国农产品主要售往英国。而当美国独立后，英国实行了限制政策，禁止从美国进口农牧产品，与此同时其他主要国家如法国、西班牙等也实行了相似的进口限制政策，这使得美国农产品的海外市场骤减，美国农业受到了很大的冲击。这样的局面使得汉密尔顿意识到本国农业对国外市场的过度依赖是有着较大风险的，会受到他国政策的制约，因此对国外市场的依赖只能是暂时的，最根本的解决办法还是要发展本国的制造业。制造业需要大量的原材料，这就可以为本国的农产品打开销路，促进非农人口的就业，使得本国农业免受外国贸易政策的干扰。

第四，充分获得使用机器的利益。汉密尔顿认为，机器的使用可以使一国获得额外的利益，因为机器相当于"人手的增加"。如果美国主要发展农业，那么就没有机会使用机器，也就等同于把这种使用机器的机会让给了制成品出口国，这对于美国来说是一个很大的损失。

汉密尔顿不赞成重农学派持有的只有农业才是生产性行业的观点，他认为美国应当建成一个工商金融体系的国家，政府应对经济进行干预，发展商业和制造工业。他在《关于制造业的报告》中抨击了重农主义的政策，认为农业是一种简单的劳动，虽然有自然力的帮助，但比起工业来它的生产力还是十分落后的。同时农业还是一种季节性很强的产业，会造成季节性失业。而工业就不同了，它不仅具有较高的生产力，而且工业劳动是持续不断的、有规律的、整年的劳动，无季节性失业之虞。同时他还列举了制造业的七点好处：（1）可以尽量采取分工制度，促进生产力的发展；（2）可以通过培训培养专业技术人才；（3）可以增加社会各阶层的就业，减轻社会经济负担；（4）可以为农产品扩大市场；（5）可以吸收外国移民，促进本国工业生产；（6）可以提供人民发展各种才智和能力的广阔天地；（7）可以焕发"企业精神"。汉密尔顿还指出，如果美国不反对使他们的经济活动捆在农业上而不发展工业的自由贸易政策，只能导致对欧洲商品长期的、不断增长的需求，而对本国商品只是很小和偶然的需求，这样会使国家贫穷。所以为了美国的强大和富裕，必须大力发展民族工业，彻底摆脱对英国及欧洲的依赖。他认为一个兼有工业和农业的国家做起买卖来比仅有农业的国家更赚钱、更兴旺，"工业品的进口，简直像要把单纯农业国人民的财富一下子吸干"。那么如何才能促进本国制造工业的发展呢？汉密尔顿认为重要的是政府要给予支持，采取贸易保护政策。为了论证这一观点，他提出了著名的"幼稚产业"（infant industry）概念。他认为美国当时的工业属于幼稚工业，与英国等发达国家相比存在着许多落后因素，不具备参与国际竞争的能力，而且各发达国家为了自身利益还在不断地采取鼓励本国工业发展的政策，如奖金、补贴和其他针对工业生产和商品出口的扶植办法等。所以，为了维护美国工业的发展就必须采取政府干预和贸易保护主义政策。汉密尔顿认为，人是有习惯的动物，对一个最简单的改变都会表现出忧虑和勉强，一个国家采取一种过去不习惯的新办法时都要遇到极大的困难，因此需要政府的鼓励和扶持。资本向新事业扭转是执拗和胆怯的，需要国家激发资本家的信心，帮助他们克服前进中的困难。因此，汉密尔顿主张用征收关税的办法来鼓励本国幼稚工业发展，但他并不主张对一切进口商品征收高关税或禁止进口，而只是对本国能生产的但竞争力弱的进口商品实施严厉的限制进口政策。为此，汉密尔顿主张政府干预应当加强，实行保护关税政策来保护本国新兴的工业。具体措施如下：第一，向私营工业发放贷款，扶持私营工业发展；第二，实行保护关税制度，保护国内新兴工业；第三，限制重要原料出口，免税进口本国急需原料；第四，给各类工业发放奖励金并为必需品工业发放津贴；第五，限制改良机器及其他先进生产设备输出；第六，建立联邦检查制度，保证和提高工业品质量；第七，吸引外国资金以满足国内工业发展需要；第八，鼓励移民迁入以增加国内劳动力供给。汉密尔顿还在他的论述中强调，任何保护性措施都是暂时的，保护政策只适用于帮助初期发展的工业，采取暂时的贸易保护是基于美国工业的落后，而不是由于对重商主义的推崇。

四、对汉密尔顿贸易保护理论的评价

由于汉密尔顿的保护贸易学说主要是在阐述经济政策时论及的，因此理论体系显得比较零碎、不成系统。尽管如此，该理论的提出仍然具有十分重要的意义：第一，汉密尔顿的保护关税理论是从美国经济发展的实际情况出发所得出的结论，反映了美国建国初期急需发展本国工业、走工业化的道路、追赶欧洲先进国家的强烈要求。这一观点的提出为落后国家进行经济自卫和与先进国家相抗衡提供了理论依据，同时对美国工业制造业的发展有较深的推动作用；第二，汉密尔顿的关税保护理论体系标志着从重商主义分离出来的两大西方国际贸易理论体系已经初步形成。这两大体系分别是亚当·斯密和李嘉图开创的自由贸易体系和汉密尔顿及后来的李斯特建立的保护贸易理论体系；第三，汉密尔顿的保护贸易理论对落后国家寻求经济发展和维护经济独立具有普遍的借鉴意义。汉密尔顿的保护贸易思想和政策主张反映的是经济不发达国家独立自主的发展民族工业的愿望和正当要求，它是落后国家进行经济自卫并通过经济发展与先进国家进行经济抗衡的保护贸易学说，时至今日其思想对广大发展中国家仍具一定指导意义。

第二节 李斯特贸易保护主义学说

一、李斯特贸易保护主义学说产生的历史背景

弗里德里希·李斯特（Friedrich List，1789～1846）是 19 世纪上半期德国的著名经济学家。当时的德国仍属于一个工业不发达的国家，大多数为农业人口。以普鲁士为例，1815 年时 73% 的人口为农民。农业中仍保留着封建的农奴制度，阻碍着资本主义生产方式的发展。

李斯特的政治思想活动是从 1815 年拿破仑对德国统治失败以后开始的，并于 1846 年德国资产阶级革命爆发前不久结束。李斯特的著作主要是这一阶段的德国社会情况在思想领域中的反映，此时的德国无论在政治上还是在经济上都面临着复杂的情况。

（一）政治背景

在政治上，这一时期德国的主要社会内容是在资本主义生产关系全面形成的基础上为德国的民族统一继续进行精神和物质准备，两者都是当时德国社会生产力发展的客观必然要求。法国资产阶级革命以后，在拿破仑的统治下德国的工业发展得到了加强，从而在经济上出现了新的交换条件和新的交换需要，这同当时依旧存在甚至重新得到巩固的封建主义的生产关系和统治关系产生了愈来愈尖锐的对立。社会发展的一般经济规律愈来愈迫切地要求德国也必须以资产阶级的资本主义生产关系来战胜已经过时的封建和半封建的生产关系，以便为迫切要求进行工业革命的生产力提供进一步发展的可能性。

此时，无论是建立资本主义的生产关系，还是人民群众在争取自由的战争中就已力图实现的民族统一，都愈来愈明显地成为德国社会继续前进的绝对必要的条件。而这一切必须由资产阶级民主力量通过对重新复辟的封建主义和小邦国专制的割据主义的暴力统治以及对贵族、容克地主和行会势力的顽强斗争来加以实现。正是在这种情况下，进行资产阶级革命的客观条件和主观条件在德国逐渐成熟起来了。

但是，资产阶级民主力量为实现资本主义的进步和民族统一所进行的反封建的斗争不仅遭到德国内部的反抗，还受到那些企图阻挠德国社会进步和民族进步的外国势力的反对。与此同时，使资产阶级民主力量反对一切妨碍德国社会进步的内外阻力的这场革命斗争受到决定性影响的却是德国资产阶级本身的软弱。在反封建、反割据的斗争中，德国资产阶级应当作为整个民族的领导力

量而出现，但实际上它却是一个政治思想上极不成熟的阶级，它不仅从整体上看十分软弱，在政治上也是一个发展非常不平衡的阶级。组成这一阶级的各部分人由于各自在资本主义再生产过程中所处的地位不同，他们的经济政治利益不仅有很大的区别，甚至常常彼此尖锐的对立。工业资产阶级同商业资产阶级之间、工业资产阶级和容克地主之间经常存在着激烈的斗争。

此外，由于当时德国分裂成很多小的邦国，因此当时德国资产阶级中客观上最先进的部分，即李斯特所代表的工业资产阶级，也是由许多彼此隔离的、分散在各小邦国的派别组成的，而且他们彼此之间的政治和经济目标也由于地区的局限性又有很大的不同。德国不发达的资产阶级在政治上的分崩离析极大地增加了这场反封建的民族斗争的困难，而当时两个最主要的德意志邦国——普鲁士和奥地利——之间为争夺全德霸权所展开的政治斗争又成为资产阶级民主力量采取统一行动的严重障碍之一。

（二）经济背景

当时德国的工业仍盛行中世纪的行会制度，资本主义工厂制度仍属罕见。在英、法等国的影响下，资本主义生产方式开始萌芽和发展，但是由于当时的德国并不统一，资本主义生产方式受到了阻碍。极其复杂分裂的税制也使国内商业的发展受到很大的限制。例如 1800 年时，货物由汉堡运往马德堡须付 14 次通过税；经马因河由班堡运货至马因斯须付 33 次通过税。除了税制的不统一外，货币的不统一也成为商业发展的大障碍。直到 1834 年德国多数邦实行关税联合之后，德国的工业才开始有了长足的发展。但在当时具有工业优势的英国面前，如何促进本国工业由落后跃为先进，就成为一个引起有识之士关切的问题。正是在回答这一问题时，李斯特建立了自己独特的经济理论体系。

李斯特经济理论体系的形成一方面与当时德国的经济状况有着密切的关系，另一方面与当时的社会思潮也有着一定的联系。马克思在《剩余价值论》中指出，李斯特的经济理论源出于一位法国人弗·路·奥·弗里埃于 1805 年在巴黎出版的《论政府和贸易的相互关系》一书。除此以外，对李斯特思想产生影响的还有德国人亚当·密勒、美国人汉密尔顿和雷门、法国人杜蓬和沙普塔尔、德国著名哲学家费希特和黑格尔等等。

二、李斯特的生平和著作

（一）李斯特的生平

李斯特于 1789 年出生于施瓦本王国首都罗伊特林根城，父亲是一个精致皮匠的手工匠人。在学了两年精制皮革的手艺以后，李斯特于 1806 年进入由拿破仑建立的符腾堡王国的政治机构任书记员，后来在蒂宾根担任一个中等级别的财政官员，处理实际的行政事务，同时还在蒂宾根大学学习法学。通过阅读外国文献中的进步著作，李斯特丰富了自己的社会科学知识，在他当时阅读的书籍中就有亚当·斯密的主要著作。

1815 年，在符腾堡发生了一场有关宪法问题的论争，在这场论争中李斯特第一次以资产阶级——资本主义进步利益的代言人身份出现。他反对已经复辟的封建制度，企图通过一个保守的等级宪法来继续保持独裁专政，要求"抛弃那些已经陈旧的、妨碍公民自由活动的形式"，"昂首挺立和发挥自己的智力的应该是十万个自由平民，而不是三十个贵族。"①

1817 年，李斯特被资产阶级进步力量聘为蒂宾根大学国政治学教授。1820 年，他又被家乡的平民选为符腾堡等级议会的议员。从此，李斯特便在符腾堡自由派为实现资产阶级民主改革所进行的政治思想斗争中处于一个显要的地位，并开始把视线转向整个德国。在政治方面，李斯特要求"德意志联邦"制定一部"不仅能够体现德意志各邦君主的权利，而且也能体现德意志各邦人民的权利"②的联邦宪法。在经济方面，李斯特代表符腾堡的在生产条件和交换条件上受到严重限制的资产阶级——资本主义力量提出了实现全德意志经济统一的要求。1819 年，他以德国所有地区的五千多名商人和工厂主的名义起草了一份后来成了全国性文件的《致德意志联邦议会的请愿书》，他在这份请愿书中提出了"在德国内部废除各种关税的要求"。同德国内部实行自由贸易的要求密切相联，他还要求"对邻近国家实行建立在报复原则基础上的全德关税制度"。李斯特还在由他本人创办的一家德国全国性的资产阶级报纸上写道："不在德国各邦国人民之间实行自由交往便不可能有统一的德国，不建立共同的重商制度便不可能有独立的德国。"③

---

① 弗·李斯特：《对符腾堡等级议会的宪法草案的批判——在区、县实现平民自由的特别重要性》，见弗·李斯特所著《文章、演说、书信集》，1925～1935 年柏林德文版，第 1 卷，第 205 页。

② 弗·李斯特：《文章、演说、书信集》，1925～1935 年柏林德文版，第 1 卷，第 242 页。

③ 京特·法比翁克著，吴薇芳译：《弗里德里希·李斯特》，商务印书馆 1983 年出版，第 10 页。

李斯特提出的一系列进步主张，很快遭到了卷土重来的封建反动势力的强烈反对和打压。他们认为李斯特的主张是一场最大胆的革命，革命性实在是太明显了，因此要对这种胡作非为加以严厉的处置。在德国封建反动势力政治经济学领域的主要思想代表、封建"浪漫派" A. H. 米勒的建议下，梅特涅下令对"煽动分子"李斯特进行最严密的监视。后来，李斯特又起草了一份对于符腾堡腐朽的封建官僚政府的尖锐批评，在米勒的强烈推动下李斯特被提起了刑事起诉并剥夺了他的议员资格，于是李斯特被迫潜逃到了法国和瑞士。1824年李斯特回国后就遭到了逮捕并在狱中受到百般刁难和折磨，最后李斯特被迫答应离开德国并于 1825 年开始在美国侨居。

　　李斯特于 1825～1832 年间一直居住在美国，其间他仍然进行了大量的政治思想活动，并且他第一次针锋相对地反对亚当·斯密所创立的英国资产阶级古典政治经济学中关于自由贸易的信条。1828 年李斯特通过自己的报纸为主张发展工业和赞成保护关税的美国总统杰克逊的当选助过一臂之力，于是在1830～1831 年间他接受杰克逊总统的光荣使命奔赴巴黎贯彻他的贸易政策学说，并以此为美法之间建立更紧密的贸易关系、共同抵御英国在工业和商业方面的优势作出贡献。李斯特在美国从事出版和宣扬贸易政策的同时，也逐渐成长为一名卓有成就的资本主义实业家。根据他的建议，美国建成了一条使用蒸汽机车的早期铁路用来运输由他本人发现的廉价硬煤，在此过程中他积累了现代资本主义交通事业方面丰富的实践经验。

　　为了免遭德国的继续迫害李斯特加入了美国国籍，并于 1832 年以美国公使身份返回德国。李斯特凭借着美国国籍这个护身符为建立全德铁路系统进行思想准备工作并开始了实际活动。在向整个德国展开建造铁路的多方面宣传的同时，李斯特还在出版方面进行了巨大的努力，并且他还特别重视普及政治经济学知识。然而，李斯特为德国社会进步所进行的斗争仍然遭到德国封建势力的打击，导致他的计划无法实施，并且要不是因为他是美国国籍，那么他还将会遭到监禁。尽管李斯特不断努力，他在德国仍无法找到固定的职业。1837年，由于他在美国的银行危机中破产，他被迫第三次离开德国。

　　离开德国后，李斯特来到了比利时和法国，并且对这两个国家的铁路系统建设起到了重要的作用。1840 年李斯特又重返德国，他希望能为建立全德的关税同盟起到促进作用，并且继续为加速德国的铁路建设助一臂之力。李斯特还在德国创立了《关税同盟报》，他希望通过这本杂志积极的影响"德国关税同盟"的贸易政策。同时，李斯特还在关税同盟中提出了许多极其重要的建立全德意志基础设施的具体建议，以便在全德范围内加速资产阶级——资本主义的进步。李斯特企图通过建立德国统一的钱币和度量衡制度建立德国国家银行，实行德国统一的工商法和专利法，建立全德海军和领事制度，举办全德的博览会和全国性的工业展览，以及通过其他大量的、直到后来才得以实现的建立全国性设施的建议把迫切要求在德国实行工业革命的生产力从封建制度的经济和政治束缚中解放出来。

然而，和以前一样，李斯特再一次遭到了德国反动派的诬蔑和迫害，他针对德国情况所作的全部计划都由于德国容克地主封建反动派的顽固反抗而失败了。与此同时，德国资产阶级的怯懦使李斯特陷入了深深的失望，他对在德国实现他为之奋斗的民族资产阶级——资本主义的进步感到无望，被容克地主封建反动势力长期以来对他的迫害以及诬蔑搞得一蹶不振，成了一无所有的穷光蛋，同时由于健康状况不断恶化，于 1846 年 11 月 30 日在精神错乱之际自杀身亡。

（二）李斯特的著作

费里德里希·李斯特是德国历史学派的直接先驱者，也是资产阶级进步经济学家。他的经济思想反映在他一系列的关于现实社会经济问题的评论、演说以及著作中。他的主要著作有 1827 年出版的《美国政治经济学大纲》、1837年出版的《政治经济学的自然体系》以及 1841 年出版的《政治经济学的国民体系》。这三部著作实际上是分别为三个国家撰写的，即美国、法国和德国。在这三部著作中，李斯特系统地提出了一整套经济发展理论，其核心理论包含了以发展工业为中心的生产力理论以及以国家干预为主导的关税保护理论。在该理论中，李斯特强调"财富的原因与财富本身完全不同"，"财富的生产力比之财富本身，不晓得要重要多少倍；它不但可以使已有的和已经增加的财富获得保障，而且可以使已经消失的财富获得补偿"。[①] 因此，对于一个国家来说最重要的是其工业化的程度，并且国家对工业化的推动有着至关重要的作用，特别是国家可以通过关税保护支持本国工业的发展。

三、李斯特贸易保护理论的内容

由于英国资产阶级古典经济学家观察问题的方法是违背历史的，因此他们普遍把资本主义说成是"永恒的"和"自然的"。不仅如此，作为世界上居领

---

① 弗里德里希·李斯特（1841）著，陈万煦译，蔡受百校：《政治经济学的国民体系》，商务印书馆 1961 年版，第 118 页。

导地位的英国资产阶级的思想家，他们还认为当时存在于英国和其他国家之间的经济关系也是"惟一正确的"、"永恒的"和"自然的"。基于他们对于劳动所具有的创造价值和剩余价值的特性的资产阶级古典派的观点、关于分工的理论及资产阶级的阶级利益，他们要求在国内外同样地全面实行自由竞争。他们认为，实行这种完全自由的贸易制度可以使每个国家自动地专门从事对他来说"天然"最有利的生产，这样就可以达到全人类的经济联合，组成一个"无所不包的联盟"。在这个"无所不包的联盟内"，理所当然的要由他们认为"天然"注定只从事工业生产的英国向全世界提供工业品，而别的国家的任务则是向英国供应农业原料与食品。这便是资产阶级古典政治经济学在理论上为已经开始争夺世界市场从而成为世界主义者的英国资产阶级所制定的阶级纲领。针对这一纲领，在刚刚开始发展资本主义的国家中自然而然地要出现一个普遍的、民族的资产阶级反对派，而李斯特就成了这支反英、反世界主义、反古典派和带有强烈民族性的资产阶级反对派在政治经济学领域中最有影响的代言人。

李斯特在指出英国资产阶级所追求的、经英国资产阶级古典政治经济学家在理论上加以论证的世界主义目标的特点时写了下面的话："在这样情况下，整个英国就会发展成为一个庞大的工业城市。亚洲、非洲、澳大利亚所接受的将是英国的文化，许多以英国为榜样的新国家将陆续出现。一朝时机成熟，就会组成一个以英国为首的国家体系，到那时欧洲大陆国家的地位将一落千丈，人民将成为不重要的、没有收益的民族。在这样形式下，法国以及西班牙、葡萄牙将遭到同样的命运，最上品的酒得供应英国世界，只有最下等的劣酒才能留给自己，法国至多只能干些小型女帽业那类营生。德国到那时看来对英国世界没有什么别的可以贡献，只有一些儿童玩具、木制的钟和哲学书籍等类，或者还可以有一支补充队伍，他们为了替英国人服务，扩大英国的工商业优势，传布英国的文学语言，牺牲自己，长途跋涉到亚洲或非洲的沙漠地带，就在那里沦落一生。到那个时候，属于这个英国世界的人民想到或谈到德国人或法国人时，就像我们现在想到或谈到亚洲各国人的那种神气一样，这个转变是不需要多少世纪的。"①

针对英国资产阶级派往德国的反谷物关税同盟领袖包林博士的有关自由贸易的宣传，李斯特在 1839 年写道："如果包林博士以为，德国人除了重新向英

---

① 弗·李斯特：《政治经济学的国民体系》，商务印书馆 1961 年版，第 116 页。

国输出粮食和建筑用材并以此换取英国工业品外就不抱更美好的希望了，那他就大错特错了……只有贫穷的、不开化的弱小民族或殖民地才会同意出口粮食和木材，进口工业品。勤于从事工商业的、富足的、强大的和理智的民族才将粮食和原料用于自己消费，他们生产过剩的工业品，以交换别国的原料和粮食。因为各民族只有通过发展本国的工厂才能改进自己的耕作业，建立大型的交通设施，向世界遥远的地区扩展贸易，加强航运，增加人口，发展文明，增强实力并使自己的独立更有保障……德国人为英国人伐砍木材，生产扫帚和牧羊已经够久了；他们不期望再重操旧业。"①

为了给本阶级指明取得高额利润、建立民族工业和取得权力的道路，李斯特用德国资产阶级的历史主义与民族主义（"国民经济学"）来同英国资产阶级的反历史主义与世界主义（"世界主义经济学"）相对抗，用"德国的实际"来同"英国的理论"相对抗。李斯特坚信德国也终将实现工业资本主义，他首先推翻了英国古典经济学家认为只有英国才有资格进行工业生产的观点，认为这种观点从阶级本质看带有狭隘的民族局限性，是反历史的，在这一点上李斯特是进步的。李斯特写道："世界主义理论及其政治倾向十分鲜明的创立者——英国人，想把仅仅由于教育带来的优越性说成是一种自然的优越性……诚然，英国与法国以及英国与德国之间，大自然所赋予的生产条件有所不同。例如英国的自然条件适宜于羊毛和羊肉的生产，而法国则适宜于葡萄酒的生产。但是工业生产的自然区域并非如英国人企图使我们相信的那样是以英吉利海峡为分界线的。它包括了整个温带地区，一直延伸到同热带交界处为止。很明显，世界主义学派将教育状况与自然状况混为一谈了。而英国人则狡猾的利用了世界主义学派的这种思想混乱，以谋求对全世界的工业、航海和贸易的垄断地位作为他们的天然的遗产。"②

李斯特正确地区分了生产的社会条件和生产的自然条件，从而为德国实现资本主义工业化的可能性找到了理论依据。从这点出发，他还进一步正确地认识到贸易政策的历史性质。他基本上正确地把保护关税和自由贸易理解为由历史条件所决定的资产阶级贸易政策的形式，随着各个民族的内部与外部条件、经济与政治条件的发展水平不同，这些形式起着促进或者阻碍工业发展的极不相同的"教育职能"。

---

① 京特·法比翁克著，吴薇芳译：《弗里德里希·李斯特》，商务印书馆1983年出版，第32页。
② 同上书，第33页。

根据主要从实践上和历史上来观察问题的资产阶级方法以及德国民族资产阶级的阶级利益，李斯特认为由于民族的发展水平不同，资产阶级古典经济学家所提出的关于立即全面实行自由贸易和在全世界范围内实现人类的经济联合的要求，既不符合"理性"又不符合"事物的本性"，也就是说完全不符合资本主义发展程度较低的国家的民族利益。李斯特原则上承认资本主义古典经济学家所提出的社会发展目标——把全人类联合在一个"无所不包的联盟"内，并且原则上同意他们在这个发展阶段所提出的联合的经济形式——自由贸易，但是他从当时德国的现状出发认为这两者都还为时尚早，因此加以拒绝。他写道："贸易自由并非是空想。它是理性的法则，在它的统治下，世界各国人民将达到最高度的物质幸福与文明；但是这只有当所有民族都提高到相同的经济、道德、社会与政治的发展水平时才能实现。"①

作为资本主义发展较晚的民族或者甚至像德国那样刚刚开始建立的资产阶级民族的思想家，李斯特的出发点是："同人类的联合一样，贸易自由只能是所有民族的政治与社会状况均衡地同时自由发展的自然结果。"② 他写道："相反，从惟一的一个民族的优势的政治力量和优势的财富所产生的、即建立在别的民族受奴役和处于依附地位的基础上的无所不包的联盟结果将消灭一切民族特点和各国人民之间所进行的竞赛。这个联盟违背一切争取自主、争取达到高度的财富和政治发展的民族的利益和感情。这个联盟只不过是过去曾经发生过的事情、即古罗马的企图的重演，现在是借助于工业和贸易，而不像过去那样用冰冷的钢铁，但是同样都是向野蛮时代的倒退。"③

李斯特在民族的范围内承认自由贸易的必要性，而在国际范围内则认为它是将来的事，他把保护关税看做是达到自由贸易的途径，即通过"教育"各民族发展自主的工业。李斯特写道："我们也是世界主义者。但是我们的世界主义是建立在坚固的基础上的，即建立在民族的基础上。我们也同样达到了实行贸易自由制度比实行贸易限制制度更有利的程度。然而，我们是通过同斯密与萨伊完全不同的道路达到那个程度的。我们首先是国家公民，而后才是世界公民。我们将自己的努力和力量献给我们民族的文明、幸福、荣誉与安全。我们也为人类争取这同一目标。但是人类的幸福必须与民族的幸福一致。不能为

---

① 弗·李斯特：《政治经济学的自然体系》，商务印书馆1997年版，第206页。
② 同上书，第414页。
③ 弗·李斯特：《政治经济学的国民体系》，商务印书馆1961年版，第62页。

了使人类幸福早日到来而让民族受苦受难。归根结底，我们的教育、语言、生存能力以及我们的精神成熟程度，首先应归功于民族的存在。""当代要解决的任务是完善我们的民族，而不是完善全人类!"① 这是李斯特在一切取决于德意志民族教育时期、在反对以英国资产阶级为代表的世界主义的斗争中对德国资产阶级民族主义的表述。总之，李斯特的贸易保护理论的核心思想可以概括为以下两方面：

第一，一个国家的发展不是单方面的发展，而是广泛的全面发展，这种所谓的全面发展是指其发展不仅仅体现在经济方面，同时还体现在政治方面、社会意识形态等方面。因此，一个国家的经济发展离不开国家政治力量的保护和支持。李斯特指出，当世界上已经存在一个国家处于强有力的工业领先地位，并且对本国的各领域进行了严密的保护，那么对于其他国家来说如果想通过自由贸易和自由竞争，也就是说在不进行任何保护的情况下来发展本国的工业，必将会走向失败。李斯特说："在与先进工业国家进行完全自由竞争的制度下，一个在工业上落后的国家，即使极端有资格发展工业，如果没有保护关税，就决不能使自己的工业力量获得充分发展，也不能争得圆满无缺的独立自主地位，流行学派没有看出这一点。""它企图用自由的国内贸易所产生的利益作为依据，以此来证明，只有在绝对自由的国际贸易制度下，国家才能达到最高度强盛地位；但历史经验处处所证明的却与这一点恰恰相反。"② 当世界各国处于不同的发展阶段的时候，自由贸易只会导致落后国家成为发达国家的附属，沦为为发达国家提供原材料的边缘国家。因此，只有当世界上大多数国家在经济发展水平达到大体相当，在文化、政治修养方面也处于相近程度的时候，才适合发展普遍的自由贸易。而在这个阶段之前，落后国家要想实现对发达国家的追赶就必须实行贸易保护。

第二，李斯特提出贸易保护的目的并不是为了增加国内商品的交换量，其核心在于促进本国生产力的发展。这也是李斯特提出贸易政策的出发点和根本原则，并且李斯特还把这个原则推广到所有经济活动政策的制定中。他认为经济政策虽然都是在相同的规律支配下制定的，但并不是一成不变的。实行自由贸易或是保护贸易主要看其对本国经济发展是有利还是有弊，随着一国在国际市场地位的变化，经济政策的制定也是相应变化的。正是基于这样的经济思

---

① 弗·李斯特：《政治经济学的国民体系》，商务印书馆1961年版，第137页。
② 同上书，第267页。

想，李斯特从当时德国的实际经济发展状况出发，竭力主张对德国工业的发展实行关税保护政策，对工业进行关税培育，以提高德国工业生产力水平。

四、李斯特贸易保护关税措施

基于上述贸易思想的指导，李斯特详细地阐述了关税保护的基本原则和具体措施：

第一，农业不需要保护。对农业的保护会排斥从国外进口廉价的原材料，同时也会提高国内农产品价格，不利于制造业从国内获取所需要的廉价原料和粮食。而放弃对农业的保护反而会导致大量资源从生产力水平低的农业部门流向生产力水平高的工业部门，促进整个社会生产力水平的提高，而当工业在保护下发展起来之后，农业也会紧跟着兴盛起来。

第二，对工业的保护需要选择幼稚产业进行保护。对工业的保护是要有所选择的，并不是全部的工业部门都需要保护，而这个选择的标准就是看其是否是幼稚产业。幼稚产业的标准是从两方面来考虑的：一方面必需的、新兴的、弱小的工业若不加以保护，它在外国同行的强大竞争面前就生存不下去；另一方面它必须是有发展前途的产业，经过相当时期的保护之后它能够自立，不需要永远地保护下去。

第三，要重点保护重要的工业部门。在对工业的保护过程中不能一视同仁，要有所区别，应给予特别注意的是国民工业中最重要的部门，即建立与经营时需要大量资本、大规模机械设备、高度技术知识和丰富经验以及人数众多的、生产最主要的生活必需品的工业部门。因为这类产品的价值在国民生产总值中的比重很大，发展这类产品生产能带动一国生产力的巨大进步；创办这类工业时需要大量的投资，这会刺激本国的资本积累和人才培养，甚至吸引外国的资本和人才流入进来；这类工业的发展必然会有力地促进国内农业的繁荣，为增加的人口提供出路；有利于与世界上的其他国家发展外贸关系。

第四，即使是幼稚工业，也应当是面临国外先进同行的激烈竞争时才予以保护，如果没有遇到强有力的竞争同样不需要保护。

第五，关税保护要有时间限制，不能无限期地进行保护。在选择保护对象时要注意保护的应当是国内幼稚的但有发展希望的工业，受保护对象通过一段时期后能成长起来。在一般情况下，如果某种产业不能在比原来高 40% 或 60% 的保护税率下长期存在下去，这种产业就缺乏保护的基本条件，因而不应该给予保护。保护期应当以 30 年为最高界限，在这个时期内仍然不能成长起来的产业，政府就不应当继续保护下去。关税保护不能保护落后产业。

五、对李斯特贸易保护理论的评价

英国资产阶级古典政治经济学是英国先进的资本主义现实的理论概括，李斯特从不发达的德国资本主义实际，特别是从资产阶级贸易政策的角度出发看到了"英国理论和德国实际之间所存在的矛盾"。由于他对英国资产阶级政治经济学古典学派的科学内容缺乏认识，只是从一个不发达的民族资产阶级在贸易政策方面的利益出发来评价古典学派，因而认为古典学派的理论虽然适用于英国资本主义实践，却还不适用于德国的资本主义实践。所以他企图用为后进资本主义的直接实际需要服务的"国民经济学"来取代或"补充"英国资产阶级古典政治经济学，而不愿更深入地去认识资本主义制度的内在联系。他思想和立场的局限性也使他无法理解资产阶级古典政治经济学深远的、科学的普遍性，从这个角度来说，他的理论具有一定的庸俗性。

然而，作为德国资本主义发展初期的德国民族资产阶级的代言人，李斯特的经济理论体系又在一定程度上反映了德国工业资产阶级对内反对封建制度、对外抵抗英国资产阶级欺压、发展民族工业、提高本国生产力的合理要求。因此，李斯特的贸易保护理论也包含着重要的进步意义，这种进步主要体现在以下几个方面：

第一，反对个人主义的抽象研究方法，主张从历史的、民族的特点出发去建立政治经济学的国民体系。抽象演绎法使经济学的分析有很强的逻辑性和严密性，有利于不同观点、不同学派的经济学家进行思想交流和争鸣，从而推动经济学的发展。但对抽象演绎法的绝对引用容易只注重一般，忽略了特殊，忽略了经济活动本身的历史性、差异性。而李斯特讲究的是经济活动的特殊性、历史性，在不同的国家、不同的经济发展阶段适用不同的经济发展战略，从而达到经济发展的目标。这是经济学说史上不可磨灭的贡献。

第二，否认普遍经济规律的存在，强调经济发展的民族性。李斯特所代表的历史学派的经济学观为经济学确立了研究经济发展的特殊性和特殊任务，使经济学的研究更加关注对个别国家经济发展特殊性的研究，使经济学研究更贴近现实世界，应用性更强。

第三，强调国家在经济发展中的作用。李斯特指出了古典学派"自由放任"这一原则的缺陷，认为古典学派只考虑"价值"而忽略了"生产力"的重要性，由此指出政治经济学应该是国家经济学，即研究一定国家经济发展的特点，并强调了国家在经济发展中有着重要作用。

第三章

亚当·斯密的贸易学说

第一节　亚当·斯密的时代、生平及著作

一、亚当·斯密生活的时代

17世纪末18世纪初，英国自然经济逐渐崩溃，新型的市场经济制度正在萌发。18世纪是重商主义发展的顶点。亚当·斯密生活的年代（1723～1790）处于工业革命的准备时期，此时的英国已从农业占优势的国家转变为工业占据首要地位的工业国，纺织业的发展带动矿产、冶炼、交通运输的发展，并使呢绒、造船、酿酒、玻璃、糖、纸等新兴产业全面发展。经历了几个世纪的"圈地运动"，英国农村中的自耕农几乎完全被消灭，按资本主义方式经营的大农场日益增多，破产的农民转化为资本主义工业的廉价劳动力或资本主义农场中的雇佣工人。随着国内外市场的扩大，工场手工业生产发展的局限性同市场需求迅速增长之间的矛盾日益显露。工场手工业劳动分工的专业化、技术的不断更新都为机器的发明创造提供了前提条件。如1733年约翰·凯的飞梭发明成功，1767年哈格里夫发明了改良纺织机，1771年亚克来成功地发明了先以马力后以水力为动力的辗转纺织机，1778年瓦特的蒸汽机一经出现就迅速应用于纺织业。

18世纪60年代英国开始了工业革命，英国的资本主义从工场手工业阶段向大机器工业过渡。当1763年格拉斯哥大学的制图仪器制造员詹姆斯·瓦特刚开始进行蒸汽机试验时，亚当·斯密就以其非凡的洞察力预见到蒸汽机的前景并给予了有力地支持。随着机器设备的大量应用，英国城市化进程加快，人口迅速向城市转移，以伦敦、曼彻斯特和利物浦为代表的城市在数十年间人口增长数倍到数十倍，这些工商业大城市也同时成为英国对外贸易的中心。英国军队在海外先后战胜了葡萄牙、西班牙、荷兰和法国，取得了海上霸权和世界

贸易中心的地位，发展为最大的殖民帝国，这也使得英国商人遍布世界各地。当时英国国内工业所需资本多半来自海外贸易，扩张的殖民地成为英国大量商品的倾销地和工业原料掠夺地，对殖民地的控制使英国资本主义逐渐强大起来。

　　然而，资本主义的发展要求清除它前进道路上的一切障碍。在重商主义时期，大地主阶级和封建贵族利用在议会中的多数席位把持着政府和社会中的一切重要权力，在对外贸易方面坚持实行一系列早已过时的重商主义政策和保护关税制度，奖出限入，保护本国薄弱的工业免受外国的竞争与打击，实行保护贸易，这严重阻碍了资本主义经济的自由发展，损害了资产阶级利益。而现在工业资本取得了统治地位，英国资产阶级取消国家对经济生活的干预，解除封建主义残余和重商主义政策的束缚，实行自由竞争和自由贸易，以保证资本主义经济的自由发展和工业革命的顺利进行。因为当时英国工业实力雄厚，不仅不怕外国产品的竞争，还为对外争夺提供了坚实的物质基础，因此工业资本要求贸易自由。从理论上论证这一时代的要求是当时摆在资产阶级思想家面前的一项迫切任务，亚当·斯密的古典政治经济学体系就是为了适应这一任务而建立起来的。马克思指出："古典派如亚当·斯密和大卫·李嘉图，他们代表着一个还在同封建社会的残余进行斗争、力图清洗经济关系上的封建残污、扩大生产力、使工商业具有新的规模的资产阶级。……他们的使命只是表明在资产阶级生产关系下如何获得财富，只是将这些关系表述为范畴和规律并证明这些规律和范畴比封建社会的规律和范畴更便于进行财富的生产。"①

　　亚当·斯密为适应产业资产阶级发展资本主义经济的需要，在汲取前人已有的知识基础上，特别是在对重商主义的批判和反对"封建残污"的斗争中，创立了古典政治经济学体系。

二、亚当·斯密与《国富论》

（一）亚当·斯密的生平

　　1723 年 6 月 5 日，亚当·斯密（下文简称"斯密"）在英国苏格兰法夫郡的卡柯尔迪出生。1732 年至 1737 年，斯密就读于卡柯尔迪市立学校，这是当时苏格兰最好的中学。斯密是一个勤奋好学的学生，具有极强的记忆力。到1737 年，年仅 14 岁的他在古典文学、数学等方面显示出惊人的天赋，并于同

---

　　① 《马克思恩格斯全集》第 4 卷，人民出版社 1958 年版，第 156 页。

年 10 月被格拉斯哥大学破格录取。格拉斯哥大学是英国西北部一所历史悠久的大学，斯密在这里学完了拉丁语、希腊语、数学和伦理学等课程。

1741 年，斯密获得格拉斯哥大学的文学硕士学位并拿到斯内尔奖学金，得以继续在著名的牛津大学巴利奥尔学院读书。斯密在牛津大学里最好的图书馆——巴利奥尔学院图书馆废寝忘食地汲取经典著作中的精华，这对他后来的学术创作有很大的启发和帮助。1748 年斯密担任爱丁堡大学讲师并得到了当时爱丁堡法律界的头面人物亨利·霍姆的帮助，亨利·霍姆对斯密的启发在斯密所著的《道德情操论》中有充分的表现。1749 年冬，斯密开始撰写经济学讲义，这是斯密表述自己基本经济观点的开端。

1750 年斯密受格拉斯哥大学之聘开始了他在格拉斯哥大学长达 13 年的大学教书生涯。斯密讲授过逻辑学、法学、政治学和经济学等，其中他的贸易理论极具影响力。据说当他离开时已经使这座城市的所有人相信他的自由贸易学说，以至于 1763 年科尔特尼斯的著名经济学家詹姆斯·斯图尔特勋爵来此宣扬保护贸易时，竟没有人相信保护贸易能促进经济发展。① 斯图尔特勋爵是个非常能言善辩的演说家，斯密本人也说他对詹姆斯学说的理解主要是通过听他的演讲而不是阅读他的著作。从这一点看来，斯密一定使格拉斯哥的商人们非常清楚而全面地理解了自由贸易主义。② 同时，这也基本形成了斯密《国富论》中自由放任的思想体系。

1761 年斯密担任格拉斯哥大学的副校长，第二年 10 月成为格拉斯哥大学法学博士。在斯密 40 岁时（1763），他以汤申公爵之子的私人教师的身份游学欧洲，先后拜访了伏尔泰、达朗贝尔、霍尔巴赫、爱尔维修、魁奈、米拉波、杜尔阁等法国学术界知名人士，尤其是与重农学派人士进行了思想上和学术上的交流，这些都对斯密《国富论》的写作影响颇深。

《国富论》于 1776 年 3 月 9 日出版第一版，此后斯密一直任职苏格兰海关专员。在生命的最后三年中，斯密致力于修订《道德情操论》第六版，该版在斯密逝世前三个月问世。1790 年 7 月 17 日，斯密因病去世。大约在死前两周，斯密预感到自己将不久于人世，不知何种原因下令销毁了他未出版的全部手稿，这是一个非常大的遗憾。

---

① 约翰·雷著，胡企林等译：《亚当·斯密传》，商务印书馆 1998 年版，第 56 页。
② 同上书，第 56 页。

（二）亚当·斯密的主要著作

1. 《道德情操论》

《道德情操论》全书分为七卷，前六卷分别从不同方面层层深入地论述了人类的情感和伦理道德产生的原因和基础，第七卷"论道德哲学的体系"是在前六卷基础上对此前的各种伦理学体系所作的述评。斯密从人类的情感和同情心出发，讨论了善恶、美丑、正义、责任等一系列概念，进而揭示出人类社会赖以维系、保持和谐的奥秘。在他看来，人天生是社会的动物，时刻生活在他人的评价之中；为了顾及他人的感受，人不得不对自己原始的激情加以节制和改造，从而产生羞耻心和荣誉感，这就是人类社会存在的基础。此外，斯密认为，人在追求物质利益的同时要受道德观念约束，不要去伤害别人，要帮助别人。这种道德情操永远植根于人的心灵深处，人既要"利己"也要"利他"，唯有如此人类才能获得永恒的延续。斯密本人也不是唯利是图的"经济人"，而是为社会做过多次捐献的英国绅士。可以说《道德情操论》奠定了斯密思想的"底层"基础，而他的经济学说就是在这种基础上发展起来的。①

现今社会很多人不清楚斯密还写过这样一本书，可能是被《国富论》的耀眼光芒遮盖了，其实在斯密本人的心目中《道德情操论》的分量远比《国富论》要重得多。而且他一生中大部分心血都倾注在《道德情操论》的修订与完善上。从1759年首版到1790年去世前的修订版，斯密对《道德情操论》先后进行过6次修改，而《国富论》恰恰是在修改《道德情操论》的过程中完成的。②

2. 《国民财富的性质和原因的研究》

《国民财富的性质和原因的研究》（以下简称《国富论》）出版于1776年，时值英国资本主义的成长时期，英国手工制造业正在开始向大工业过渡，其产业的发展很大程度上受残余的封建制度和重商主义限制政策的束缚。此时的英国资产阶级迫切需要一个自由的经济学说体系作为经济发展的指导纲领。斯密的《国富论》就是在这个历史时期，负有这样的阶级历史史命而问世的。它总结了近代初期各国资本主义发展的经验，并在批判吸收了当时有关重要经济理论的基础上就整个国民经济运动过程作了较系统、较清晰的描述。此书一经出版，不但对英国资本主义的发展产生了直接而重大的促进作用，而且对世界

---

① 亚当·斯密著，韩巍译：《道德情操论》，中国城市出版社2008年版，第3页。
② 同上书，第2页。

资本主义的发展也产生了广泛的影响，因此完全可以说《国富论》是现代政治经济学研究的起点。①

亚当·斯密在书中对重商主义片面强调国家贮备大量金币的重要性进行了严厉而彻底地批判。同时，他还批评了重农主义者的土地是价值的主要来源的错误观点，指出土地上的劳动才是最重要的。此外，斯密在书中重点强调分工理论能引起生产力的提高和变革，抨击了阻碍资产阶级工业发展的腐朽的政治限制。《国富论》所表达的核心思想是：自由放任的市场实际上是一个具有自行调整、自动倾向于生产社会最迫切需要的产品的市场。斯密认为：每个人"只想得到自己的利益"，但是又好像"被一只无形的手牵着去实现一种他根本无意要实现的目的，……他们促进社会的利益，其效果往往比他们真正想要实现的还要好。"② 但是如果保护主义阻碍自由竞争的发展，那只"无形的手"就失去自动调节市场需求的功能进而降低经济效率，使公众和国家为此付出更高的代价。所以斯密坚决反对一切形式的贸易保护，如高关税和政府对自由市场的干涉等。

但是随着时间的推移，历史将它的局限性和缺点逐渐暴露出来。《国富论》出版后不到 40 年，从斯密的理论中就分裂出大卫·李嘉图（1772～1823）、让·巴蒂斯特·萨伊（1767～1832）、托马斯·罗伯特·马尔萨斯（1766～1834）三个经济学派，他们都把斯密的理论作为自己的出发点，从其中吸取养料，然而这已经是性质不同的互相对立的经济学派。③ 19 世纪以后，资产阶级学者对《国富论》的评价已经丧失了比较客观的态度和纯学术的性质，但是到 19 世纪末，阿弗里德·马歇尔（1842～1924）在他的著作《经济学原理》中赋予斯密"真正的剑桥精神"。到了 20 世纪下半叶，在西方经济学界出现了一股"复兴"古典经济学的潮流，在纪念《国富论》出版 200 周年之际，再一次掀起了研究《国富论》的高潮，这对整个经济学和经济学说的研究起到促进作用。④

---

① 亚当·斯密著，郭大力、王亚南译：《国民财富的性质与原因的研究》上卷，商务印书馆 2008 年版，改订译本序言，第 1 页。

② 亚当·斯密著，郭大力、王亚南译：《国民财富的性质与原因的研究》下卷，商务印书馆 1974 年版，第 27 页。

③ 宛樵、吴宇晖：《亚当·斯密与〈国富论〉》，吉林大学出版社 1986 年版，第 6 页。

④ 同上书，第 6～7 页。

第二节　亚当·斯密的自由贸易思想

一、亚当·斯密自由贸易思想的形成

亚当·斯密在格拉斯哥大学任教时就已经形成了自由贸易的思想。约翰·雷（John Rae，1845～1915）在《亚当·斯密传》中指出："早在《国富论》出版以前，还在格拉斯哥大学担任教授时，斯密就已明确地提出了经济自由主义这一新思想，而且在现实世界中赢得了第一批信奉者。"① 而且，当斯密离开格拉斯哥时，已经使当地居民深信自由贸易的好处，并使当地的许多显要人物信奉了自由贸易学说。② "斯密在讲授法学和政治学时，从一开始就宣传自由贸易学说，他在格拉斯哥工作了十三年，在这期间他取得的一项了不起的成就是，在离开这座城市之前，他实际上使这座城市的所有人相信了他的看法。"③

当1763年著名经济学家詹姆斯·斯图尔特（James Denham-Steuart）勋爵④结束了长期政治流亡回到格拉斯哥向当地居民宣传经济保护主义时，竟然没有人相信他的贸易保护思想。可见，斯密已经使格拉斯哥的人们非常清楚而全面地理解了自由贸易主义。⑤

事实上，斯密在《国富论》的创作过程中受重农学派特别是弗朗斯瓦·魁奈（Francois Quesnay）和安·罗伯特·雅克·杜尔阁（Anne-Robert-Jacques Turgot）的影响较大，尤其是经济自由的思想。1763年底斯密接受了汤申公爵的邀请，担任其子的私人教师并陪同其赴欧洲大陆游学。1764年7月5日斯密在写给休谟的信中第一次提到《国富论》的写作："为了消磨时光，我已开始写一本书。"⑥ 这段时间里，他结识了重农学派两位重要代表人物——魁奈

---

① 约翰·雷著，胡企林等译：《亚当·斯密传》，商务印书馆1998年版，第56页。
② 杜格尔德·斯图尔特：《著作集》第6卷，第379页。转引自：约翰·雷著，胡企林等译：《亚当·斯密传》，商务印书馆1998年版，第56页。
③ 约翰·雷著，胡企林等译：《亚当·斯密传》，商务印书馆1998年版，第56页。
④ 詹姆斯·斯图尔特（James Denham-Steuart），英国资产阶级经济学家、英国重商主义后期代表之一。曾参与拥立斯图尔特王室派的阴谋，亡命欧洲大陆，以后获准回国。主要著作为《政治经济学原理研究》。
⑤ 约翰·雷著，胡企林等译：《亚当·斯密传》，商务印书馆1998年版，第56页。
⑥ 欧内斯特·莫斯纳、伊恩·辛普森·罗斯著，林国夫等译：《亚当·斯密通信集》，商务印书馆1992年版，第145页。

和杜尔阁，从而开始深入地了解重农学派的经济思想。

重农学派的主要思想之一就是"自由放任、自由流通"。除了保证最低的、绝对必需的基本保障，如保护生命与产权、维持签约的自由等之外，政府不要对经济生活施加任何干预。因此，重农学派几乎反对一切封建主义、重商主义和各种政府管制，支持国内工商业和国际贸易自由化。① 斯密赞美重农学派的体系"虽然有各种缺点，但在政治经济学这个题目下发表的许多学说中，它也许最接近真理。"② 重农学派对重商主义的抨击以及他们关于清除贸易壁垒的建议赢得了斯密的钦佩。例如斯密从重农学派得到的主题：财富是"社会劳动每年再生产出来的可消费的商品"、对于经济中政府干预最小化的愿望以及生产和分配循环过程的概念等。③

斯密评论这个学说的创立者是"很聪明、很渊博的"，是"一个非常质朴和谦虚的人，这整个学派，对于他们的大师的称扬，不下于古代任何学派对其创立者的称扬。"④ 斯密认为魁奈在当时居于全世界经济研究工作者的首位，因为他明确地把货币财富和一般财富加以区别，指出重视货币的错误，认为货币只是贸易的工具。魁奈还指出："对外贸易的利益，不在于货币财富的增加，一个国家从对外贸易所取得的财富的增加，并不在于货币财富的增加；因为某一个国家和外国所进行的对外贸易，总是这个国家对外国所进行的商品交换，来供给自己消费的需要。"⑤ 魁奈反驳重商主义过分重视货币的思想，主张发展对外贸易，强调自由贸易的重要性，这与斯密的自由贸易主张不谋而合。在与魁奈几次交谈的过程中，斯密同魁奈深入交流了有关自由贸易的思想。斯密在写作《国富论》的过程中本打算将这本经济学巨作献给魁奈，只可惜这本著作还未完成魁奈就离开了人世，可见魁奈的经济思想对斯密影响之大。

① 斯坦利·L. 布鲁、兰迪·R. 格兰特著，邱晓燕等译：《经济思想史》第 7 版，北京大学出版社 2008 年版，第 28 页。

② 亚当·斯密著，郭大力、王亚南译：《国民财富的性质与原因的研究》下卷，商务印书馆 1974 年版，第 245 页。

③ 斯坦利·L. 布鲁、兰迪·R. 格兰特著，邱晓燕等译：《经济思想史》第 7 版，北京大学出版社 2008 年版，第 51 页。

④ 亚当·斯密著，郭大力、王亚南译：《国民财富的性质与原因的研究》下卷，商务印书馆 1974 年版，第 245 页。

⑤ 刘东升著：《国际经贸理论基源卷》，薛荣久主编：《国际经贸理论通鉴》，对外经济贸易大学出版社 2006 年版，第 216 ~ 217 页。

与此同时，斯密和另一位重农学派的重要代表人物杜尔阁也保持着紧密的联系。在 1766 年的巴黎，斯密经常在勒斯皮纳小姐的沙龙上会见杜尔阁，他在法国所交的朋友中，没有一个人能像杜尔阁一样给予他更大的满足、思想和品德使他更为崇敬。杜尔阁在《关于财富的形成和分配的考察》一书的写作过程中同斯密反复讨论其中的论点，吸取了一些斯密的独到观点。两人的交往没有留下任何记载，但他们交往的成果却十分明显地反映在他们的著作中。法国重农主义经济学家杜邦·德·内穆尔甚至认为斯密著作中正确的东西都是从杜尔阁那里剽窃的；法国财政家利昂·萨伊认为在哲学方面杜尔阁借助于斯密之处甚多，而在经济学方面则斯密借助于杜尔阁之处颇多。没有任何证据证明两人之间谁借助于谁更多，但可以表明两人思想间的交流颇多。据杜尔阁的传记作者孔多塞说，斯密回到英国后仍和杜尔阁保持通信往来，并继续探讨经济学问题。[1] 不可否认，这两位重农学派的经济学家的观点以及重农学派的经济思想对当时正在写作中的《国富论》产生了积极而深远的影响。

斯密还受到他的密友大卫·休谟（David Hume）的影响。休谟和斯密在两人的一生中无数次的通过信件进行交流，内容无所不包。1773 年春天，《国富论》基本完成，斯密担心自己的身体状况等不到《国富论》的正式出版，便于 1773 年 4 月 16 日给休谟正式写了一封信，指定他为遗稿的管理人，并把各种未出版的原稿放置的地方详细地告诉了他。在《国富论》完成后，休谟写信给斯密并提出了很多修改意见。1776 年休谟逝世，在他所立的遗嘱中指定斯密为遗稿管理人，把《自然宗教对话录》以外的所有遗稿全权委托给斯密处理。由此可见，两人对彼此学术观点和思想品德的充分信任。

二、亚当·斯密对重商主义的清理

17 世纪后期，资本主义生产迅速发展，工场手工业成为主要的生产方式，新的生产力与落后的封建生产关系之间的矛盾日益尖锐，重商主义理论已经不能适应新兴资产阶级的需要。在此时期，古典经济学家们从新兴资产阶级的立场出发，对重商主义的学说进行了批判，提倡自由贸易，反对国家对经济的干预。斯密之前的许多经济学家对重商主义进行了不同程度的批判，这种批判更多的是对现有经济体制的不满，或多或少地具有一定的局限性。真正对重商主义理论进行清理的是亚当·斯密。亚当·斯密在他的巨著《国富论》中曾用

---

① 约翰·雷著，胡企林等译：《亚当·斯密传》，商务印书馆 1998 年版，第 180～183 页。

八章的篇幅（即全书内容的 1/4）进行论述，对重商主义把金银看做财富的象征和主张国家干预贸易的理论深恶痛绝、尖锐抨击，最后得出结论："这种学说，就其性质与实质说，就是一种限制与管理的学说"，① 但是，"任何一个国家的政府对于保持或增加国内货币量的关心，都是不必要的"。② 在斯密看来，政府的一切干预都是徒劳，只要实行"完全自由"的放任政策，看不见的手就可以自发地实现增进国民财富的目的。斯密对重商主义的批判是从以下几个方面展开的。

（一）货币不等同于财富

斯密坚决反对重商主义将货币等同于财富的观点，在斯密看来资本主义社会的财富就是可供消费和交换的商品。他从商品的两种不同属性对财富提出了两种不同的看法。第一，"一个人是贫是富，看他能在什么程度上享受人生的必需品、便利品和娱乐品，"③ 这是从使用价值的角度对个人财富所下的定义；第二，"他是贫是富，要看他能够支配多少劳动，换言之，要看他能够购买多少劳动，"④ 这是从价值的角度对个人财富下的定义。他还认为一国真实的财富不能简单地用货币来衡量，而应当用生产出来的商品和劳务来衡量。"无疑，货币总是国民资本的一部分；但我们已经说过，它通常只是一小部分，并总是最无利可图的一部分。"⑤ "除了购买货币，货物还有其他许多用处；但除了购买货物，货币就一无所用。所以，货币必然追求货物，而货物却并不总是或无需追求货币。"⑥ 斯密认为货币只占一国财富的一小部分，而且是产生价值最小的部分，货币除了购买商品以外别无它用。"人们所以需求货币，不是为了货币本身，而是为了他们用货币所能购买的物品。"⑦ 由此，斯密认为一国真正的财富是不断扩大国内生产用来消费的物质产品的数量和质量，而不是通过禁止金银流通、限制贸易来实现的。

---

① 亚当·斯密著，郭大力、王亚南译：《国民财富的性质与原因的研究》下卷，商务印书馆 1974 年版，第 230 页。

② 同上书，第 9 页。

③ 亚当·斯密著，郭大力、王亚南译：《国民财富的性质与原因的研究》上卷，商务印书馆 2008 年版，第 26 页。

④ 同上。

⑤ 亚当·斯密著，郭大力、王亚南译：《国民财富的性质与原因的研究》下卷，商务印书馆 1974 年版，第 10 页。

⑥ 同上书，第 11 页。

⑦ 同上。

（二）反对国家对经济的干预

重商主义认为国家的繁荣富强离不开对经济的强力干预，"要保持或增加本国的金银量，比要保持或增加本国其他有用商品的数量，需要政府更大的关心。"① 斯密认为这种观点是完全错误的，并主张自由放任的经济政策。这主要表现在两个方面：第一，斯密提出"看不见的手"会使个人追求自利的行为，达到促进社会公益的结果；第二，他具体描绘了资源配置的负反馈机制，有了这样一只手及其作用的负反馈机制，任何人为地干预确乎是没有什么必要了。"完全自由是使这种每年再生产能以最大程度增进的惟一有效方策。"② 国家只有采取自由放任的经济政策，才能充分调动经济人的积极性、增强资源的有效合理配置、增加国家的物质财富、提高生产力水平、增强国家的经济实力。

（三）关于积累金银的政策

早期的重商主义主张通过禁止对外输出金银来保证国内金银的正常积累，晚期的重商主义通过控制贸易差额来达到聚集财富的目的。斯密对早期的观点和晚期的观点都予以批判，他认为"贸易上的金银输出往往有利于国家的议论，是正确的，"③ 从个人角度出发，"在个人觉得金银输出有利时，禁令不能防止金银输出。"④ 因为"有许多货物，因体积关系，不能随意由在货充足的市场转移到存货不足的市场，但金银要由金银丰足的市场运到金银缺乏的市场，却很容易。"⑤ "如果金银累积得超过所需的数量，那么，由于金银的运输是那么容易，而闲置不用的损失又是那么大，任何法律也不能防止其立即输出国外。"⑥ "无论政府怎样保持警惕也不能阻止其输出，西班牙和葡萄牙的严刑峻法，并没能使金银不外溢。"⑦

顺差也不能让一个国家更好地积累金银。斯密从大卫·休谟的"价格－铸币流动机制"理论认识到，长期的顺差会使金银不断地流入国内，使国内的货币流通量增加，但此时国内商品的生产数量具有一定的滞后性，短期内的

---

① 亚当·斯密著，郭大力、王亚南译：《国民财富的性质与原因的研究》下卷，商务印书馆1974年版，第5页。

② 同上书，第245页。

③ 亚当·斯密：《国民财富的性质与原因的研究》下卷，商务印书馆1981年版，第220页。

④ 同上书，第222页。

⑤ 同上书，第221页。

⑥ 同上书，第220页。

⑦ 同上书，第222页。

商品数量并未发生改变，使得国内货币流通量增加的同时无法同商品数量同步变动，造成商品价格上涨。而随着国内商品价格的上涨，本国商品在国外的吸引力在下降，而外国商品在国内的价格相对趋于降低，此时商人本着"一己私利"的原则会大量进口外国商品，货币外流，贸易顺差减少甚至出现逆差，所以通过顺差来积累金银的观点是不现实的，枉费心机的。①

三、交换产生分工

斯密的《国富论》是从分工开始论述的，他认为促进国民财富增长的第一个决定因素是分工，他把分工作为提高劳动生产率、增加国民财富的一个重要途径。在经济学说史上，斯密最早全面地考察和叙述了分工对提高劳动生产率的作用。"劳动生产力上最大的增进，以及运用劳动时所表现的更大的熟练、技巧和判断力，似乎都是分工的结果。"② 这是斯密对分工最著名的论述。那么分工是如何产生的呢？斯密对此有独到的见解。

（一）分工产生的原因

为了对分工产生的原因有一定的感性认识，斯密讲述了一个分工的故事。在狩猎或游牧民族中有个善于制造弓箭的人，他用自己的弓箭去打猎并获得食物。他一方面要花时间制造弓箭，另一方面还要上山打猎，很是辛苦。由于他常常用弓箭和其他人交换家畜或兽肉，他发现与其亲自到野外捕猎倒不如与猎人交换，因为交换所得比自己打猎要多得多。从自身的利益着想，他便以制造弓箭为业，于是成为一个武器制造者。同样，某人因擅长建造房屋的框架和屋顶常常被人请去造屋，得家畜兽肉为酬，因而成为一个房屋建筑者。从此，越来越多的单一职业者利用各自的专长谋生，出现了铁匠、铜匠和制革者等。"人人都一定能够把自己消费不了的自己劳动生产物的剩余部分，换得自己所需要的别人劳动生产物的剩余部分。"③ 由于人们所需要的主要是通过交换、买卖取得的，为了交换别人的产品，首先必须生产为别人所需要的产品。人人都生产某种为别人需要的产品，以交换别人生产而为自己所需要的产品，分工由此产生了。所以斯密认为交换是产生分工的原因，分工是交换的结果。"引出上述许多利益的分工，原不是人类智慧的结果，尽管人类智慧预见到分工会

---

① 国彦兵：《西方国际贸易理论历史与发展》，浙江大学出版社 2004 年版，第 29 页。

② 亚当·斯密著，郭大力、王亚南译：《国民财富的性质与原因的研究》上卷，商务印书馆 2008 年版，第 5 页。

③ 同上书，第 15 页。

产生普遍富裕并想利用它来实现普遍富裕。它是不以这广大效用为目标的一种人类倾向所缓慢而逐渐造成的结果，这种倾向就是互通有无，物物交换，互相交易。"①

交换是由什么引起的呢？斯密认为是由"人类的本性"所决定的，人类的利己主义本性促使他们相互交换。所谓利己主义，是指交换使人们认识到如果一个人只从事一种专门职业，专门生产某种产品，并用它同别人交换自己所需要的一切，比他亲自生产自己所需要的一切要有利得多。所以斯密在论述分工中认为交换引起分工，交换是人类固有的倾向，是人类本性的产物。

不过在历史发展过程中，是先有分工然后才有交换产生，斯密用人类固有的交换倾向来解释分工产生的原因是错误的，颠倒了因果关系，不懂得一切分工都是社会生产力发展的结果。斯密还用"人类的本性"来考察交换，认为交换是人类所共有和特有的属性，而分工也就是人类这种自然的、永恒的本性产物。② 结果将简单商品生产者的交换与资本主义商品交换混为一谈，犯了唯心主义错误。

（二）分工的优势

斯密第一次明确论述了分工优势原理，首先认为分工使国民财富大幅增加，"在一个政治修明的社会里，造成普及到最下层人民的那种普遍富裕情况的，是各行各业的产量由于分工而大增。……于是，社会各阶级普遍富裕。"③其次分析了促进劳动生产力的方式——分工，"劳动生产力上最大的增进，以及运用劳动时所表现的更大的熟练、技巧和判断力，似乎都是分工的结果。"④最后论述分工提高劳动生产率的原因：分工之所以能够提高劳动生产率是因为分工促使劳动专门化，提高工人的熟练程度；分工可以节省因工种转换而损失的时间；分工使专门从事某项作业的劳动有利于改良工具和发明机械。

分工的优势："第一，劳动者的技巧因业专而日进；第二，由一种工作转到另一种工作，通常须损失不少时间，有了分工，就可以免除这种损失；第

① 亚当·斯密著，郭大力、王亚南译：《国民财富的性质与原因的研究》上卷，商务印书馆2008年版，第12～13页。

② 葛扬、李晓蓉：《西方经济学说史》，南京大学出版社2003年版，第111页。

③ 亚当·斯密：《国民财富的性质与原因的研究》下卷，商务印书馆1981年版，第23页。

④ 亚当·斯密著，郭大力、王亚南译：《国民财富的性质与原因的研究》上卷，商务印书馆2008年版，第5页。

三，许多简化劳动和缩减劳动的机械的发明，使一个人能够做许多人的工作。"① 斯密指出，如果工人终生从事某种简单而固定的操作，从而必将提高他的劳动熟练程度。他用做针举例说明，如果一个人自己做针，任何工序均需要从头自己做起，一天很难做出一根针；如果将做针的工序分解成许多小工序，通过分工合作共同完成制针过程，每人每天可以制造针 2300 多根。关于转换工作损失时间的问题，斯密将社会分工同工场内部分工混为一谈了。他用农村中既耕种土地又兼营织布的织工为例，说这种农村织工由织机转到田地，又由田地回到织机，中间要浪费许多时间。农业和工业的分工属于社会分工，虽然这种情况在当时的英国普遍存在，但在说明问题上并不典型；对工场内部分工的节约时间没有专门论证，但斯密把节省时间作为分工的优势在当时是比较先进的思想。分工使劳动简化，从而促进机器的发明。"人类把注意力集中在单一事物上，比把注意力分散在许多种事物上，更能发现达到目标的更简易便利的方法。分工的结果，各个人的全部注意力自然会倾注在一种简单的事物上。"② 这就为发明机械、以机械代替人工创造了条件。

斯密关于分工的优势分析很有见地，在贸易发展史中有它不可磨灭的功绩。

（三）分工受市场限制

斯密从交换产生分工的错误观点出发，进一步得出分工受市场范围限制的结论。"分工起因于交换能力，分工的程度，因此总要受交换能力大小的限制，换言之，要受市场广狭的限制。市场要是过小，那就不能鼓励人们终生专务一业。"③

斯密分析了发展商业和扩大市场范围的条件。例如，大城市有广阔的商品市场，因而也有发达的分工；而穷乡僻野市场狭窄，分工自然要受限制，在农村几乎到处都是一个人兼营几种性质类似的行业。另外，水运比陆运更有利于开辟市场，"水运开拓了比陆运所开拓的广大得多的市场，所以从来各种产业的分工改良，自然而然地都开始于沿海沿河一带。这种改良往往经过许久以后

① 亚当·斯密著，郭大力、王亚南译：《国民财富的性质与原因的研究》上卷，商务印书馆 2008 年版，第 8 页。

② 亚当·斯密：《国民财富的性质与原因的研究》上卷，商务印书馆 1981 年版，第 10 页。

③ 亚当·斯密著，郭大力、王亚南译：《国民财富的性质与原因的研究》上卷，商务印书馆 2008 年版，第 16 页。

才慢慢普及到内地。"① 无论水运或陆运的发展,对商业的发达、市场范围的扩大无疑是起重要作用的,为生产和分工带来新的动力,但决定市场范围的,是商品生产、分工和专业化水平,而不仅仅是运输的发达程度。

交换不发达、市场范围狭小将影响到分工和专业化的发展。社会生产力的发展促使分工扩大,进而商品种类增加、质量改善、价格下降、市场范围同时也在扩大,而市场的扩大、交换的发展反过来又会促进生产的发展和分工的进一步发展。绝不是先有一个既定的市场范围,而分工却被动地受其限制。② 斯密关于分工受市场范围限制的观点在当时独树一帜,具有一定的积极意义,但更重要的是要明确斯密研究问题时出现的历史唯心主义错误。

四、绝对利益理论

亚当·斯密在其分工理论基础上继续深入研究,他认为对一个精明的家庭而言,如果自己做的东西所耗费的财力物力要比市场上出售的大得多就没有必要自己生产,可以将全部精力集中在自己最擅长、能获得最大利益的劳动或工作,去同别人生产的产品交换或购买。这样才能发挥自身的最大优势,使每个家庭的分工拓展成为社会分工,提高劳动生产率。他说:"如果一件东西在购买时所费的代价比在家里生产时所费的小,就永远不会想要在家内生产,这是每一个精明的家长都知道的格言。裁缝不想制作他自己的鞋子,而向鞋匠购买。鞋匠不想制作他自己的衣服,而雇裁缝制作。农民不想缝衣,也不想制鞋,而宁愿雇用那些不同的工匠去做。他们都感到,为了他们自身的利益,应当把他们的全部精力集中使用到比邻人处于某种有利地位的方面,而以劳动生产物的一部分或同样的东西,即其一部分的价格,购买他们所需要的其他任何物品。"③

像这样在家庭间都适用的分工原则同样也适用于国家之间,正如亚当·斯密所说:"在每一个私人家庭的行为中是精明的事情,在一个大国的行为中就很少是荒唐的了。"④ 所以他认为:"在某些特定商品的生产上,某一国占有那

---

① 亚当·斯密著,郭大力、王亚南译:《国民财富的性质与原因的研究》上卷,商务印书馆 2008 年版,第 17 页。

② 于俊文:《亚当·斯密》,商务印书馆 1987 年版,第 64 页。

③ 亚当·斯密著,郭大力、王亚南译:《国民财富的性质与原因的研究》下卷,商务印书馆 1974 年版,第 28 页。

④ 同上。

么大的自然优势，以致全世界都认为，跟这种优势做斗争是枉然的。"① 这个国家应该利用"那么大的自然优势"去生产产品，然后同其他国家交换自己没有优势的产品；同时其他国家应该避免生产枉然斗争的产品，转而寻找自身的优势。"只要甲国有此优势，乙国无此优势，乙国向甲国购买，总是比自己制造有利。"② 亚当·斯密通过一个例子来证明违背此原则的不合理性："通过嵌玻璃、设温床、建温壁，苏格兰也能栽种极好的葡萄，并酿造极好的葡萄酒，其费用大约三十倍于能由外国购买的至少是同样好品质的葡萄酒。单单为了要奖励苏格兰酿造波尔多和布冈迪红葡萄酒，便以法律禁止一切外国葡萄酒输入，这显然是愚蠢的行为。"③ 如果苏格兰酿造极好葡萄酒所使用的资本与劳动远没有达到三十倍之多，而仅仅是三十分之一，甚至三百分之一，斯密认为这也是不合理的。④

斯密认为这种绝对有利条件的产生无外乎两种：一种是先天的，一种是后来获得的。对于工匠来说，"一种技艺的工匠比另一种技艺的工匠优越的地位，只是后来获得的，但他们两者都认为，互相交换彼此产品比自己制造更有利。"⑤ 对于国家来说："至于一国比另一国优越的地位，是固有的，或是后来获得的，在这方面，无关重要。"⑥ 只要能获得绝对有利的优势，途径并不重要，重要的是每个国家都应当把全部资源集中到自己绝对有利的产品生产上，在专业化生产的基础上通过国际分工的形式进行国际贸易，来交换或购买本国不具有有利生产条件的产品，这样对每一个国家都是有利的，这就是斯密著名的绝对利益原理（Absolute Advantage Theory）。斯密在《国富证》中是这样论述的："如果外国能以比我们自己制造还便宜的商品供应我们，我们最好就用我们有利地使用自己的产业生产出来的物品的一部分向他们购买。国家的总劳动既然总是同维持它的产业的资本成比例，就决不会因此减少，正如上述工匠的劳动并不减少一样，只不过听其随意寻找最有利的用途罢了。要是把劳动用来生产那些购买比自己制造还便宜的商品，那一定不是用得最为有利。劳动像这样地不去用于显然比这更有价值的商品的生产，那一定或多或少会减损其年

① 亚当·斯密著，郭大力、王亚南译：《国民财富的性质与原因的研究》下卷，商务印书馆1974年版，第29页。
② 同上书，第30页。
③ 同上书，第29～30页。
④ 同上书，第30页。
⑤ 同上。
⑥ 同上。

产物的价值。按照假设，向外国购买这种商品，所费比国内制造未得便宜。所以，如果听其自然，仅以等量资本雇用劳动，在国内所生产商品的一部分或其价格的一部分，就可把这商品购买进来。"①

斯密认为，如果各国都按照各自的有利生产条件进行分工和交换，将会使各国的资源、劳动力和资本得到最有效的利用，将会大大提高劳动生产率和增加物质财富。我们可以用两国两商品模型（2×2模型）来对此原理进行解释。

假设世界上只有两个国家存在：英国和葡萄牙，每个国家只生产两种产品：酒和毛呢，生产要素只有劳动一种，劳动要素在各国内部可以自由流动，在两国之间则不能流动。在没有进行国际分工前假定两国的生产情况见表 3.1。

表 3.1

	国家	酒		毛呢	
		劳动投入量	产出量	劳动投入量	产出量
分工前	英国 葡萄牙	150 100	120 160	50 100	100 100
分工后	英国 葡萄牙	0 200	0 320	200 0	400 0
交换后	英国 葡萄牙		140 180		200 200

从表 3.1 中可以看出，英国在毛呢的生产上具有绝对优势，它用 50 单位的劳动就可以生产葡萄牙必须用 100 单位劳动才能生产的 100 单位毛呢。而葡萄牙则在酒的生产上具有绝对优势，它用 100 单位劳动就可以生产 160 单位的酒，比英国需要 150 单位劳动才能生产的酒多 40 单位，这样就可以在两国之间进行国际分工，各国各自专业化地生产自己具有绝对优势的产品，如表 3.1 分工后情况。进行分工后，两个国家酒的总产量增加了 40 单位，毛呢的总产量增长了一倍，这就是国际分工促进了生产要素更有效的利用的结果。现在我们假定两国在分工的基础上互相开展国际贸易，英国用 200 单位的毛呢交换葡萄牙 140 单位的酒，贸易后英国拥有了 140 单位的酒，葡萄牙拥有了 180 单位

① 亚当·斯密著，郭大力、王亚南译：《国民财富的性质与原因的研究》下卷，商务印书馆 1974 年版，第 28 页。

的酒，两国都拥有了200单位的毛呢。和贸易前相比，两国增加了20单位的酒和100单位的毛呢，这就是两国通过贸易获得的利益。

第三节　亚当·斯密贸易学说的影响

一、亚当·斯密自由贸易思想的影响

亚当·斯密的国际贸易分工理论为英国新兴资产阶级反对贵族地主和重商主义者、发展资本主义提供了有力的理论支持。他第一次提出了市场经济会由"看不见的手"自行调节的理论，后来的经济学家大卫·李嘉图进一步发展了自由经济自由竞争的理论，为随即兴起的英国工业革命提供了一个新的经济秩序和一种新的社会生产组织技术。英国人用它来推行自由贸易，建立全球市场，实现了经济的高速发展。亚当·斯密的一些观点，比如分工能提高劳动生产率、积极参加国际分工、开展国际贸易对所有国家都有利等，直到今天仍具有重大的现实意义。

斯密反对重商主义、提倡自由贸易，主张在国内实行自由放任，在国际实行自由贸易，给消费者和生产者以追求自身利益的自由，这样就可以消除封建特权和垄断造成的经济低效率，以便迅速提高劳动生产率，增加社会财富。他的这种政策主张恰好迎合当时处在上升阶段的英国资产阶级的利益。《国富论》提出的经济自由主义理论构成了市场经济的理论基础和商品经济运行的原则，它提供了资本主义和自由贸易最为重要的论述基础之一，极大地影响了后代的经济学家。在该书中，斯密缔造了古典政治经济学的理论体系，概括了古典经济学在形成阶段的理论成就，最先系统阐述了政治经济学的各个主要学说，对其形成和发展起到极其重要的作用。

然而亚当·斯密的观点仍然具有时代的局限性。按照斯密自由放任的经济思想，资本主义经济完全可以靠市场机制来自发调节运行，不需要政府的干预。但事实证明，市场并不是万能的，市场也会失灵，周期性爆发的金融危机就是最好证据。斯密认为，个人自由追求个人利益会自然而然地促进社会利益的增进。但事实并非如此，在任何阶级社会里，只有国家出面进行调节才能使社会活动有序的进行。虽然如此但瑕不掩瑜，斯密的贡献在经济学史上仍然具有举足轻重的地位。

二、绝对利益理论的评价

斯密的绝对利益原理是建立在劳动价值论基础上的，是对国际贸易问题的

第一次科学的解释，具有十分重要的意义。但是这一原理的应用前提是两个国家都各自生产相对于另一国具有优势的产品，如果一个国家在两种产品的生产上都处于劣势，而另一个国家在两种产品的生产上都处于优势，那么两国是否还能够进行贸易？这种情况用绝对利益原理是无法解释的，这就涉及到了比较利益的问题。① 实际上斯密已经认识到了这一点，并且进行了初步的论述。他指出：富裕国家在工业和农业上都处于优势地位，而贫穷的国家则都处于劣势的地位，在这种情况下贫穷的国家最好是发展农业，因为它在工业上更落后，更竞争不过富裕的国家。可见他实际上已经提出了比较利益原理的思想，但他的论述还是十分粗糙和简单的，往往被人们所忽视。② 因此，真正利用比较利益原理来解决国家间能否进行贸易问题或者进行贸易后互惠互利问题的是大卫·李嘉图。

---

① 国彦兵：《西方国际贸易理论：历史与发展》，浙江大学出版社，2004 年版，第 35 页。
② 同上。

第四章

大卫·李嘉图的贸易学说

第一节　大卫·李嘉图的时代、生平及著作

一、大卫·李嘉图生活的时代

从亚当·斯密到李嘉图期间，英国发生了工业革命，机器生产代替了手工劳动，从而建立起和资本主义生产方式发展相适应的技术体系。1764 年哈尔格列沃斯（1720～1778）发明了珍妮纺纱机，但是除了人工没有更好的动力来发挥珍妮纺纱机的优势，于是人们将重点转向替代动力的发明。1769 年詹姆斯·瓦特发明了单动式蒸汽机，并于 1785 年应用于棉纺工厂。蒸汽机的发明不仅使棉纺织工业发生了革命性的变化，还催生出一个新的行业——机器制造业。随后，由于机器制造业的发展需要大量的金属原材料，进而推动了冶金工业和采掘工业的发展。此时期的工业革命迅速地推动英国资本主义经济的快速发展，并使英国成为名符其实的"世界工厂"。由于机器制造业的发展已经可以替代大量的人工，所以大量工人失业，资本主义社会生产关系从此发生了深刻地变革，由工场手工业向工业革命时代过渡。工人和农民的破产直接导致真正的无产阶级的形成，但英国社会的主要矛盾仍然是资本主义和封建残余势力之间的矛盾，无产阶级还远未发展壮大。

英国的《谷物法》是当时地主阶级最后的斗争武器，它能维持地主阶级的租金收益。地主阶级利用《谷物法》不断地提高国外优质农产品进口的壁垒，牟取国内的高利润。地主阶级高利润是以整个经济发展为代价的，这是资产阶级所不愿看到的，所以新兴资产阶级坚决主张废除《谷物法》，并将其看成是封建残余势力的最后一座碉堡，只有将其铲除才能扫清英国资本主义快速发展的障碍。1846 年英国终于废除了该法律，开创了资产阶级发展的新篇章。18 世纪末到 19 世纪初，随着工业的发展，产业资本和商业资本迅速膨胀起

来，进而促进了借贷的发展，银行业兴起，此时的英国已经形成了适应资本主义生产和流通需求的统一的货币信用体系。但由于英法间的长期战争（1793~1813）迫使本币迅速贬值，由地主阶级掌权的英国政府大量发行银行券，扰乱了产业资产阶级所建立的货币信用体系的正常秩序。于是资产阶级要求政府回收银行券，恢复货币信用体系的流转功能，整顿商品流通的秩序。1832年资产阶级与地主阶级对议会的席位进行争夺，最终以资产阶级胜利而告终。

大卫·李嘉图的经济思想是在适应产业资产阶级斗争的需要和资本主义大工业发展的需要而产生的，他的经济思想代表了工业革命时期产业资产阶级的利益和要求，为发展资本主义大工业和提高社会生产力服务，力图在资本主义的限度内使社会生产力得到最大和最快的发展，成为产业资产阶级反对贵族地主阶级的有力武器。①

二、大卫·李嘉图与《政治经济学及赋税原理》

（一）大卫·李嘉图的生平

大卫·李嘉图（David Ricardo，1772~1823）于1772年4月19日出生在伦敦一个犹太移民家庭，在十七个孩子中排行第三，父亲是当时著名的证券交易所经纪人。从小李嘉图就跟随父亲经营证券买卖，14岁时进入父亲的证券交易所，16岁时成为父亲的得力助手，在证券交易所中能够独当一面，是当时英国金融界的知名人物。21岁以前李嘉图事业顺利，个人财富急剧增长，直到他和父亲因为婚姻问题决裂，丧失了富裕家庭的一切。卢森贝将此事称之为"爱神战胜了财神"。②

1793年12月李嘉图独立经营起证券交易所业务，他的证券投资天赋开始逐渐显露出来，到1797年，25岁的李嘉图积累的个人财富约为3000万法郎，相对于当时的物价水平。在物质上有了丰厚的保障，李嘉图开始狂热学习他所热爱的科学知识。他所学的内容涉及数学、化学、地质学等，并养成了良好的科学思考习惯。但是由于一件偶然的事使李嘉图最终选择研究经济学：1799年李嘉图陪妻子在索梅1815色郡巴茨温泉胜地养病时，在图书馆里看到了亚当·斯密的《国富论》，从此激发他对经济学的强烈兴趣。李嘉图于1809年写了一系列关于货币流通和信用制度问题的文章，标志其步入经济学的殿堂。此后他多次在《晨报》上发表评论文章并将这些文章整理成册，于1810初出

---

① 葛扬、李晓蓉：《西方经济学说史》，南京大学出版社2003年版，第129页。
② 卢森贝：《政治经济学史》第1卷，三联书店1961年版，第381页。

版了名为《黄金的高价是银行纸币贬值的明证》的小册子，导致了一场"金价论战"，并以李嘉图为首的通货学派战胜银行学派而告终。1844 年英国政府通过了《皮尔法案》，使通货学派的观点成为资本主义国家在货币流通和信用问题上的正统思想，李嘉图因此名声大振。①

李嘉图于 1815 年开始着手经济学理论的创作，即《政治经济学及赋税原理》。在创作过程中，詹姆斯·穆勒给了李嘉图很大的帮助。这本巨著于 1817 年 4 月 19 日出版，在当时引起强烈反响。李嘉图于 1819 年 2 月当选英国议会下议院议员，极力提倡自由贸易，反对《谷物法》，并在从事议员活动的同时进一步完善了其经济理论体系，先后在 1819 年和 1821 年出版了《政治经济学及赋税原理》的第二版和第三版。李嘉图除了修订再版《政治经济学及赋税原理》外，还同詹姆斯·穆勒、马尔萨斯、托伦斯等人创办了"伦敦政治经济学俱乐部"并积极参与其中。李嘉图到了晚年还继续进行经济学研究，并将他以前著作中没有深入论述的问题重新进行思考并写成文章发表。1823 年 9 月 12 日大卫·李嘉图与世长辞，享年 51 岁。②

（二）大卫·李嘉图的著作

李嘉图从事经济学研究的活动开始于 19 世纪初期，当时正值英法战争，英国通货膨胀日益严重，金价猛涨。李嘉图于 1809 年写了一篇探讨金价上涨问题的论文：《论金块价格》，引起了各方注意。随后又以第一篇文章为基础写了《论金块价格上涨为银行卷贬值的证明》，并指出货币数量过多或短缺只有相对意义，主张限制纸币的发行，恢复黄金的兑现。文章一经发表便引起了金价大讨论，不久英国政府恢复了银行卷和黄金之间的兑换。

1810 年 12 月，李嘉图发表了《对葆桑奎的对金价委员会的报告的切实研究的答复》一文，对葆桑奎对金价委员会的报告所作的批评提出自己的不同意见，重申"货币数量过多就会贬值"的观点。这篇文章被认为是当时正在争论的金价问题的最佳论文之一。

1815 年 2 月，李嘉图针对《谷物法》的废存问题发表了论文《谷物价格低廉对资本利润的影响》。他认为要使利润不下降只有降低谷物的售价；根据当时英国的情况，国家应该施行自由贸易，允许外国谷物自由进口。在这篇文章中，李嘉图说明自己的理论时完全依据劳动价值理论和分配理论，使得自己

---

① 张旭昆、袁亚春、王如芳：《经济思想通史》，浙江大学出版社 2003 年版，第 92～100 页。

② 同上。

成为一名彻底的劳动价值论者。

1817 年《政治经济学及赋税原理》出版，这本书具有极强的针对性和现实性，是对李嘉图以前一系列政论性论文所阐述的观点及政策主张的高度概括和理论论证。他在这部著作中主要阐明了以下两大原理：第一，理解资本主义生产关系的出发点和基础是价值由劳动时间决定的这个原理；第二，以这个原理作为标准去批判其先辈的观点，并论证了其他经济范畴在怎样的程度内与这个原理相一致或相矛盾。从《政治经济学及赋税原理》内容看，有关政治经济学的一些基本原理主要集中体现在前两章中，李嘉图对以往政治经济学的全部批判、继承与发展也集中地包括在前两章中。①

1819 年李嘉图应邀为《大英百科全书》写了《偿债基金制度》一文，主张通过增收战时税的办法来筹措战争费用并征收财产税以偿还公债及其利息；1822 年李嘉图写了《农业保护论》一文，就限制谷物进口和允许谷物自由进口的利弊作了详细的论述，坚持主张自由贸易；1820 年李嘉图针对马尔萨斯的《政治经济学原理》写了《马尔萨斯〈政治经济学原理〉评注》一文，专门阐述了自己不同于马尔萨斯的经济论点；1823 年李嘉图针对社会上流行的各种价值论和自己的劳动价值论的完善，写了一篇题为《绝对价值和交换价值》的论文，详细论述了相对价值和绝对价值的关系、衡量商品价值的尺度、流动资本和固定价值的比例等重要问题。

李嘉图的经济思想除了表现在上述经济著作中外，还散见于他在英国议会所发表的演讲词以及他给詹姆斯·穆勒、马尔萨斯、托罗尔、托伦士等人所写的书信中。这些宝贵的资料都已由斯拉法编入《李嘉图著作和通信集》中。②

第二节　大卫·李嘉图的自由贸易思想

一、自由贸易思想

李嘉图反对国家干预对外贸易，赞同斯密自由贸易的思想并继承和进一步发展了斯密的国际分工理论。李嘉图除了对国际自由贸易的一般论证之外，还特别地论证了运用劳动价值论的原理、通过自由贸易的作用提高产品利润率的

---

① 葛扬、李晓蓉：《西方经济学说史》，南京大学出版社 2003 年版，第 130 页。

② 刘东升著：《国际经贸理论基源卷》，薛荣久主编：《国际经贸理论通鉴》，对外经济贸易大学出版社 2006 年版，第 411～414 页。

问题。李嘉图指出："工资不跌落，利润就不会提高；而工资则除非用它来购买的各种必需品的价格跌落，否则就不会持久地跌落。因此，如果由于对外贸易的扩张，或由于机器的改良，劳动者的食物和必需品能按降低的价格送上市场，利润就会提高。"①

根据李嘉图的解释，随着经济社会的不断发展，工人工资会不断提高，谷物的价格会越来越高，如果找不到更加广阔的市场扩大生产，就会使生产谷物的利润降低。如果此时废除《谷物法》并扩大对外贸易的规模，减少政府和地主阶级对自由贸易的干预，可以在国外市场以国内市场谷物的现价去换取更多的价格低于国内市场的产品。通过这样一种利润的转换可以保持生产谷物所能够获取的一般利益。如果在国外发现更多这样的国际市场，那么即使国内工人工资和谷物价格不断上升也能够通过市场的扩展来保证谷物的利润不会下降。如果《谷物法》继续有效，随着土地收益递减作用和工人工资的上涨，农产品的价格会持续提高，地主阶级可以获取较高的地租收入，但是谷物利润却是不断地减少，这样在极大地损害了工业资产阶级利益的同时也损害了资本主义经济迅速发展的根本利益，这是李嘉图所不能接受的。因此，李嘉图运用国际自由贸易理论反对《谷物法》，主张建立国际自由贸易、分工的世界经济秩序。

二、国际贸易的一般理论

李嘉图对于国际贸易利益获得的研究不仅关注利润的大小，还要重视产品的数量，更重要的是关注交换出去的本国商品内所包含的劳动量。李嘉图指出："无论是国内贸易还是对外贸易，利益都在于增加产品的数量"。② "对外贸易的扩张虽然大大有助于一国商品总量的增长，从而使享受品总量增加，但却不会直接增加一国的价值总额。"③ 因为进口商品的价值取决于交换它而消耗的生产本国商品的劳动量。李嘉图认为对外贸易的扩张不一定能提高本国的利润。④ 他指出："我和斯密观点相一致的是不同行业中的利润有相互一致、进退与共的趋势；但是我们的分歧是，他们认为普遍上升的利润率带来利润均

---

① 大卫·李嘉图著，郭大力、王亚南译：《政治经济学及赋税原理》，商务印书馆1962年版，第111~112页。

② 同上书，第272页。

③ 同上书，第108页。

④ 葛扬、李晓蓉：《西方经济学说史》，南京大学出版社2003年版，第144页。

等，而我则认为，受惠行业的利润将迅速下降至一般利润水平。"① 他还指出："对外贸易由于可以增加用收入所购买的物品的数量和种类，并且由于使商品丰富和价格低廉而为储蓄和资本积累提供了刺激力，虽然对于国家有很大的利益，但除非输入的商品是属于用劳动工资所购买的种类，否则就不会有提高资本利润的趋势。"②

李嘉图认为国际贸易与国内贸易是存在着差别的，虽然它们都是以劳动价值论为基础的，但是国与国之间的资本和劳动的自由转移受到了阻碍，使劳动不能在国际间形成最有效、最经济地分配。李嘉图指出了其中的缘由："资本不在所有者的直接控制之下所产生的想像中的或实际的不安全感、每个人不愿离开故土的自然倾向、将自己已有的习惯置身于异国政府和新法律之下的不情愿，这种种因素都阻碍着资本的外流。这些情感因素使大多数有产者满足于本国的低利润，而不愿到外国为其财富寻找利润更高的途径。"③

李嘉图认为国际贸易与国内贸易的差别还表现在商品的相对价值上，国际间的商品交换并非取决于各国生产所必要的劳动量，交换是不等价的，所以劳动决定价值的学说在国际贸易中失效了。④ 李嘉图指出："决定一个国家的商品相对价值的法则不能决定两国或多国间互相交换的商品的相对价值。"⑤ 李嘉图认为，国际自由贸易的优势在于它可以使资本和劳动得到最大限度的分配和利用，双方都可以得到比自己生产时更多的产品，进而促进各国产品生产率的提高，产品数量增多就会换回更多的商品，一旦形成良性循环对双方都是有益的。

三、詹姆斯·穆勒对大卫·李嘉图的帮助与指导

李嘉图的国际贸易理论主要集中于他的经济学巨著《政治经济学及赋税原理》一书中，这本书在《论谷物价格低廉对资本利润的影响》发表后不久就完成了。根据詹姆斯·穆勒（James Mill）的建议，李嘉图最初只是打算将《论谷物》一文加以扩充而已。詹姆斯·穆勒是 19 世纪英国著名的功利主义经济学家、功利主义伦理学家和功利主义教育思想家。他是李嘉图的老师，然

---

① 大卫·李嘉图著，周洁译：《政治经济学及赋税原理》，华夏出版社 2005 年版，第 92 页。
② 大卫·李嘉图著，郭大力、王亚南译：《政治经济学及赋税原理》，商务印书馆 1962 年版，第112 页。
③ 大卫·李嘉图著，周洁译：《政治经济学及赋税原理》，华夏出版社 2005 年版，第 96 页。
④ 葛扬、李晓蓉：《西方经济学说史》，南京大学出版社 2003 年版，第 144 页。
⑤ 大卫·李嘉图著，周洁译：《政治经济学及赋税原理》，华夏出版社 2005 年版，第 94 页。

而《政治经济学及赋税原理》的出版使詹姆斯·穆勒与李嘉图的关系发生了转变，由以李嘉图为学生和詹姆斯·穆勒为教师的师生关系发展为以李嘉图为导师和以詹姆斯·穆勒等人为信徒的门徒关系。詹姆斯·穆勒就自称他和麦克库洛赫是李嘉图的两个而且是仅有的两个地地道道的信徒。

在《政治经济学及赋税原理》的写作前期，李嘉图曾因文字写作方面的困难而踌躇退缩，詹姆斯·穆勒对此给出了有关该著作写法的详细指导，并鼓励李嘉图将他的读者当成"不懂这个问题的人"。1816 年 10 月 14 日李嘉图把暂时完成的头七章草稿和对赋税问题的讨论寄给了詹姆斯·穆勒，随后又重读亚当·斯密的著作、萨伊的《政治经济学》和布卡南对于《国民财富的性质和原因的研究》的评论意见，将其中有关自己继续写作的内容一一记录下来。1817 年 1 月末李嘉图重读了托马斯·罗伯特·马尔萨斯（Thomas Robert Malthus）关于地租和谷物的小册子，所以最后的成稿中包含了李嘉图对小册子的评论。1817 年 4 月 16 日李嘉图的《政治经济学及赋税原理》第一版出版，受到了社会各界的极大关注，随后他根据相关批评意见对书中观点进行了改进并出版了第二版和第三版。

詹姆斯·穆勒对《政治经济学及赋税原理》的出版贡献颇多。詹姆斯·穆勒的儿子约翰·斯图亚特·穆勒在他的《自传》中指出：这本书"要不是我父亲敦促和大力鼓励，就不可能出版，也不可能写出。因为李嘉图是最谦逊的人，他虽然坚信自己的学说是正确的，但认为自己无力作出正确的表达和解说，因而不敢想象出版的事"。[1] 李嘉图的讣闻也以类似的语调说他"先是非常不愿意写，后来是非常不愿意出版这部著作，只是由于某些最亲信的友人不断敦促，尤其是由于穆勒先生的影响，他才终于被说服这样做了"。[2] 1816 年 11 月他在进行著述时写给穆勒的一封信里所说的一句话是有代表性的，他说："我切盼能写出一些值得出版的东西，但我诚恳地说，这一点恐非我力所能及。"[3]

这本《政治经济学及赋税原理》面世后受到众多好评。P. T. 埃尔斯沃斯和 J. 克拉克·利斯对其在贸易领域的贡献给予了客观地评价："李嘉图第一个令人信服地证明，商品价格的相对差异构成了各国之间开展贸易的基础，每个

---

① 约翰·斯图亚特·穆勒：《自传》，1873 年版，第 27 页。
② 大卫·李嘉图：《李嘉图著作和通讯集》第 7 卷，商务印书馆 1982 年版，第 101 页。
③ 同上书，第 88 页。

国家是通过专门生产自己能够以比较低廉的成本生产的商品，并用这些商品去交换其他国家生产的比较廉价的商品而从贸易中获利"，"李嘉图的理论（特别是后来经过穆勒的详细阐述），曾经是反对苟延残喘的种种重商主义限制政策的有力武器和维护自由贸易运动的坚强支柱，而后又成为遏制保护主义重新抬头的一道防线。"①

第三节　大卫·李嘉图的比较利益理论

一、比较利益理论

比较利益理论（Comparative Advantage Theory）是李嘉图国际贸易理论的核心，是在亚当·斯密的绝对利益理论基础之上发展而来的，它同时也遵从了绝对利益理论的分工基础，认为只有分工才能使双方均受益。但是李嘉图的分工假设与斯密不同，斯密假设两个工匠都有自己的绝对优势：裁缝和鞋匠，他们将"全部精力集中使用到比邻人处于某种有利地位的方面，而以劳动生产物的一部分或同样的东西，即其一部分的价格，购买他们所需要的其他任何物品。"② 李嘉图却认为："如果两人都能制造鞋和帽，其中一个人在两种职业上都比另一个人强一些，不过制帽时只强五分之一或百分之二十，而制鞋时则强三分之一或百分之三十三，那么这个较强的人专门制鞋，而那个较差的人专门制帽，岂不是对于双方都有利么？"③

李嘉图将个人之间的精明选择推广到国家之间，认为如果两个国家相比较，一个国家在两种商品的生产上都具有优势，而另一个国家在这两种商品的生产上都处于劣势，只要处于劣势的国家的两种商品生产的落后程度是不同的（例如表 4.1 中英国均处于劣势的酒和毛呢生产所需要耗费的劳动是不同的，生产每单位的酒是 120 人/年，而毛呢是 100 人/年），则这两个国家同样可以进行分工交换。由先进国家只生产两种优势商品中更具有优势的商品，而落后国家只生产两种劣势商品中的优势商品，然后在此基础上进行贸易，那么两国

---

① P. T. 埃尔斯沃斯、J. 克拉克·利斯：《国际经济学》，中译本，商务印书馆 1992 年版，第 55、66 页。

② 亚当·斯密著，郭大力、王亚南译：《国民财富的性质与原因的研究》下卷，商务印书馆 1974 年版，第 28 页。

③ 转引自彼罗·斯拉法主编，郭大力、王亚南译：《李嘉图著作和通信集》第一卷。大卫·李嘉图著，郭大力、王亚南译：《政治经济学及赋税原理》，商务印书馆 1962 年版，第 114 页。

都会从中获得利益,这就是比较利益的基本原理。李嘉图对此用英国和葡萄牙生产酒和毛呢的例子进行解释,见表4.1。

表 4.1

分工前	酒(1 单位)	毛呢(1 单位)
英国	120 人/年	100 人/年
葡萄牙	80 人/年	90 人/年

表 4.1 表示的是英国和葡萄牙两国各自生产 1 单位的酒和毛呢的劳动投入量。葡萄牙生产 1 单位的酒每年只需要投入 80 人,生产 1 单位的毛呢每年需要投入 90 人;而英国生产同样单位的酒和毛呢每年却分别需要投入 120 人和100 人。从表中可以看出,葡萄牙无论是在酒还是在毛呢的生产上都具有绝对优势,而英国在这两种商品上均处于劣势,如果按照斯密的绝对利益理论,英国和葡萄牙之间是不可能进行国际贸易的。如此看来,既然葡萄牙在这两种商品的生产上均具有优势,英国应该将资本和劳动力全都转移到葡萄牙去,利用葡萄牙的绝对优势进行生产,然后再从葡萄牙进口这两种商品回国,但是李嘉图认为这种情况不会发生。他指出:"经验表明,有种种因素阻碍着资本移出:比方说,资本不在所有者的直接监督下时将会使他发生想像的或实际的不安全感;并且每一个人自然都不愿意离乡背井,带着已成的习惯而置身于异国政府和新法律下。这种种感情使大多数有产者都不愿到外国去为自己的财富寻找更为有利的用途,而宁愿满足于本国的较低利润率;我个人是不希望看到这些感情淡薄下去的。"[①]

这种当时主流的阻碍资本输出的观点迫使李嘉图进一步思考国际分工的原因,他认为葡萄牙虽然在两种商品的生产上均具有绝对优势,通过比较英国和葡萄牙生产两种商品所耗费的劳动成本比例:毛呢为 100/90,酒为 120/80,可见葡萄牙生产酒的优势要更大一些,所以相对于毛呢来说葡萄牙生产酒具有比较利益;英国虽然在两种商品的生产上均处于劣势,但是处于劣势的程度也是不一样的,通过和葡萄牙两种商品劳动成本投入的比较,可见英国在毛呢的生产上处于劣势的程度要小一些,那么英国生产毛呢相对于酒具有比较利益。这样,虽然葡萄牙生产两种商品都具有优势,但优势的程度是不同的,只能在

---

① 转引自彼罗·斯拉法主编,郭大力、王亚南译:《李嘉图著作和通信集》第一卷。大卫·李嘉图著,郭大力、王亚南译:《政治经济学及赋税原理》,商务印书馆 1962 年版,第 115 页。

一种商品上具有比较利益；英国在两种商品上均没有优势，但也可以找到具有比较利益的商品，两国只要专业化生产各自具有比较利益的商品然后进行交换，均会获得分工的利益。"英国的情形可能是生产毛呢需要 100 人/年的劳动，而如果要酿制葡萄酒则需要 120 人劳动同样长的时间。因此英国发现对自己有利的办法是输出毛呢以输入葡萄酒。""葡萄牙生产葡萄酒可能只需要 80 人劳动一年，而生产毛呢却需要 90 人劳动一年。因此，对葡萄牙来说，输出葡萄酒以交换毛呢是有利的。即使葡萄牙进口的商品在该国制造时所需要的劳动虽然少于英国，这种交换仍然会发生。虽然葡萄牙能够以 90 人的劳动生产毛呢，但它宁可从一个需要 100 人的劳动生产毛呢的国家输入，因为对葡萄牙说来，与其挪用种植葡萄的一部分资本去织造毛呢，还不如用资本来生产葡萄酒，因为由此可以从英国换得更多的毛呢。"①

表 4. 2

分工后	酒（2 单位）	毛呢（2 单位）
英国	0	200 人/年
葡萄牙	160 人/年	0

从表 4.2 中可以看出，与专业化分工前相比，英国专注于毛呢的生产，生产 2 单位的毛呢需要每年投入 200 人；葡萄牙专注于酒的生产，生产 2 单位的酒需要每年投入 160 人。假设交换的比例是 1 单位的毛呢交换 1 单位的酒，相当于英国用 100 人/年生产的毛呢交换葡萄牙投入 80 人/年生产的酒，而同样的酒在英国生产每年需要投入 120 人的劳动力，所以通过交换英国节省了 20 人/年的劳动。对于葡萄牙来说同样受益，葡萄牙用 80 人/年的生产的酒换回了需要 90 人/年生产的毛呢，通过交换节省了 10 人/年的劳动，这样两个国家通过比较利益进行贸易使两国均受益。从另外的角度看，分工前的英国要想获得 1 单位的酒和 1 单位的毛呢必须要投入 220 人/年的劳动，分工后只需投入 200 人/年即可获得同样的商品；葡萄牙在分工前需要 170 人/年的劳动投入，分工后获得同样商品投入的劳动量减少，需要 160 人/年。从整体上看，同样是生产 2 单位毛呢和 2 单位酒，分工前两国需投入的总劳动量为 220 + 170 = 390 人/年，分工后两国付出的劳动量是 200 + 160 = 360 人/年，两国共节省了

① 转引自彼罗·斯拉法主编，郭大力、王亚南译：《李嘉图著作和通信集》第一卷。大卫·李嘉图著，郭大力、王亚南译：《政治经济学及赋税原理》，商务印书馆 1962 年版，第 113～114 页。

30 人/年的劳动量投入。这就是国际分工带来的好处，运用节约的这些劳动两国就可以生产出更多的社会财富，提高人民的消费水平和福利。

李嘉图的比较利益理论证明了生产力发展水平不同的国家在各自生产要素投入量不变的情况下参与国际分工，专门生产自己具有优势的商品并实行国际贸易，就比没有参加国际贸易获得更多的产品和利益。比较利益理论还主张各国应该根据本国劳动生产率水平分配劳动能力和自然资源，确定具有优势的商品，进行合理分工、合理布局，不要将资本和劳动力分散开来使经济发展受到影响。

二、比较利益理论的评价

大卫·李嘉图的比较利益理论较好地解决了斯密绝对利益理论的缺陷，为世界各国国际贸易活动的展开提供了理论支撑，同时也明晰了国际贸易会产生利益的方式方法，在一定程度上消除了各国发展国际贸易的顾虑，尤其是经济不发达的发展中国家，为它们的经济发展指明了道路。这是比较利益理论的现实意义。比较利益理论的理论意义在于，它为国际贸易理论的进一步发展奠定了基石，现代国际贸易理论多是建立在比较优势理论的基础之上的。

然而比较利益理论也存在着一定的局限性。第一，在机会成本经常变化的现实世界中，比较利益理论的效应会打折扣。现实世界中，实行完全的专业化生产需要在机会成本不变的条件下，但这是不可能的。第二，李嘉图没有从需求的角度来阐述国际贸易问题，他只是从供应的角度分析，在供应的产品数量能够被两国完全消化时使双方均受益。第三，李嘉图没有利用比较利益理论进一步阐述贸易对国家收入分配和就业所产生的影响，而只是将国家作为一个整体来考察的。在现实的贸易中，出口贸易会促进该国的就业，进口贸易会扩大该国的失业。第四，李嘉图假定在生产中投入的生产要素只有劳动，因此决定一个国家的比较优势也就只是劳动生产率。而生产同一种产品的劳动生产率之所以存在着差异，其原因在于技术的不同。[①] 此外，还有一些因素限制了比较利益理论的实施，如完全竞争市场、无运输成本、规模报酬不变、两国间的贸易平衡和给定的生产要素供给不能在国与国之间流动等，李嘉图没有进一步分析。

尽管李嘉图的比较利益理论有许多局限性，但在当时却反映了英国产业资

---

① 王俊宜、李权：《国际贸易》，中国发展出版社 2003 年版，第 8 页。

产阶级的利益和要求，是具有进步意义的，从理论上为国际贸易的进一步扩大、资本主义生产方式和交换方式的国际化、国际范围内劳动生产率的提高开辟道路。① 马克思指出："如果说李嘉图的观点整个说来符合产业资产阶级的利益，这只是因为产业资产阶级利益符合生产的利益，或者说，符合人类劳动生产率发展的利益，并且以此为限。"②

---

① 张旭昆、袁亚春、王如芳：《经济思想通史》，浙江大学出版社 2003 年版，第 130 页。
② 《马克思恩格斯全集》第 26 卷 Ⅱ，人民出版社 1973 年版，第 125 页。

第五章

马克思主义国际贸易理论

第一节　马克思、恩格斯的时代、生平及著作

一、时代背景

卡尔·马克思（Karl Marx）诞生于 1818 年，此时西欧资本主义已有相当程度的发展。第一次工业革命接近尾声，英国被称为"世界工厂"，资本主义世界的生产力和科学技术达到前所未有的水平。一方面，工业革命推动生产的迅速发展，资本主义社会的基本矛盾日益明显地暴露出来；另一方面，工业革命使社会分裂为工业资产阶级和工业无产阶级两大对立阶级，促进了工人运动的兴起和发展。由于机器的大量使用能够有效降低生产成本并且使工人的技术简单化，资本家解雇了大批技术熟练工人，雇佣了少量的非熟练工人、妇女等以减少工资开销，使得大部分工人的处境不断恶化。工业革命并没有给工人带来益处，因此工人运动一触即发。

在社会运动方面，19 世纪 30～40 年代，工人运动已从经济斗争发展到独立的政治斗争，如英国的宪章运动、法国里昂工人的武装起义和德国西里西亚纺织工人起义都具有鲜明的政治斗争性质。1831 年法国里昂工人起义，工人对他们的政治、经济状况极为不满，自 1831 年中旬起工人群众多次要求增加工资、缩短工时和改善劳动条件，均遭到资本家和政府当局拒绝，工人阶级不得已采取罢工示威的方式争取自己的权益，结果被血腥镇压。而后在 1834 年他们联合多个城市再次起义，却又一次失败。1842 年英国宪章运动爆发，工人们要求取得普选权以便有机会参与国家的管理，希望通过政治变革来提高自己的经济地位。虽然宪章运动以失败告终，但它在英国历史及国际工人运动历史上具有重要意义。宪章运动是工人阶级第一次独立的全国性政治运动，它所取得的经验和教训对以后国际工人运动起了很大的借鉴作用；宪章运动的经验

对马克思和恩格斯创立科学共产主义理论产生了重要影响。1844 年德国西里西亚欧根山麓两个纺织村镇爆发了纺织工人反对资本家剥削和压迫的自发起义,起义导火线是争取提高工资被拒绝。起义工人迅速扩大到 3000 人,工人们发出了反对私有制的呼声。这次起义表明,年轻的德国无产阶级在政治上已经开始成长起来,它标志着德国无产阶级继英、法无产阶级之后,也走上了独立的政治斗争的道路。工人们从斗争实践中逐渐认识到,要想从根本上改善自己的处境,就必须改变政治上的无权地位,进行反对资产阶级的政治斗争。这三次起义标志着无产阶级已经作为一支独立的政治力量登上了历史舞台,是资本主义矛盾激化和工人运动发展的产物,同时也为马克思主义哲学的创立奠定了阶级基础。

在思想理论方面,西欧的空想社会主义思想(又称乌托邦社会主义)是马克思主义的思想来源之一。空想社会主义产生于资本主义生产状况和阶级状况尚未成熟时期的一种社会主义学说。空想社会主义者相信在不久的将来可以建立理想的意识形态社会,并为之不懈努力奋斗。在 16、17 世纪资本主义兴起时,就出现了以英国人莫尔为代表的早期空想社会主义。19 世纪初,随着英国工业革命的深入和法国资产阶级统治的确立,又出现了以法国人圣西门、傅立叶和英国人欧文为代表的空想社会主义。此时正是空想社会主义发展到顶峰的时期,其主要特点是:批判矛头直接对准资本主义制度,理论上提出了经济状况是政治制度的基础、私有制产生阶级和阶级剥削等观点,并用这种观点去分析历史和现状,从而预测到资本主义制度的剥削本质。在设计未来社会蓝图时以大工厂为原型,完全抛弃了平均主义和苦修苦炼的禁欲主义,使社会主义社会成为一种具有高度的物质文明和精神文明的社会。

在科学技术方面,19 世纪科学技术的新成果,特别是细胞学说的确立、能量守恒和转化规律的发现、进化论的新发展,为马克思主义的产生奠定了坚实的自然科学基础。

因此,在这样的历史背景下,马克思主义诞生的条件已然成熟。工业革命的完成是马克思主义诞生的经济基础,工人运动的兴起是马克思主义诞生的阶级基础,空想社会主义的思想是马克思主义诞生的思想来源之一。

二、生平及著作

(一)马克思的生平及著作

1. 马克思的生平

卡尔·马克思(Karl Marx,1818~1883),马克思主义的创始人,第一国际的组织者和领导者，全世界无产阶级和劳动人民的伟大导师，科学共产主义的创始人，伟大的政治家、哲学家、经济学家、革命理论家。

马克思于1818年5月5日出生在德国莱茵省特利尔城。父亲亨利希·马克思是一位著名的律师，母亲罕丽达·普勒斯堡是个贤慧的家庭妇女。1830年他就读于特利尔中学，受到法国启蒙思想的影响，已形成为人类幸福而奋斗的崇高理想的萌芽。在中学时期马克思写了《青年在选择职业时的考虑》一文，认为：一个人只有立志为人类劳动才能成为真正的伟人。1835年他被波恩大学法学专业录取，并在1836年转学至柏林大学。一年后，马克思开始钻研黑格尔哲学辩证法并发现哲学三大定律，完成哲学论文。1841年获得博士学位，结束大学生活。24岁时他写了第一篇政论文章——《评普鲁士的书报检查令》，文章揭露了普鲁士国家制度的反动本质。在马克思25岁时（1843），他与燕妮·冯·威斯特华伦结婚。从那一刻开始，燕妮一直陪伴马克思左右，成为马克思患难与共的亲密伴侣和战友。

马克思于1843年迁居巴黎，他认真研究了英国古典经济学家亚当·斯密、大卫·李嘉图的劳动价值论和圣西门、博立叶、欧文等人的空想社会主义思想，同时他还积极关注法国工人阶级的斗争情况并同法国工人运动的领袖进行交往。至此，马克思受到了法国斗争生活的重要启发并开始向共产主义思想转变。恩格斯于次年8月专程拜访了马克思，这一历史性会见开创了他们的伟大合作。

马克思于1845年被法国政府驱逐出境，在布鲁塞尔他写了《关于费尔巴哈的提纲》一文，批判了费尔巴哈唯物主义的局限性，指出实践是检验真理的惟一标准。随后，马克思与恩格斯共同创作了《德意志意识形态》，这部著作第一次系统地阐明了唯物主义历史观。马克思于1847年11月出席了共产主义者同盟第二次代表大会，并于次年2月正式发表了《共产党宣言》。1848年马克思重新创办了《莱茵报》，取名为《新莱茵报》，这份报纸在当时的民主运动中是惟一阐述了无产阶级的革命思想的刊物。马克思利用《新莱茵报》发表文章，宣传无产阶级的革命纲领。

马克思于1857～1858年间出版了《资本论》的第一稿——《经济学手稿》，即《政治经济学批判大纲》，第一次系统地阐述了他的价值论；随后他又写了《资本论》的第二稿——《1861～1863年经济学手稿》，即后来编写的《剩余价值理论》；接着在1863～1865年他又写了《资本论》的第三稿；最后，他于1867年9月14日发表了第一卷。而《资本论》的第二、第三卷分别在 1885 年和 1894 年出版，此时马克思已经逝世，第二、第三卷由恩格斯代其整理。

马克思于 1864 年担任第一国际（国际工人协会）的领导机构总委员会委员，并起草了《成立宣言》。在 1871～1880 年，马克思写了一部对无产阶级有重大理论意义和实践意义的著作——《哥达纲领批判》，对拉萨尔主义的思想进行了严厉批判，第一次指出共产主义划分为两个发展阶段，并提出了从资本主义向共产主义的过渡时期的理论。1883 年 3 月 14 日马克思逝世，他和夫人燕妮一起安葬在伦敦的海格特公墓。

2. 马克思的主要著作

表 5.1　卡尔·马克思的主要著作

时间	著作
1838 年～1841 年	《德谟克利特的自然哲学和伊壁鸠鲁的自然哲学的差别》
1843 年	《黑格尔法哲学批判》
1844 年	《1844 年哲学和经济学手稿》
1843 年～1844 年	《论犹太人问题》
1844 年～1845 年	《神圣家族》
1845 年	《关于费尔巴哈的提纲》
1845 年～1846 年	《德意志意识形态》
1847 年	《罢工和工人同盟》
1847 年	《哲学的贫困》
1847 年	《工人联合会》
1848 年	《共产党宣言》
1849 年	《雇佣劳动与资本》
1853 年	《中国革命和欧洲革命》
1857 年	《政治经济学批判导言》
1859 年	《政治经济学批判》
1860 年	《福格特先生》
1862 年～1863 年	《剩余价值理论》
1864 年	《国际工人协会成立宣言》
1871 年	《法兰西内战》

时间	著作
1865 年、1885 年、1897 年	《资本论》

（二）恩格斯的生平及著作

1. 恩格斯的生平

弗里德里希·冯·恩格斯（Friedrich Von Engels，1820～1895），德国哲学家，马克思主义的创始人之一。恩格斯是卡尔·马克思的挚友，被誉为"第二提琴手"。他为马克思创立马克思主义提供了大量经济上的支持，在马克思逝世后帮助其完成未完成的《资本论》等著作并且领导国际工人运动。

恩格斯于 1820 年 11 月 28 日出生在德国莱茵省巴门市（今乌培塔尔市）一个纺织厂主家庭。他就读于爱北斐特理科中学，但是在 1837 年，年仅 17 岁的恩格斯被父亲命令辍学经商，就职于不来梅的一家商行。在此时期，恩格斯受青年德意志运动影响于 1839 年发表了《乌培河谷来信》。在柏林服兵役期间，他先后发表了《谢林论黑格尔》和《谢林和启示》，严厉地批判了唯心主义哲学家谢林。1842 年 11 月，恩格斯深入钻研了历史、哲学、政治经济学和社会主义理论，逐渐由唯心主义向唯物主义转变。在此时期，他结识了纺织女工玛丽·白恩士，但是由于恩格斯反对婚姻制度，两人终生未婚。

恩格斯于 1844 年 8 月在巴黎会见了马克思，开始了两人的终身合作。1845 年两人创作《英国工人阶级状况》一书，描述了无产阶级的悲惨处境和历史使命。1850 年前后，为了资助陷于极端贫困的马克思一家，恩格斯决定回曼彻斯特纺织厂工作。虽然两人身居两地，但他们始终保持着紧密的联系，研讨国际工人运动的理论以及各个领域的学术问题。

1883 年马克思逝世，恩格斯悲痛万分，只身一人指导着国际工人运动，并对马克思生前未完成的著作进行整理并出版。由于过度劳累，恩格斯于 1895 年 8 月 5 日因癌症逝世。遵照他的遗嘱，恩格斯的骨灰被洒在伊斯特勃恩海滨的大海中。

2. 恩格斯的主要著作

恩格斯的著作主要是同马克思共同创作的居多，例如两人在 1845～1846 年合著的《德意志意识形态》；1847 年 12 月～1848 年 1 月合著的《共产党宣言》；1848 年两人为德国无产阶级制定的行动纲领——《共产党在德国的要求》。他自己出版的著作对后来的工人运动和无产阶级革命也产生了重要的影响，如恩格斯于 1845 年出版的《英国工人阶级状况》、1884 年 10 月出版的《家庭、私有制和国家起源》。此外，1886 年 4 月至 5 月恩格斯发表《路德维希·费尔巴哈和德国古典哲学的终结》，论述马克思主义哲学诞生的划时代的意义；1877~1878 年出版的《反杜林论》一书，第一次系统地论证了马克思主义的哲学、政治经济学和科学社会主义原理，被誉为马克思主义的百科全书。

第二节　马克思主义国际贸易理论

一、马克思主义国际贸易理论的研究框架

（一）马克思国际贸易理论的研究计划

马克思主义国际贸易理论主要集中在马克思著作的三卷《资本论》中，恩格斯的国际贸易思想主要体现在马克思逝世后他对马克思著作的整理和完善，尤其是对《资本论》第二、第三卷手稿的整理，所以在对马克思国际贸易理论的研究中包含了恩格斯的贸易思想。

马克思在 1857~1859 年经济学手稿的最初写作阶段，系统地阐述了他理论体系的"五篇计划"。他指出："显然，应当这样来分篇：（1）一般的抽象的规定，因此它们或多或少属于一切社会形式，不过是在上面所阐述的意义上。（2）形成资产阶级社会内部结构并且成为基本阶级的依据的范畴。资本、雇佣劳动、土地所有制。它们的相互关系，城市和乡村，三大社会阶级。它们之间的交换、流通、信用事业（私人信用）。（3）资产阶级社会在国家形式上的概括。就它本身来考察。'非生产'阶级、税、国债、公共信用、人口、殖民地、向外国移民。（4）生产的国际关系、国际分工、国际交换、输出和输入、汇率。（5）世界市场和危机。"① 这是马克思第一次提到对经济学完整的写作计划，并明确地将国际经济关系纳入他的研究范围。

1958 年 2 月，马克思在考虑经济学著作的出版体系时，将"五篇计划"分成六册来出版，首次明确提出了经济学著作的"六册计划"。马克思指出："全部著作分成六个分册：（1）资本（包括一些绪论性的章节）；（2）土地所有制；（3）雇佣劳动；（4）国家；（5）对外贸易；（6）世界市场。"② 前三

---

① 《马克思恩格斯全集》第 46 卷，人民出版社 1980 年版，第 46 页。
② 《马克思恩格斯全集》第 2 卷，人民出版社 1972 年版，第 81 页。

个部分主要围绕一国内的资本与剩余价值的生产、流通和分配展开论述，后三个部分把研究领域延伸到了国际范围。

在马克思的"六册计划"中，第五册《对外贸易》研究国家对外经济关系，他把研究的内容概括为：殖民地、国际分工、国际交换、输出和输入、汇率等等。可以看出，马克思在这里要研究的是一国与另一国的经济关系，如宗主国与殖民地的关系、汇率变化对一国的影响等等，并把国家作为一个经济行为的主体来考察国家的对外经济关系。第六册《世界市场》不仅限于国与国之间的经济关系，马克思将各个国家的总和作为一个整体，考察由各国的经济联系组成的统一的"世界市场"。马克思认为："世界市场是资本主义生产方式的基础和生活环境。"① 在世界市场上，资本主义生产的总体现象才充分完整地表现出来。因此，马克思在经济理论体系中所采取的"从抽象到具体"的方法，只有到世界市场这个层次才是最充分的"具体"。②

马克思的研究计划将国际经济关系的研究作为经济学研究的重要内容，遗憾的是，由于种种原因马克思最终未能完成对国际贸易理论的写作。现有的关于国际贸易理论的论述散见在他的《资本论》及其他著作之中，在对其整理过程中发现，国际贸易理论应当是完整的马克思经济理论体系的重要组成部分。

（二）马克思主义国际贸易理论的研究方法

马克思主义从资本主义生产力与生产关系的矛盾运动与国际贸易的种种联系去探讨和把握资本主义的发展趋势，同时运用辩证的、普遍联系的方法进行理论研究，指出资本主义经济的矛盾运动不是孤立的，是在世界市场的背景下、在与国际分工、国际商品交换发生种种联系的基础上运动和发展的。由此马克思意识到资本主义生产方式同国际贸易之间的密切联系。③ 马克思是一个彻底的对外开放论者，他的对外开放理论具有极其深邃的思想内涵。

二、国际分工学说

"一切发达的、以商品交换为中介的分工的基础，都是城乡的分离。可以说，社会的全部经济史，都概括为这种对立的运动。"④

① 《马克思恩格斯全集》第 46 卷，人民出版社第 2 版，第 126 页。
② 庄宗明：《马克思的国际价值论及其意义》，《当代经济研究》2003 年第 3 期，第 4 页。
③ 杨圣明：《马克思主义国际贸易理论新探》，经济管理出版社 2002 年版，第 90 页。
④ 马克思：《资本论》第 1 卷，《马克思恩格斯全集》第 44 卷，人民出版社，第 408 页。

（一）国际分工是国际贸易产生的物质基础

社会分工是国内贸易和国际贸易产生和发展的基础，列宁也称："社会分工是商品经济和资本主义全部发展过程的基础。"① 从人类社会三次大分工的演变来看，一部分人从农村和农业劳动脱离出来专门从事商品生产和交换，促进了城市中商品的生产和交换，当这种贸易活动超出了当地区域的范围时就促使了国际贸易的产生。对此，马克思指出："分工的进一步扩大表现为商业和生产的分离，表现为特殊的商人阶级的形成。这种分离是在历史上保存下来的城市里继承下来的，并很快就在新兴的城市中出现了。这样就产生了同附近地区以外的地区建立贸易联系的可能，这种可能之变为现实，取决于现有的交通工具的情况，取决于由政治关系所决定的沿途社会治安状况，以及取决于交往所及地区内由相应的文明程度所决定的需求的发展程度。"②

城市中的工业与商业的分工是国际贸易产生的物质基础，而城市本身的功能性决定了其成为国际贸易和世界市场的主要形式。马克思认为，在美洲大陆被发现之前世界市场主要是以城市的形式存在的，例如：中世纪的热那亚、威尼斯；现代的伦敦、利物浦、纽约和旧金山等。③ 古代的国际贸易实质上指的是大型商业城市之间的贸易，而现代的国际贸易中也存在着很多城市间贸易的实例，如新加坡、韩国的首尔、中国的香港和澳门等。随着城市间国际贸易关系的不断发展，城市内部和城市之间的各种分工，尤其是工业与商业的分工，日益完善。马克思指出："在比较老的城市中工业和商业早就分工了，而在比较新的城市中，只是在后来当这些城市彼此发生了关系的时候，这样的分工才日益显著。"④ 所以从古至今均验证了国际分工是国际贸易产生的物质基础。

（二）国际贸易促进了国际分工的进一步深化

当国内分工发展为国际分工、国内贸易过渡到国际贸易时，马克思发现国际贸易在发展过程中反过来又促进了国际分工的进一步深化。他认为社会对产品的需求总量限制了商品价值的自由实现，迫使社会分工生产者通过加深分工程度来提高产品竞争力，进而成功进行市场交换。

社会分工生产者之间的独立分工构成了社会整体的劳动体系，分工生产者的个别劳动通过市场和贸易转化为社会劳动，他们所要获取的利益也必须通过

---

① 《列宁选集》第 1 卷，人民出版社 1972 年版，第 162 页。
② 《马克思恩格斯全集》第 3 卷，人民出版社 1960 年版，第 59 页。
③ 《马克思恩格斯全集》第 42 卷，人民出版社 1978 年版，第 382～383 页。
④ 《马克思恩格斯全集》第 3 卷，人民出版社 1960 年版，第 28 页。

市场和贸易来实现。马克思认为："各种不同的劳动构成社会劳动的不同部分，因此，总的来说，它们表现为分工，这种分工通过交换，表现为整体，表现为互相补充的各部分，表现为社会劳动体系的各个环节。"① 同时，"分工使他们成为独立的私人生产者，亦使社会生产过程以及他们在这个过程中的关系不受他们自己支配；人与人的互相独立为物与物的全面依赖的体系所补充。分工使劳动产品转化为商品，因而使它转化为货币成为必然的事情。同时，分工使这种转化能否成功成为偶然的事情。"② 可见，在国际贸易中由国际分工所提供的商品能否实现价值是不确定的，这就要求参与国际贸易的各个社会分工者为实现其商品的价值而进行竞争，并由此构成社会分工体系。

社会分工体系的各部分为了能成功进行市场交换、获取自身利益只能通过竞争实现商品价值，而社会只需要不同各类特定数量的商品，超出该数量的商品无法实现市场价值。这种约束将会导致资源在不同社会分工生产者之间进行重新分配。马克思指出："社会分工则使独立的商品生产者互相对立，他们不承认任何别的权威，只承认竞争的权威，只承认他们互相利益的压力加在他们身上的强制，正如动物界中一切反对一切的战争多少是一切物种的生存条件一样。"③ "事实上价值规律所影响的不是个别商品或物品，而总是各个特殊的因分工而互相独立的社会生产领域的总产品；因此，不仅在每个商品上只使用必要的劳动时间，而且在社会总劳动时间中，也只把必要的比例量使用在不同类的商品上。这是因为条件仍然是使用价值。但是，如果说个别商品的使用价值取决于该商品是否满足一种需要，那么，社会产品总量的使用价值就取决于这个总量是否适合于社会对每种特殊产品的特定数量的需要，从而劳动是否根据这种特定数量的社会需要按比例地分配在不同的生产领域。"④ 在资本主义私有制下，各社会分工生产者无法准确判断各种商品的市场需求数量，只有增加产品的竞争力才能充分实现其价值。产品竞争力可以通过以下方式来提高：降低生产成本、提高生产能力以发挥规模优势、提高产品质量、提高产品的技术含量、品牌优势等。这些方式可以由企业单独发展，也可以由众多企业联合发展，还可以由同一产业内不同企业形成产业链来发展等等。每一种提升产品竞

---

① 马克思：《论分工》，《马克思恩格斯全集》第 44 卷，人民出版社，第 438 页。

② 马克思：《资本论》第 1 卷，人民出版社 1975 年 6 月，第 126～127 页。

③ 马克思：《资本论》，《马克思恩格斯全集》第 23 卷，人民出版社 1975 年 6 月，第 394～395 页。

④ 马克思：《资本论》第 3 卷，人民出版社 1975 年 6 月，第 761 页。

争力的方式方法都可以看做是分工的进一步深化，使有限的资源在不同的产品和产业间迅速优化配置，进而提高社会总体的分工水平。

（三）国际分工是生产力水平发展的产物和体现

马克思主义经典作家对于国际分工与社会生产力之间的关系有着深刻的认识。马克思主义将国际分工看做生产力发展水平的标志和尺度，国际分工的变化促进了生产力的发展，同时国际分工又包含于国际生产之中，国际生产是生产力发展的结果又是促进生产力进一步发展的动力源泉。国际分工的产生和发展只是一国国内分工延伸至国家间分工的结果。

生产力的发展促进社会分工和国际分工的形成。从历史上三次大分工可以得出：只有社会生产力的发展才可能为生产的进一步分工创造机会和条件。马克思指出："最初，农业劳动和工业劳动不是分开的，后者包含在前者中。农业氏族、家庭公社或家庭的剩余劳动和剩余产品，既包含农业劳动，也包含工业劳动，二者是同时并行的。狩猎、捕鱼、耕种，没有相应的工具是不行的。织和纺等等当初是农业中的副业。"① 随着人类生产力的发展，生产才逐步精细和复杂化，分工才逐步发展和发达起来。

马克思在亚当·斯密分工理论的基础上进一步研究了国际分工对于生产力发展的贡献。他指出："生产力的这种发展，归根到底总是来源于发挥着作用的劳动的社会性质，来源于社会内部的分工，来源于智力劳动特别是自然科学的发展。在这里，资本家利用的是整个社会分工制度的优点。"② 随着生产力的不断发展，科技对于分工和生产力的发展有着巨大的推动作用。马克思深刻地指出："劳动本身由于协作、分工以及劳动和自然科学的结合而组织成为社会的劳动。"③ 同时马克思还论述了科技对分工规模的影响："在英国，机器发明之后分工才有了巨大进步，这一点无须再来提醒。""由于机器和蒸汽的应用，分工的规模已使大工业脱离了本国基地，完全依赖于世界市场、国际交换和国际分工。"④ 关于分工对生产力的推动作用，恩格斯也曾指出：社会分工是"大工业建立以前的最强有力的生产杠杆"。⑤ 总之，一切分工只要是合乎经济需要的都对生产力发展起到一种推动作用。

---

① 马克思：《资本论》第 3 卷，人民出版社 1975 年 6 月，第 713 页。

② 同上书，第 97 页。

③ 同上书，第 296 页。

④ 马克思：《哲学的贫困》，《马克思恩格斯全集》第 4 卷，人民出版社，第 168～169 页。

⑤ 恩格斯：《反杜林论》，人民出版社 1970 年版，第 287 页。

三、世界市场理论

近代工业社会以来生产力得到了巨大的发展，马克思和恩格斯认为，商品交换在地域上的扩张使生产力得以保障并迅速发展。"某一个地方创造出来的生产力，特别是发明，在往后的发展中是否会失传，取决于交往扩展的情况。当交往只限于毗邻地区的时候，每一种发明在每一个地方都必须重新开始；一些纯粹的偶然事件，例如蛮族的入侵，甚至是通常的战争，都足以使一个具有发达生产力和有高度需求的国家处于一切都必须从头开始的境地"① 马克思认为，从某些方面来说，这是由各国国内市场扩大至世界市场所带来的益处，而世界市场是以资本主义生产方式为基础的。"首先是当时市场已经可能扩大为而且规模愈来愈大地扩大为世界市场，所有这一切产生了历史发展的一个新阶段。"② 世界市场的出现和世界经济的产生是人类社会经济上的重大发展。

随着新大陆的发现和新航路的开辟，初级形态的世界市场开始形成，推动了西欧工场手工业的发展，加快了西欧资本原始积累的进程，促使其由封建社会的生产方式向资本主义生产方式过渡。18 世纪后半期，以蒸汽机的发明和应用为中心的第一次技术革命促使国际贸易在大工业时期飞速发展。发达国家工业品低廉的价格使亚洲、非洲和拉丁美洲广大地区的自然经济逐步解体，甚至变成工业国的原料产地。一种新的国际分工产生了：发达资本主义国家利用落后国家的原材料从事工业生产，而落后国家从事农业生产并被迫接受资本主义的生产方式。这种国际分工形式经过不断地发展，最终形成了世界市场。世界市场形成的本质是：交往在世界范围内的不断扩大。马克思曾经指出："整个国家的生产既不是用它的直接需要，也不是用扩大生产所必需的各种生产要素的分配来衡量。因此，再生产过程并不取决于同一国家内相互适应的等价物的生产，而是取决于这些等价物在别国市场上的生产，取决于世界市场吸收这些等价物的力量和取决于世界市场的扩大。"③

（一）世界市场理论在马克思主义经济学中的地位

马克思把世界市场的研究作为马克思经济学理论体系最后的完整的一部分。④ 马克思对世界市场以及经济理论的研究是建立在资本主义生产及生产关

---

① 《马克思恩格斯全集》第 1 卷，人民出版社 1972 年版，第 60～61 页。

② 同上书，第 63 页。

③ 《马克思恩格斯全集》第 48 卷，人民出版社 1982 年版，第 147 页。

④ 栾文莲：《全球的脉动：马克思主义世界市场理论与经济全球化问题》，人民出版社 2005 年版，第 39～40 页。

系基础之上的。马克思曾指出："我们这一章研究的各种现象，是以信用制度及世界市场竞争———一般说，这是资本主义生产方式的基础和生活环境——作为它们充分发展的前提。"① "我考察资产阶级经济制度是按照以下的顺序：资本、土地所有制、雇佣劳动；国家、对外贸易、世界市场。"② 马克思从国家开始（后三个部分），将研究范围扩展到了国际领域。马克思认真系统地研究国际分工、对外贸易等问题时，逐渐明确了资本在国内和国际发展的关系，形成了世界市场的理论。马克思的世界市场理论在他的经济学研究中是思维逻辑较高的、最后的阶段，与资本主义生产方式产生、发展的进程相一致。③

马克思计划在完成资本主义经济的写作后再开始着手对国际经济关系作系统深入地研究，并且在他六册经济学著作里的写作计划中曾经准备专门写一册《世界市场》，并可能将其作为《资本论》的续篇内容，"一般说来，世界市场是资本主义生产方式的基础和生活环境。但资本主义生产的这些比较具体的形式，只有在理解了资本的一般性质以后，才能得到全面的说明；不过这样的说明不在本书计划之内，而属于本书一个可能的续篇的内容。"④

按照马克思的论述，世界市场可以分为狭义和广义两个概念。狭义的世界市场是指各国通过国际贸易而形成的商品市场，即商品交换场所；广义的世界市场是指由各国资本主义经济所形成的世界资本主义经济体系，即资本主义经济社会的整体。世界市场是"资产阶级社会越出国家的界限，在世界范围内形成资产阶级社会的总和"⑤；"生产和交换的经济条件，在我们的时代，它们结合于世界市场这一概念之中。"⑥ 狭义和广义的世界市场有着密切的联系，狭义的世界市场是产生广义的世界市场的前提和基础，广义的世界市场是狭义的世界市场发展的结果。为了保持概念的一致性，仍然用世界市场表示马克思提出的狭义的世界市场，用世界资本主义经济体系表示广义的世界市场。

马克思最终没有完成计划写作的经济学著作《世界市场》，这对我们来说是巨大的遗憾。然而，我们仍可以在马克思的其他经济学著作中找到涉及世界

① 马克思：《资本论》第 3 卷，《马克思恩格斯全集》第 46 卷，人民出版社 1975 年版，第 295～296。

② 马克思：《政治经济学机制》，人民出版社 1976 年版，第 3 页。

③ 栾文莲：《全球的脉动：马克思主义世界市场理论与经济全球化问题》，人民出版社 2005 年版，第 40 页。

④ 《马克思恩格斯全集》第 46 卷，人民出版社 1979 年版，第 126 页。

⑤ 同上书，第 219～220 页。

⑥ 《马克思恩格斯全集》第 22 卷，人民出版社 1965 年版，第 388 页。

市场和国际关系的相关论述。尽管如此，马克思主义有关世界市场理论的阐述还是完善了马克思主义经济学的体系，例如阐述了价值如何发展形成国际价值、世界货币的产生及其意义、抽象劳动的发展、国际价值的转化等。马克思指出："只有对外贸易，只有市场发展为世界市场，才使货币发展为世界货币，抽象劳动发展为社会劳动。抽象财富、价值、货币、从而抽象劳动的发展程度怎样，要看具体劳动发展为包括世界市场的各种不同劳动方式的总体的程度怎样。"①

（二）世界市场的发展

1. 世界市场的形成与发展依赖于需求

人们日益增长的对货物和服务的需求是世界市场产生和发展的条件。马克思指出："需要往往直接来自生产或以生产为基础的情况。世界贸易几乎完全不是由个人消费的需要所决定，而是由生产的需要所决定。"② 同时，马克思又指出："需求的世界历史性发展——它的普遍推广——首先取决于世界各国相互间对产品的了解。如果说，在发展过程中，需求创造贸易，那么，最初的贸易又是由需求创造的。需求是贸易的物质内容——交换对象的总和……战争、为了有所发现等等而进行的旅游、使各国人民彼此之间建立联系的一切历史事件，同样是扩大需求——建立世界市场的条件。需求的增长，直接和首先以各国现有的产品相互进行交换为保证。需求渐渐失去了自己的地方性等等，而带有广泛扩展性质。这样，各国的产品越来越多地进入这一或那一国家居民的消费。"③

2. 国际分工和世界市场的相互作用

国际分工是世界生产力发展的产物。国际分工在资本主义产生之前就已经存在，由于经济发展水平落后，此时的国际分工只局限于自然条件差异的几个国家之间。随着资本主义的兴起，国际分工被赋予了新的含义。国际分工伴随着技术革命，在由资本主义工场手工业向机器大工业转化的时期，利用商品交换和商品流通迅速越出国界，成为世界性贸易而逐步发展形成的。"现在纺纱工人可以住在英国而织布工人却住在东印度，分工的规模已使大工业脱离了本国的基地，完全依赖于世界市场、国际交换和国际分工。"④ 国际分工的深化

① 《马克思恩格斯全集》第 26 卷第 3 册，人民出版社 1974 年第一版，第 278 页。
② 《马克思恩格斯全集》第 4 卷，人民出版社 1958 年版，第 78 页。
③ 《马克思恩格斯全集》第 42 卷，人民出版社 1979 年版，第 382 页。
④ 《马克思恩格斯全集》第 4 卷，人民出版社 1958 年版，第 168～169 页。

促使国际贸易进一步发展，国际分工发展的程度决定着国际贸易的发展速度，而国际贸易的发展又会反过来对国际分工产生巨大的推动作用。

3. 资本的国际化促进了世界市场的发展

资本的本性是世界市场形成和发展的重要因素。资本是产生剩余价值的价值，天生具有追求和扩张剩余劳动的冲动，它使得以资本为主要投入的社会生产不断地扩张以获取更大的利润。随着资本不断地扩张，国内市场显然不能满足其发展的需求，只得冲出国门走向世界，将这种与自己发展相适应的生产方式传播到世界各地。

随着商品流通的速度不断加快，世界市场和国际贸易的兴起极大地促进了资本主义的生产与发展，资本迅速地在国内外积累扩张。当国内资本大量过剩、商品输出已经不能满足资本的扩张时，资本大量地向国际转移和流动，将国内剩余价值的生产过程复制到世界各个国家，实现了资本的国际化。资本主义国家在发展初期通过资本输出使资本输入国成为其附庸，然后摧毁资本输入国自然经济的基础，并迫使其发展成为资本输出国提供廉价初级产品的殖民地。马克思曾这样描述："正像它使乡村从属于城市一样，它使未开化和半开化的国家从属于文明国家，使农民从属于资产阶级的民族，使东方从属于西方。"[1]

资本主义国家通过对其他落后国家的殖民统治，使资本主义生产关系通过资本国际化的表现形式向外扩展。这种扩展一方面使资本主义国家迅速获得向世界其他国家继续扩张的财富积累；另一方面打破殖民地野蛮的、闭关自守的、与文明世界隔绝的状态。此外，资本的国际化还引起各资本主义国家间的争斗。马克思指出："美洲金银产地的发现，土著民族的被剿灭、被奴役和被埋葬于矿井，对东印度开始进行的征服和掠夺，非洲变成商业性地猎获黑人的场所：这一切标志着资本主义生产时代的曙光。这些田园诗式的过程是原始积累的主要因素。接踵而来的是欧洲各国以地球为战场进行的商业战争"。[2] 同时资本的扩张促进经济各个环节的国际化全面发展，形成统一的世界市场，并将各国的经济纳入到世界资本主义经济体系。

4. 垄断资本主义世界市场的发展

19 世纪末 20 世纪初，资本主义发展到高级阶段——垄断资本主义时期。

---

① 《马克思恩格斯全集》第 2 卷，人民出版社 1972 年版，第 255 页。
② 《马克思恩格斯全集》第 46 卷，人民出版社 1979 年版，第 391 页。

资本主义为了摆脱经济危机继续开拓世界市场，采取了一系列方式方法使资本主义生产关系进一步发展并达到其最高阶段——帝国主义，极大地促进了世界市场的发展进程，使其迅速发展成为商品销售市场与货币金融市场均高度发达的世界市场。列宁总结了资本主义在这一阶段的五个经济特征：

第一，生产和资本集中发展到这样高的程度，以致形成了在经济生活中起决定作用的垄断组织。"生产集中形成垄断组织，不仅仅是英国，每一个资本主义国家都由于托拉斯、卡特尔、金融资本以及债权人对债务人的关系等等而在世界市场上占有垄断地位。"① 这些在生产产品上有同类或在生产上有密切联系的企业形成垄断组织，占据了很大一部分市场，获取高额利润，对经济社会产生了重要影响。

第二，银行资本和工业资本已经融合起来，在这个"金融资本"的基础上形成了金融寡头。列宁指出："垄断资本不仅在个别国家内，而且在世界范围内，从金融业、产权上、有的甚至从生产上，控制了整个的工业部门。在这个基础上就形成了少数大银行、金融大王、金融巨头的空前未有的统治，他们实际上甚至已经把最自由的共和国变成金融君主国。"② 可以看出，金融寡头可以控制国家或者对世界范围内的工业生产进行统治。

第三，与商品输出不同的资本输出有了特别重要的意义。列宁指出："自由竞争占完全统治地位的旧资本主义的特征是商品输出。垄断占统治地位的最新资本主义的特征是资本输出。"③ "资本输出的利益也同样地促进对殖民地的掠夺，因为在殖民地市场上，更容易（有时甚至只有在殖民地市场上才可能）用垄断手段排除竞争者，保证由自己来供应，巩固相当的'联系'等等。"④ "资本输出总要影响到输入资本的国家的资本主义发展，大大加速那里的资本主义发展。"⑤

第四，瓜分世界的资本家国际垄断同盟已经形成。列宁指出："资本家的垄断同盟卡特尔、辛迪加、托拉斯，首先侵害国内市场，在不同程度上，把本国的生产完全霸占在自己手里，但是在资本主义制度下，国内市场必然是同国外市场相联系的。资本主义早已造成了世界市场。所以随着资本输出的增加，

---

① 《列宁选集》第 2 卷，人民出版社 1995 年版，第 669 页。
② 《列宁选集》第 4 卷，人民出版社 1972 年版，第 316 页。
③ 《列宁选集》第 2 卷，人民出版社 1972 年版，第 783 页。
④ 同上书，第 787、805 页。
⑤ 同上书，第 786 页。

随着最大垄断同盟的国外联系和殖民地联系以及'势力范围'的权力扩张，'自然'就使得这些垄断同盟之间达成全世界的协定，形成国际卡特尔。"①

第五，最大资本主义列强已把世界上的领土分割完毕。这里的领土指的是殖民地领土，瓜分殖民地是资本主义列强争夺和开拓世界市场的重要方式。列宁指出："资本主义愈发达，原料愈缺乏，竞争和追逐全世界原料来源的斗争愈尖锐。那么占据殖民地的斗争就愈激烈"。②

（三）世界市场的作用

1. 世界市场对资本主义生产方式产生巨大的推动作用

世界市场是资本主义生产方式产生的前提和基础，马克思指出："世界市场是资本主义生产方式的基础和生活条件"，③ 同时 "东印度和中国的市场、美洲的殖民化、对殖民地的贸易、交换手段和一般商品的增加，使商业、航海业和工业空前高涨，因而使正在崩溃的封建社会内部的革命因素迅速发展"。④此外，"对于资本主义生产来说，非常重要的是产品发展成为商品，而这同市场的扩大，同世界市场的建立，因而同对外贸易，有极为重要的联系。"⑤ 世界市场对于资本主义生产方式的拓展起了非常重要的作用。

马克思指出："对外贸易的扩大，虽然在资本主义生产方式的幼年时期是这种生产方式的基础，但在资本主义生产方式的发展中，由于这种生产方式的内在必然性，由于这种生产方式要求不断扩大市场，它成为这种生产方式本身的产物"。⑥ 资本主义本身的发展要求其必须扩大市场，世界市场是资本主义生产方式发展到一定阶段的产物，并由此又作为前提进一步推进资本主义的发展。

具体来说，世界市场对资本主义生产方式产生的巨大推动作用主要集中在资本主义大工业的发展上，它对大工业的发展起到了极大的促进作用。"世界市场引起了商业、航海业和陆路交通工具的大规模的发展。这种发展又反转过来促进了工业范围的扩大，同时，随着工业、商业、航海业和铁路的发展，资产阶级也越发发展了，它越发增加自己的资本，越发把中世纪遗留下来的一切

① 《列宁选集》第 2 卷，人民出版社 1972 年版，第 789 页。
② 同上书，第 804 页。
③ 马克思：《资本论》第 3 卷，《马克思恩格斯全集》第 25 卷上，人民出版社，第 126～127、372 页。
④ 《马克思恩格斯选集》第 1 卷，人民出版社第 2 版，第 273 页。
⑤ 马克思：《剩余价值论》，《马克思恩格斯全集》第 26 卷中，人民出版社，第 481 页。
⑥ 马克思：《资本论》第 3 卷，《马克思恩格斯全集》，人民出版社 1975 年版，第 264 页。

阶级都排挤到后面去了。"① 资本主义大工业的发展需要廉价的原材料、低廉的人工成本和巨大的市场容量，使其尽可能地利用广阔空间实现商品的交换，进而将产品销售到尽可能广阔的世界市场以获取更丰厚的利润。资本主义大工业与世界市场二者之间是既促进又制约的关系，恩格斯指出："现代的大工业只有在经常扩大，经常夺取新市场的条件下才能存在。……但是，工业的发展取决于市场的扩展。"②

2. 世界市场的发展引起了上层建筑的变革

当资产阶级在世界市场上积累了大量的财富并在一国的经济上占据统治地位之后，必然会争取政治上的权力与统治地位以谋取更大的利益。马克思指出："最后，从大工业和世界市场确立的时候起，它在现代的代议制国家里夺得了独揽的政治统治权。现代的国家政权只不过是管理整个资产者阶级共同事务的委员会罢了。"③

由于世界市场的兴起使资本阶级取得了前所未有的发展，随着资本国际化的不断深入，资产阶级力图将整个世界都纳入资本主义生产关系体系之中，并且控制一切使其符合资本主义生产方式发展的需要。"大工业通过普遍的竞争迫使所有人的全部精力极度紧张起来。只要可能，它就消灭意识形态、宗教、道德等等，而当它不能做到这一点时，它就把它们变成赤裸裸的谎言。它使自然科学从属于资本，并使分工丧失了自然性质的最后一点痕迹"。同时"大工业到处造成了社会各阶级间大致相同的关系，从而消灭了各民族的特殊性。最后，当每一民族的资产阶级还保持着它的特殊的民族利益的时候，大工业却创造了这样一个阶级，这个阶级在所有的民族中都具有同样的利益，在它那里民族独特性已经消灭，这是一个真正同整个旧世界脱离并与之对立的阶级。大工业不仅使工人与资本家的关系，而且使劳动本身都成为工人所不堪忍受的东西。"④

3. 世界市场改变了落后国家的阶级层次和生产关系

资产阶级开辟世界市场的过程是一个疯狂掠夺的过程，同时也是资本主义

① 马克思、恩格斯：《共产党宣言》，《马克思恩格斯全集》第4卷，人民出版社，第467页。
② 恩格斯：《英国的10小时工作制法案》，《马克思恩格斯全集》第7卷，人民出版社，第281页。
③ 马克思：《关于自由贸易的演说》，《马克思恩格斯全集》第4卷，人民出版社1975年版，第468页。
④ 马克思、恩格斯：《德意志意识形态》，《马克思恩格斯全集》第3卷，人民出版社，第68页。

生产关系随世界市场的建立和扩张而蔓延发展的过程。"它迫使一切民族——如果它们不想灭亡的话——采用资产阶级的生产方式,它迫使它们在自己那里推行所谓的文明,即变成资产者。一句话,它按照自己的面貌为自己创造出一个世界。"① 大多数国家和地区卷入世界市场、进入国际分工体系是被迫的,是以西方国家对非西方国家的强制和控制为基础的。资本阶级在铲除封建主义关系的同时也在消灭着生产资料、社会财产和人口的分散、隔绝状态。

马克思指出:"它建立了现代化大工业城市(它们像闪电般迅速地成长起来)来代替从前自然成长起来的城市。凡是它所渗入的地方,它就破坏了手工业和工业的一切旧阶段。它使商业城市最终战胜了乡村。(它的第一个前提)是自动化体系。(它的发展)造成了大量的生产力,对于这些生产力说来,私人(所有制)成了它们发展的桎梏,正如行会制度成为工场手工业的桎梏和小规模的乡村生产成为日益发展的手工业的桎梏一样"。② 因此,资产阶级开辟推动世界市场的过程也是资本主义生产关系在全球范围内复制、扩散的过程,它改变了落后国家的阶级层次和生产关系。

4. 世界市场对经济危机产生缓和的作用

正是由于世界市场的产生和发展促进了资本主义社会生产力的大幅度提高,为资本主义生产的发展提供了更加广阔的空间,所以在一定程度上它也缓和了资本主义基本矛盾。"虽然由于生产过剩和过度的投机活动而发生了危机,可是国内生产力和世界市场的容量毕竟增长到了这样的程度,以致它们只是暂时离开已经达到的最高点,经过持续几年的若干波动以后,在商业周期的一个时期中繁荣的最高点所达到的生产水平就成为下一个时期的起点。"③

四、国际价值论

马克思的国际价值论的产生是有它的客观历史条件的,它是生产力发展到一定阶段产生国际分工后随着国与国之间商品交换的发展和世界市场的形成而发展起来的。资本主义通过国际分工在经济上把世界各国联系在一起,形成资本主义世界经济体系。国际分工发展所经历的三个阶段使被纳入资本主义世界经济体系的各国在生产的深度和广度上不断延伸而冲破国界,扩大了商品交换的市场范围,从而逐渐形成了世界市场,为商品的国内价值向国际价值的转化

---

① 马克思、恩格斯:《共产党宣言》,人民出版社 1997 年版,第 29 页。
② 马克思、恩格斯:《德意志意识形态》,《马克思恩格斯全集》第 3 卷,人民出版社,第 68 页。
③ 马克思:《工厂工业和贸易》,《马克思恩格斯全集》第 13 卷,人民出版社,第 556 页。

提供了客观的历史条件。

（一）马克思国际价值论的来源及形成

我们在前面论述世界市场时就提到过马克思研究资本主义生产关系时所形成的系统阐述他的理论体系的"六册计划"。马克思在"六册计划"里打算先研究国内资本主义生产关系，而后扩展到研究整个世界上的资本主义生产关系。他将世界看做一个整体，原来的商品价值（指商品在国内的价值）逐渐转化为世界范围内的商品价值。伴随着问题的深入，马克思把国际价值理论作为重要部分进行阐述。"六册计划"主要包括：①资本②地产③雇佣劳动④国家⑤对外贸易⑥世界市场。马克思原本计划将国际价值安排在第五册的《对外贸易》和第六册的《世界市场》中论述，但由于种种原因马克思在逝世前没有完成这部经济理论的鸿篇巨制，然而我们仍然能够在其经济学手稿中找到关于国际价值理论的足迹，因此我们所探讨的国际价值理论只能从《政治经济学批判》、《资本论》、《剩余价值理论》等著作中探寻其深刻的理论思想。

"一个国家的资本主义生产越发达，那里的国民劳动的强度和生产率，就越超过国际水平。因此，不同国家在同一劳动时间内所生产的同种商品的不同量，有不同的国际价值，从而表现为不同的价格，即表现为按各自的国际价值而不同的货币额。"[1] 在这段话中，马克思第一次提出"国际价值"的概念。同时马克思通过对李嘉图等人不完全劳动价值理论的批判和继承，吸收了古典经济学中的绝对成本学说和比较成本学说的合理部分，提出了劳动价值论，对价值的根源有了科学的认识。在此基础上，马克思专注研究国内的价值理论及规律在世界市场上的合理应用和解释，在资本主义整体世界的视角下拓展马克思的劳动价值理论，建立了系统、科学的国际价值论。可以说，马克思的国际价值理论是他的劳动价值论在世界市场中的发展和应用，因此国际价值理论发展是以劳动价值论为基础和指导的。

（二）国际价值论在马克思国际经济理论中的地位

马克思关于资本主义内部经济关系的理论是建立在劳动价值论基础上的，同样马克思的国际经济理论也应建立在国际价值论的基础上。[2] 从马克思的"六册计划"可以看出，马克思的国际经济理论的主要内容是国际贸易理论和世界市场理论。这两个理论发展的前提应该属于"六册计划"中第一册的研

---

① 马克思：《资本论》第 1 卷，《马克思恩格斯全集》，人民出版社 1975 版，第 614 页。

② 同上。

究内容，即资本主义生产的国际关系、国际分工以及国际交换。由于国际分工与国际交换从国内延伸至国际，而国内的分工与交换均建立在价值规律基础上，因此马克思将扩展价值规律的适用范围从"价值规律在国际上的应用"①的角度来解释国际分工与交换在世界市场的发展。但是价值规律在国际上的应用不同于其在国内的应用。在国内，商品的价值是由该国生产者生产这种商品的社会必要劳动时间决定的。在国际交换中，不同国家的生产者生产的同一种商品，花费了不同的本国社会必要劳动时间，但又只能按同样的价值出卖，就是说在国际交换中各国生产的同种同质量产品只能有同样的价值。这个价值又是怎么决定的呢？对此马克思提出了国际价值的概念。可见，要说明国际贸易中的关系，首先必须搞清楚国际价值的决定问题，也就是说，国际价值论是马克思国际贸易理论的基础。②

同样地，国际分工与交换离不开世界市场的发展，马克思将世界市场看做"资产阶级经济一切矛盾的现实综合"，即看做世界各国资本主义经济关系的总和，那么要分析世界市场的经济运动规律和由此产生的世界市场危机就同样不能离开国际价值规律运动、不能离开国际价值论。可以说，从马克思的一贯思想和他的写作计划来看，国际价值论都应当被看做是马克思的国际经济关系理论的基石。因此，国际价值论的研究对进一步开展对马克思主义国际经济关系理论的研究具有十分重要的意义。③

（三）国际价值论的基本内容

马克思对于国际价值的集中论述体现在《资本论》的第一卷，论述工资的第六篇中的第二十章。在对工资的国民差异进行比较时马克思指出："每一个国家都有一个中等的劳动强度，在这个强度以下的劳动，在生产一种商品时所消耗的时间要多于社会必要劳动时间，所以不能算做正常质量的劳动。在一个国家内，只有超过国民平均水平的强度，才会改变单纯以劳动的持续时间来计量的价值尺度。在以各个国家作为组成部分的世界市场上，情形不同了。国家不同，劳动的中等强度也就不同；有的国家高些，有的国家低些。于是各国的平均数形成一个阶梯，它的计量单位是世界劳动的平均单位。因此，强度较大的国民劳动比强度较小的国民劳动，会在同一时间内生产出更多的价值，而

---

① 庄宗明：《马克思的国际价值论及其意义》，《当代经济研究》2003 年第 3 期，第 5～6 页。
② 同上。
③ 同上。

这又表现为更多的货币。"① 马克思在这里科学地阐述了国际价值这一经济范畴，明确地提出了"世界劳动的平均单位"，虽然没有正面提出"世界的社会必要劳动时间"这一概念，但这里的"世界劳动的平均单位"却已经表达了这一内涵。

在国内市场经济中形成的价值通常称之为国内价值（国别价值），这种价值所代表的是一个国家的正常质量或中等强度的抽象劳动。而在世界市场上，国家不同劳动的中等强度或正常质量也就不同，各国的国内价值也就不同，可见在世界市场中不能以某一个国家的国内价值来衡量世界劳动的平均水平。因此，在世界市场中，商品的价值需要一个能代表世界劳动的平均水平的劳动强度来体现，这就是马克思提到的"世界劳动的平均单位"。马克思还论述了"世界劳动的平均单位"的计量方法："国家不同，劳动的中等强度也就不同；有的国家高些，有的国家低些。于是各国的平均数形成一个阶梯，它的计量单位是世界劳动的平均单位。"② 在一国之内只有一个中等的劳动强度而在世界范围内有众多的中等劳动强度并形成一个阶梯，世界劳动的平均单位是对阶梯中的各国劳动加以折算，进而计量商品国际价值的大小，它的计量单位是世界劳动的平均单位。在劳动世界，马克思提出的"世界劳动的平均单位"具有重大的理论价值和实践意义。③

随后，马克思继续深入研究各国劳动强度与世界劳动的平均强度之间的关系："强度较大的国民劳动比强度较小的国民劳动，会在同一时间内生产出更多的价值，而这又表现为更多的货币。"④ "一个国家的资本主义生产越发达，那里的国民劳动的强度和生产率，就越超过国际水平。因此，不同国家在同一劳动时间内所生产的同种商品的不同量，有不同的国际价值，从而表现为不同的价格，即表现为按各自的国际价值而不同的货币额。所以，货币的相对价值在资本主义生产方式较发达的国家里，比在资本主义生产方式不太发达的国家里要小。由此可以得出结论：名义工资，即表现为货币的劳动力的等价物，在前一种国家会比在后一种国家高；但这决不是说，实际工资即供工人支配的生

---

① 马克思：《资本论》第 1 卷，人民出版社 1975 年 6 月，第 613~614 页。

② 同上。

③ 杨圣明：《经济全球化与国际价值问题》，《中国社会科学院研究生院学报》2002 年第 6 期，第 14 页。

④ 马克思：《资本论》第 1 卷，人民出版社 1975 年 6 月，第 613~614 页。

活资料也是这样。"① 例如，在世界市场上某种商品包含的社会必要劳动时间为 1 小时，以货币表现的国际价值为一元。如果在发达的国家里 100 小时生产 500 件产品，在不发达国家里同一时间内只生产 50 件产品。每件产品的国际价值为一元，那么同一劳动时间（100 小时）的劳动成果在发达国家表现为 500 元，在不发达国家却只表现为 50 元。在同一劳动时间内生产出不同数量的产品，在世界市场上会形成不同的国际价值。在发达国家里，同一劳动时间可以生产出更多的商品（500 件），也就可以表现为更多的国际价值（500元）；在不发达国家里，同一劳动时间内生产的商品较少（50 件），则表现为较少的国际价值（50 元）。所以，在世界市场上劳动强度的高低决定所获取的价值的大小，以货币来代表这种价值则表现为货币额的大小。

国际价值论适用于世界市场的前提是价值规律在国际交换中是发挥作用的，这是考察价值规律在世界市场中作用的基础。"但是，价值规律在国际上的应用，还会由于下述情况而发生更大的变化：只要生产效率较高的国家没有因竞争而被迫把它们的商品的出售价格降低到和商品的价值相等的程度，生产效率较高的国民劳动在世界市场上也被算做强度较大的劳动。"② 由于一些社会经济原因使国际价值论不能完全发挥其作用，只有对其进行调整，使其表现形式更为多样化、作用范围更大。

（四）国际价值与国别价值的区别与联系

马克思主义理论中的价值的实体是无差别的一般人类劳动，价值量是由生产这种商品的社会必要劳动时间决定的。商品的国际价值与国内价值（国别价值）在本质上是相同的，都是一般人类劳动的结晶或凝结物。同时，就国际价值与国别价值的关系而言，国际价值是各国的国别价值在世界市场上的转化形式。商品在国内被生产出来，是人类抽象劳动的产物，具有价值，所以才能够进入世界市场。在此过程中，该商品在国内市场上的价值成为国别价值，由该国国内的社会必要时间决定。如果该商品实现交换的最终场所是世界市场，或者该商品就是为了在世界市场中进行交换而生产的，那它具有国别价值的同时又具有了国际价值，或者该商品的国别价值转化成国际价值，由世界的社会必要劳动时间决定。因此，商品的国际价值是在国别价值的基础上形成的。

---

① 马克思：《资本论》第 1 卷，人民出版社 1975 年 6 月，第 613～614 页。

② 同上。

虽然商品的国际价值与国别价值在本质上是相同的，但在价值量的决定上国际价值量不同于国别价值量。马克思指出："社会必要劳动时间是在现有的社会正常条件下，在社会平均的劳动熟练程度和劳动强度下制造某种使用价值所需要的劳动时间。"① 进入世界市场的商品，其价值量的决定不是在于其国家内部的社会必要劳动时间，而是由世界的社会必要劳动时间决定。国家内部的社会必要劳动时间与世界的社会必要劳动时间是有差别的。此外，商品的国别价值是以该国货币表示的，而商品的国际价值是直接以世界货币表示的，所以二者既有区别又有联系。

第三节　对于马克思主义国际贸易理论的评价

国际分工、世界市场和国际价值论是马克思主义国际贸易理论的核心，马克思主义始终把国际分工看做体现生产力发展水平的一种尺度。国际分工的产生和发展是一国社会分工进一步国际化延伸的结果，马克思很早就认识到国际分工与生产力和经济生活之间的辩证发展关系；马克思主义经济学研究把世界市场作为自己理论的逻辑归宿，并将资本主义的产生、发展与世界市场联系起来进行考察，在研究资本问题时把资本在国内和国际发展的关系确定为资本向总体发展的统一过程的先后两个逻辑阶段，而后一个逻辑阶段即为世界市场；马克思主义国际价值论的提出解释了商品在世界各国之间进行交换时的价值决定及其规律，解释了国际贸易的行为模式，具有提示国际交换或国际贸易长期发展趋势的作用。②

马克思从来没有孤立地去研究国际贸易和国际分工现象，而是从整个资产阶级社会关系这个整体出发，把国际贸易和国际分工作为其中的现实要素，研究资本主义生产方式的矛盾运动，研究资产阶级社会形态的产生、发展和消亡，研究世界历史的形成和演化。③

马克思主义国际贸易理论在他的经济学研究中是思维逻辑的较高的、最后的阶段，与资本主义生产方式产生、发展的进程相一致，是思维逻辑和历史进程的统一；是我们认识国际贸易特别是当代国际贸易问题的教科书；是我们研

① 马克思：《资本论》第 1 卷，人民出版社 1975 年 6 月，第 52 页。

② 杨圣明：《马克思主义国际贸易理论新探》，经济管理出版社 2002 年版，第 54、87、124 页。

③ 刘厚俊、袁志田：《马克思国际贸易理论与西方国际贸易理论的比较》，《当代经济研究》2006 年第 1 期，第 17~20、72 页。

究当代国际贸易问题的出发点。因为国际贸易的发展是有联系的过程，有不同的发展阶段。这一理论对认识和研究当代国际贸易有现实指导意义。① 虽然马克思没有对国际贸易理论进行过系统的研究，也没有建立起完整的国际贸易理论体系，但是他的理论研究方法和认识问题的思维，以及见于其他篇章的有关国际贸易的论述是留给我们的宝贵的理论遗产。

---

① 杨圣明：《马克思主义国际贸易理论新探》，经济管理出版社 2002 年版，第 89 页。

第六章

赫克歇尔、俄林与要素禀赋理论

第一节　赫克歇尔、俄林的时代、生平和著作及研究方法

　　赫克歇尔和俄林这对师生所经历的时代是世界经济发生重大变革和动荡的时代。从赫克歇尔出生到俄林去世整整一百年的时间里（1879～1979 年），世界经历了两次世界大战、经济危机和大萧条以及第二次和第三次科技革命等巨大变革。这些复杂的国际事件对国际贸易理论与实践的发展提出了新的要求，赫克歇尔和俄林正是适应社会变化、顺应时代要求提出了要素禀赋理论，为解释国际贸易问题提供了更具说服力的论证，从而奠定了现代贸易理论的根基。

一、赫克歇尔、俄林所处的时代

（一）经济背景

　　经济发展离不开生产力的提高，发生在 19 世纪 70 年代的第二次科技革命使资本主义国家获得了空前进步，也为世界经济的形成夯实了物质基础。这次科技革命通过电的发明和应用使重化工业得到了快速发展，钢铁、机械和石油等工业的大发展为交通和通讯业的革命铺平了道路，轮船代替了帆船成为远距离洲际运输工具，铁路从发达地区延伸到了落后地区，电话和无线电报等通讯手段使国际贸易与支付更为高效。在生产力提高的带动下，许多资本主义国家开始在国际范围内寻找商品和原料市场。同时，资本主义经济中形成了大量的垄断资本，这些资本在世界范围内寻找合适的市场进行投资，进一步推动了国际分工体系的深化和世界市场的扩大。进入 20 世纪，世界上绝大多数国家和地区都已经被纳入到资本主义经济体系之中，成为国际分工链条中的一个个环节，各国之间的经济依赖更加紧密，全球的生产力水平和社会文明程度得到了普遍提升。但是 20 世纪上半叶的世界经济是一个多灾多难的年代：两次世界大战使世界经济在约 12 年的时间里处于混乱之中，经济危机和大萧条使主要

工业国家经济倒退 10 年以上，国际贸易的增长在 20 世纪 30 年代几乎停滞，国际资本流动大幅放缓，金本位的货币制度体系遭到瓦解，贸易保护主义严重泛滥，许多对外贸易依存度较高的国家受到重创。随着战争的结束，世界经济形势开始朝着乐观的方向发展。战后，以微电子、新材料和新能源为代表的第三次科技革命又一次推动了生产力的巨大进步。20 世纪五六十年代，大部分国家在完成战后恢复的同时迎来了之后 20 年左右的经济繁荣，整个世界的经济增长率超过了以往任何一个时代，国际贸易和国际投资更是出现了惊人的增长。

（二）政治背景

19 世纪末 20 世纪初是世界经济最终形成的阶段，资本主义国家通过在世界范围内瓜分原料、商品和投资市场来平衡其生产与消费之间的基本矛盾。到 20 世纪初，落后国家和地区基本已经被瓜分殆尽，这些国家和地区被纳入到资本主义经济体系之中，成为少数资本主义国家剥削和压榨的对象。由于各种矛盾的激化，20 世纪上半叶被两次世界大战、经济危机和大萧条所充斥，国际政治矛盾层出不穷。发达国家与发展中国家的矛盾、发达国家之间的矛盾、资本主义国家和社会主义国家的矛盾以及种族矛盾、民族矛盾和阶级矛盾不断显现和激化并通过世界性的热战和冷战宣泄出来。各国为了维护已经脆弱的国内经济不惜将自身的危机转嫁到其他国家，特别是在贸易方面，各个国家以邻为壑频频利用贸易保护政策致使世界经济不断跌入低谷。随着战争阴霾的消散，世界经济在战后走上了全球化的道路，国家间的联系越来越紧密，各种各样的国际组织活跃在社会生活的方方面面。战后许多经济、政治和社会矛盾仍然存在，但全球化的巨大浪潮已经携带着世界上的每一个国家和地区朝着自由、开放和协作的方向共同前进。

二、赫克歇尔生平和著作

伊·菲·赫克歇尔（Eli F Heckscher，1879～1959 年）生于瑞典的斯德哥尔摩，是一位有着 300 年左右历史的犹太银行家家族的后裔。赫克歇尔没有继承家族的商业传统，而是在学术领域展现出过人的天赋，并因其在经济学和经济史学中富于创造性的重要贡献而被后人敬仰和铭记。在经济学方面，赫克歇尔提出的要素价格均等化等理论为后来的赫克歇尔 – 俄林贸易理论（Heckscher-Ohlin Trade Theory）奠定了基础，而他对经济史的研究则堪称该学科在教学和科研领域的先锋之举。赫克歇尔对科研的态度非常认真专注，他在经济领域所研究的深度和广度几乎是同时代学者中无人可及的，但因其著作几乎都是由瑞典语完成的，所以他的学术思想多是在其著作被翻译成英语后才被广为传诵。作为一名经济学家，赫克歇尔将建言经济政策视为己任，通过参与社会团体和在报纸上发表评论等形式对政策进行分析和评论。

（一）赫克歇尔在经济学领域的学术生涯与贡献

赫克歇尔在经济学领域中全部的理论性贡献集中于 1916 年至 1924 年这样一个非常短的时间跨度内。他在 1919 年发表的《国际贸易对收入分配的影响》（The Effect of Foreign Trade on the Distribution of Income）和 1924 年发表的《间歇性免费商品》堪称经典之作，其中对要素禀赋理论和不完全竞争理论等内容的阐述具有开创性意义。《国际贸易对收入分配的影响》一文是奠定赫克歇尔作为一名经济学家地位和声誉的著作，也为后来的赫克歇尔－俄林理论（即 H－O 理论，也称要素比例理论）提供了基础。在这篇文章中，赫克歇尔认为要素禀赋比例不同的经济体之间进行自由贸易可以使要素价格实现完全的均等化，要素价格的均等将替代国际间要素的流动。但是赫克歇尔本人从未试图将他对要素禀赋理论的探索应用于对历史数据的分析（Findlay and Lundahl 2002）。遗憾的是，这部著作在 30 年后才被部分地翻译成英文，而直到 1991 年才出现了全文英译版本。因此在英文版问世之前，只有能够掌握瑞典语的学者才能了解赫克歇尔在国际贸易理论中的贡献，语言的局限性使赫克歇尔的学术影响范围非常有限。赫克歇尔在经济学领域的研究时间只有 8 年左右，此后他的研究重点转向了经济史，但是他在经济学领域的贡献为后继的学者们所敬仰，萨缪尔森称赫克歇尔的《国际贸易对收入分配的影响》为"天才之作"①。如果赫克歇尔的生命可以延续到 1977 年，将无疑会与他的学生俄林（Bertil Ohlin）一同分享当年的诺贝尔奖。

（二）赫克歇尔在经济史学领域的学术生涯与贡献

赫克歇尔高中毕业后在乌普萨拉大学（Uppsala University）开始了他的学术生涯。大学期间他对经济史问题产生了浓厚的兴趣，并跟随 Harald Hjärne 等瑞典著名历史学家学习。1907 年，赫克歇尔以一篇经过两年精心准备、具有新经济史味道的博士论文圆满地结束了他的学生生活。凭借这篇优秀的论文，赫克歇尔获得了在斯德哥尔摩大学的工作机会，成为该校经济学科的一名教师。在最初执教的二十多年里，赫克歇尔将精力更多地集中在对经济学领域

---

① Samuelson, Paul, "Bertil Ohlin: 1889~1979," *Journal of International Economics*, 1982, pp. 33~49.

的研究和日常教学工作中，而对于经济史的研究成果较少。受第一次世界大战影响，赫克歇尔对大陆封锁系统产生了研究兴趣，于 1918 年发表了《大陆系统：一个经济学的解释》（The Continental System：An Economic Interpretation）一书。20 世纪 30 年代以后是赫克歇尔专注于经济史研究并且成果丰富的阶段，他的一些主要经济史代表作，如《重商主义》（Mercantilism）（1931 年）、《经济史研究》（1936 年）、《瑞典经济史》（The Economic History of Sweden）（1941 年）、《历史的唯物主义解释及其他解释》（1944 年）等都发表于这段时间。赫克歇尔在经济史领域的不朽之作是他为祖国所写的一部经济史书——《古斯塔夫王朝以来的瑞典经济史》（The Economic History of Sweden since Gustav Vasa）。这部著作从 16 世纪的瑞典经济史写起，随着时代的推进，赫克歇尔需要掌握的资料变得越来越多，需要处理的数据也越来越复杂，直到他生命结束也始终没有开始最后一章关于 19 世纪瑞典经济的撰写。赫克歇尔在撰写这部著作时非常专注和刻苦，他的分析方法在很大程度上依靠统计分析，在电脑没有普及的时代里，他的工作注定了艰巨而渺茫，但赫克歇尔仍潜心于此，即便在 1942～1943 年间曾因工作劳累而突然病倒两次，他仍以近乎于"工作狂"的精神执着于他的研究。

（三）赫克歇尔在其他领域的社会角色与贡献

有赖于过人的科研天赋和专注的治学精神，赫克歇尔在大学的教学工作进行得比较顺利。自 1907 年成为大学讲师后，仅两年的时间赫克歇尔就被提升为斯德哥尔摩经济学院经济学与统计学教授。作为教师的赫克歇尔非常严格，能够在他的考试中获得最高等级的学生只占很小比例。然而在教学过程中，赫克歇尔并非那种只研究学问不注重实际的老师，他总是在教学过程中寻找一种平衡，希望既能够使学生具备经济学的理论基础，同时又具备处理实际商业问题的能力。1929 年，就在赫克歇尔考虑离开他工作了 22 年的学院时，当年建立的经济史研究所为他提供了一个经济史研究所所长的特别职位，这一职位使赫克歇尔可以从对经济学的研究转向了他更视为己任的经济史领域。可以说，如果没有这一工作职位，将很难有赫克歇尔的经典著作——《古斯塔夫王朝以来的瑞典经济史》。赫克歇尔作为教师的另一项突出贡献就是将经济史推动成为瑞典各大学的一门研究生课程，他的多部著作也成为经典教材而不断再版，但遗憾的是，语言的限制使其他国家的学生很难接触到赫克歇尔创作的教材。

在 19 世纪末 20 世纪初这个经济学家先锋汇集的年代，许多学者将参与政策制定视为己任，而除了亲身参与政府和社会组织以外的一个有效并常见的方法是将自己的思想阐述于报纸杂志之中，赫克歇尔就是其中之一。一战期间，赫克歇尔被吸收进入瑞典的战争委员会，并从一名秘书逐步成长为该委员会的执行领导。这段时间的工作使他有机会更近距离的参与国家经济政策的起草工作。此后的时间里，赫克歇尔频繁地在报纸中发表他的政策思想。据统计，赫克歇尔一生中共发表作品超过1148项，其中六成左右为他在报纸中发表的短文。赫克歇尔在他的学术世界里就是这样一个多面的形象，既在经济学和经济史学这两个不同领域中实现对话，又在理论与政策的不同层面中寻找平衡，但无论是哪个方面的工作，赫克歇尔的表现都堪称杰出，这也是为什么他能够成为后继者的榜样而永远闪耀于经济思想史的星空。

三、俄林的生平和著作

贝蒂·俄林（Bertil Ohlin，1899～1979）生于瑞典南部斯卡恩省的一个中产阶级家庭。他16岁便进入大学学习经济学、统计学和数学，先后在隆德大学、斯德哥尔摩经济学院、剑桥大学、哈佛大学和斯德哥尔摩大学学习深造，因此他的学术思想受到了一些来自这些学校学者的影响。俄林在硕士论文中将其老师赫克歇尔的国际贸易理论与卡塞尔的一般均衡理论结合起来，"首次提出了赫克歇尔－俄林模型中的一些观点"[1]，并在此后近10年的时间里投身于国际贸易理论研究，凭借杰出的理论成果于1977年获诺贝尔经济学奖。除了在国际贸易领域具有突出贡献外，俄林在宏观经济学方面也进行了有益的探索。20世纪30年代后半期，俄林逐渐将其主要精力用于政治领域，他担任瑞典自由党领导人20多年，对瑞典政治有着重要贡献。

（一）俄林在经济学领域的学术生涯与贡献

俄林对经济学的相关研究主要是在20世纪20年代到30年代中期这15年左右的时间里完成的，他的研究方向集中在国际贸易理论和宏观经济学两个方面，前者奠定了他作为一位著名经济学家的基础，而后者则使他在当时声名远扬。

俄林在学术研究上有着过人的天赋，他仅用两年时间便完成了在隆德大学经济学、统计学和数学学士学位的攻读。此后他进入斯德哥尔摩经济学院继续深造，在这里他受到了赫克歇尔等瑞典著名经济学家的指导，在获得经济学学

---

① 芬得雷等编著，田肇寰等译：《百年俄林》，北京：机械工业出版社，2006年，第2页。

位的同时也为他日后的理论研究埋下了思想的种子。为了接受一流的经济学教育，俄林来到剑桥大学和哈佛大学进一步深造。这段时间他与陶西格和杨格等学者交往密切，接触到了他们的经济思想。俄林于 1922 年递交的硕士论文首次提出了赫克歇尔－俄林模型的一些观点，这篇硕士论文是他的巅峰之作——《地区间贸易和国际贸易》（Interregional and International Trade）的雏形。两年之后，俄林在卡塞尔（Cassel）的指导下完成了他的瑞典语博士论文《贸易理论》，这篇论文构成了《地区间贸易和国际贸易》一书的基本框架和内容，经过近 10 年的补充完善于 1933 年发表了英译本，并在 1968 年出版的修订版中对原著作出了一些删减和增加了一些附录。在这部著作中，俄林力图从四个方面做出贡献："（1）建立一种与价格相互依赖理论相一致的国际贸易理论，从而脱离瑞典的劳动价值论。……（2）为了表明国际贸易理论仅仅是一般布局理论的一部分，从而对价格的空间（或地区）方面予以充分的考虑；……（3）分析生产要素在国内和国际间的流动，特别是分析它们与商品流动之间的关系。（4）描述在固定汇率情况下，也即在金本位或汇兑本位制度下，国际贸易变动和国际资本流动的机制。"[1] 但是，由于这本书过于冗长，很多学者都难以完全读透，更多人是从保罗·萨缪尔森和罗纳德·琼斯等人的著作中领会俄林的思想的，但这并不能降低这部著作在新古典贸易学说中的至高地位。此外，俄林还发表了《国际经济的复兴》（International Economic Reconstruction，1936）、《资本市场和利率政策》（Capital Market and Interest Rate Policy，1941）等著作。

"俄林是发展现代宏观经济学的一位先驱"[2]，他对宏观经济学的研究伴随着 1929 ~ 1933 年大萧条的时间脉络而进行，他所关注的内容包括失业和经济停滞等问题。这期间俄林通过为政府撰写报告和在报纸上发表的千余篇文章、社论和评论等形式将他所主张的利用扩张性政策措施来应对经济萧条和失业的理念传递出去，并通过乘数分析和加速数分析等方法加以佐证。1929 年，俄林同英国著名经济学家凯恩斯关于德国赔款等宏观经济问题进行了热烈的辩

---

① 俄林著，王继祖译：《地区间贸易和国际贸易》，北京：首都经济贸易大学出版社，2001 年，第 1 页。

② Paul A. Samuelson, "BERTIL OHLIN（1899 ~ 1979），" *The Scandinavian Journal of Economics*, Vol. 83, No. 3, 1981, pp. 355 ~ 371.

论，他的才学得以充分展示，以至于一些学者认为俄林的才能已经超过了凯恩斯。① 俄林自 1920 年参与政治以来为政府撰写了众多报告，其中以 1931 年为"国联"准备的调查报告《将货币政策、公共工程、补助金和关税政策作为失业的补救措施》最负盛名，报告中对"世界范围内经济不景气的问题"进行了阐述。俄林关于宏观经济的文章多是以瑞典语发表的，所以他这方面的著作在英语世界里被了解的比较少。1937 年，俄林在他的《对斯德哥尔摩学派和投资的一些看法》文章中首次提出了"斯德哥尔摩学派"一词，使当时的一批瑞典经济学家成为与"凯恩斯学派和"奥地利学派"齐名的一个群体。

（二）俄林在其他领域的社会角色与贡献

作为一名出色的经济学家，俄林在大学执教的工作是必不可少的，与其他瑞典的大学教授一样，俄林也热衷于投身到政治活动中去。

俄林的教学生涯在他博士毕业后的 1924 年年末正式开始，当时他只有 25 岁。他的第一份教师工作是哥本哈根大学经济系首席教授，这次教学机会是在他的老师赫克歇尔的邀请下，经过了近 1 年时间的激烈竞争，其间包括了一次命题论文（3 个月内写完成并发表）和两次公开演讲等形式的审核，最终击败了艾瑞克·林达尔等 5 位知名学者而获得的。在哥本哈根大学的 5 年里，俄林对该校经济学课程的改革作出了重要贡献，他将研讨会的授课方式带入了教学中，并在课堂上要求学生"不记笔记，而是把时间全部都用在仔细考虑经济学问题上……"②，这些新鲜而又直接的教学方式受到了学生们的欢迎。1929 年，赫克歇尔离任后俄林被指定接替他的工作，成为斯德哥尔摩经济学院的教授一直工作到退休（1965 年）。

自 20 岁起，俄林便开始了在政府部门的工作，他青年时所服务过的政府部门先后包括关税与贸易协议委员会（1919 年参加）、经济理事会（1920 年参加）和失业委员会（1929 年参加）。其中最为重要的工作是在失业委员会的工作，这个聚集了当时瑞典许多著名经济学家的委员会对瑞典 20 世纪 30 年代的财政和货币政策与经济发展起到了巨大的影响，俄林对该委员会最终报告的补充和完成发挥了重要作用。俄林自 1938 年～1970 年一直担任瑞典国会议

---

① "蒙代尔认为在辩论中凯恩斯明显不是俄林的对手，那个时候的他（凯恩斯）'还未能摆脱习惯思维的束缚'，……如此这般我们可以继续运用之前所打的那个比方，俄林在 18 岁的时候打赢了赫克歇尔、打平了威克塞尔不算，在 30 岁的时候还一举击败了凯恩斯。"转引自芬得雷等编著，田肇寰等译：《百年俄林》，北京：机械工业出版社，2006 年，第 12 页。

② 芬得雷等编著，田肇寰等译：《百年俄林》，北京：机械工业出版社，2006 年，第 107 页。

员，其间他担任瑞典国会的主要反对党——自由党领袖 23 年，并在 1944～1945 年期间担任瑞典的贸易部长。俄林因其在学术和政治等领域的重要贡献被认为是对 20 世纪的瑞典及国际经济发展有着重要影响的人物之一。

四、要素禀赋理论的研究方法

赫克歇尔与俄林开创的要素禀赋理论文体上依然是遵循着李嘉图的比较优势理论展开的，因此在其基本假设中沿袭了古典贸易理论中的一些假设条件，如自由贸易、完全竞争、无运输成本、关税或其他阻碍国际贸易自由的障碍、要素在国际间不能自由流动、规模报酬不变和贸易国家有相同的消费偏好等。但是，19 世纪末 20 世纪初正值古典经济学向新古典经济学过渡阶段，许多新的研究方法被发展出来并应用在相关学科，赫俄引领的新古典贸易理论也结合了当时经济学领域的一些思想和研究工具。

受瓦尔拉（Walras）、马歇尔（Marshall）和卡塞尔（Cassel）等学者所发展的相互依赖理论的影响，要素禀赋理论放弃了劳动价值论的基本框架，即在分析国际贸易问题时不再仅以一种生产要素（劳动力）的投入作为惟一要素供给，而是引入了其他生产要素，并在此基础上建立了我们所熟悉的 2×2×2 模型（两个国家、两种商品和两种要素）的分析框架。由于出现了两种生产要素，这里就出现了机会成本，即当有两种要素存在时一种要素禀赋投入到某一种产品的数量越多则意味着将放弃更多的另一种产品的生产。因此，当机会成本存在时，各国的分工将是不完全的，这意味着两个相互贸易的国家不会像古典贸易理论中所论述的那样各国完全生产具有优势的产品，而是每个国家都生产需要贸易的产品，只是在交换过程中多交易那些本国有优势的产品，少交换本国不具有优势的产品。① 俄林在研究国际贸易理论时，除了将其老师赫克歇尔的思想进一步发展外，还受到许多其他学术思想的影响，他的另一位老师卡塞尔（1866～1944 年）是对他影响颇深的学者之一。卡塞尔是瑞典现代经济学的创始人之一，也是俄林博士论文的指导教师。俄林的《地区间贸易及国际贸易》一书正是"从卡塞尔的一般价格理论形式开始的"②。

---

① 海闻、P. 林德特、王新奎：《国际贸易》，上海人民出版社 2003 年第 1 版，第 85 页。
② 芬得雷等编著，田肇襄等译：《百年俄林》，北京：机械工业出版社，2006 年，第 1 页。

第二节　赫克歇尔 – 俄林定理

俄林在《地区间贸易及国际贸易》一书的首章中将他从赫克歇尔那里得到的理念与自己的分析相结合，以朴素的文字写道："在每一个地区，出口品中包含着该地区比在其他地区拥有的较便宜的相对大量的生产要素，而进口别的地区能较便宜地生产的商品。简言之，进口那些含有较大比例生产要素昂贵的商品，而出口那些含有较大比例生产要素便宜的商品。"[1] 这就是著名的赫克歇尔 – 俄林定理（Heckscher – Ohlin Theorem，即 H – O 定理，以下简称为赫 – 俄定理）赫 – 俄定理是要素禀赋理论（或称赫克歇尔 – 俄林贸易理论）的四个基本定理之一，[2] 它是赫克歇尔和俄林在探究国际贸易产生原因时所得出的关于贸易与要素禀赋关系的重要结论，对揭示国际贸易实际情况和解释当时的贸易问题具有重要意义。赫 – 俄定理的论证过程非常具有逻辑性，它从商品国际价格上的差异这一表象层层深入的探寻贸易根源，最终将要素禀赋与贸易的关系呈现于读者面前。在介绍赫 – 俄定理之前，我们有必要先了解其中涉及的关键概念：要素禀赋（factor endowment）、要素密集度（factor intensity）和要素丰裕度（factor abundance）。

一、要素禀赋

在解释生产要素禀赋（以下简称为要素禀赋）时，俄林在《地区间贸易及国际贸易》书中进行了非常形象的刻画：正如人与人之间存在能力上的差异一样，不同的地区也存在禀赋上的差异，"某一地区可能富产铁砂和煤，但只有少量的小麦耕地，而另一地区麦地很多但缺少矿物资源的供应。"[3] 但是，当解释国际贸易产生原因时，在排除规模收益的可能性下，要素禀赋的绝对差异并不具有重要意义，关键在于不同地区间相对的要素禀赋差异。例如，英国和澳大利亚都拥有耕地、劳动力和资本资源，但是英国的劳动力和资本相对较

① 俄林著，王继祖译：《地区间贸易和国际贸易》，北京：首都经济贸易大学出版社，2001 年，第 21 页

② 另外三个定理分别是要素价格均等化定理、斯托尔珀—萨缪尔森定理和罗布津斯基定理。转引自 Ethier W., "Some of the theorems of international trade with many goods and factors," *Journal of International Economics*, 1974, pp. 199~206.

③ 俄林著，王继祖译：《地区间贸易和国际贸易》，北京：首都经济贸易大学出版社，2001 年，第 5 页。

多，而澳大利亚的耕地资源相对较多，"如果两国都生产全部自己消费的物品，农产品在澳大利亚将会很便宜，工业品则相对地昂贵。英国的情况将会相反，由于土地不足，要精耕细作每亩土地，使用很多劳动力和资本来提供必要的粮食。"① 由此可见，不同地区或国家相对要素禀赋的不同很大程度上决定了他们的生产成本、产出情况和商品相对价格的差异。俄林还在其《地区间贸易及国际贸易》的第 5 章里对劳动、自然资源和资本等生产要素进行了国际间比较，概括介绍和分析了不同国家间生产要素禀赋的差异情况。

二、要素密集度

要素密集度是用来衡量单位商品生产过程中所投入的生产要素之间相对比重的一种比例化概念，需要通过比较不同商品生产过程中不同要素的投入比例才可以判定某种商品的生产中哪种或哪些要素被更密集地使用了，即该种商品属于哪种要素密集型产品。当只存在两种商品（X 和 Y）和两种要素（劳动与土地）时，如果商品 X 生产过程中需要的劳动与土地的比率大于商品 Y 生产过程中需要的劳动与土地的比率，那么商品 X 属于劳动密集型商品，而 Y 属于土地密集型商品。例如，如果生产 X 商品所需的劳动/土地 = 2，生产 Y 商品所需的劳动/土地 = 1，则商品 X 为劳动密集型商品，Y 为土地密集型商品。但是，同一种商品在两个国家可能分别属于不同的要素密集型产品，这就是所谓的"要素密集度逆转"现象。例如，澳大利亚的粮食生产需要相对较多的土地资源，而在英国的生产则需要相对较多的劳动力资源，因此粮食这种商品在澳大利亚表现为土地密集型产品，但在英国则表现为劳动密集型产品。要素密集度逆转现象的发现使赫－俄定理的成立受到了巨大挑战，为了保证其成立人们在其假设中增加了无要素密集度逆转这一条件。

三、要素丰裕度

要素丰裕度是一个相对的概念，比较容易理解的定义是：如果一个国家要素 A 的全部供应量与要素 B 的全部供应量的比率大于另一个国家，那么可以认为这个国家要素 A 是丰裕的。如果这两个国家进行贸易，则前一个国家的要素 A 的价格会相对更便宜一些，因此这个国家倾向于出口富含要素 A 的商品。俄林在《地区间贸易及国际贸易》第一章中列举了一些例子，如"在人

---

① 俄林著，王继祖译：《地区间贸易和国际贸易》，北京：首都经济贸易大学出版社，2001 年，第 5 页。

口相当密集、大多数的自然资源贫乏，而劳动力丰裕的国家，主要从事需要有较多的劳动力，而对其他生产要素要求不多的制造业活动。许多手工生产的地毯来自西南亚。虽然许多国家拥有大量适于生产生丝的土地，但在很多这类国家生丝工业很少或者几乎没有，因为它消耗的劳动力太多。就美国而言就是这样，它是一个劳动力供应稀缺的国家。"① 此外还有欧洲国家的小麦种植与贸易和乌拉圭牲畜和畜产品贸易等例子，形象地解释了参与贸易的国家是如何出口他们具有优势的产品（"该产品含有该地区拥有丰裕而便宜的相当大量的生产要素。"②）而进口他们处于劣势的产品的。总而言之，"除了极为特殊的需求情况，人们可以说贸易暗含着在丰裕的生产要素同稀缺的生产要素的交换。"③

四、赫克歇尔－俄林定理的分析过程

在赫克歇尔的鼓励下，俄林对卡塞尔的一般均衡进行了适当修改，使其适合分析国际贸易，并在两个国家、两种商品和两种生产要素框架下将要素禀赋理论展示于人们面前。俄林首先将卡塞尔的封闭经济体制的一般均衡作出修改，"把一国经济看做是由若干区域所组成的。在区域内部，生产要素可以完全流动；而在区域之间，生产要素的流动则不完全，或是作为一级近似，区域之间的生产要素流动并不存在。在没有商品贸易时，各区域之间完全相互隔离。……在两个区域之间，因为其生产要素禀赋、技术或偏好不同，他们的相对价格也不同。"④ 接下来，俄林逐步分析区域间或国际贸易产生的最终原因（如图 6.1 所示）。

---

① 俄林著，王继祖译：《地区间贸易和国际贸易》，北京：首都经济贸易大学出版社，2001 年，第 17 页。
② 同上书，第 12 页。
③ 同上书，第 22 页。
④ 汉斯·布雷姆斯：《俄林·贝尔蒂·戈特哈德》，转引自约翰·伊特韦尔等编：《新帕尔格雷夫经济学大辞典》，北京：经济科学出版社，1996 年第 3 卷，第 747 页。

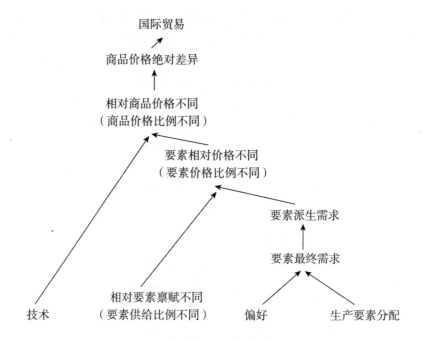

图 6.1 俄林的一般均衡分析框架

在分析国际贸易产生的原因时，俄林认为"贸易的首要条件是某些商品在某一地区生产要比在另一地区便宜"①，即商品价格的国际绝对差异②。用通俗的语言可以理解为"贸易的直接原因总是：货物从外面用钱买进比在家里生产更加便宜；反之亦然。"③ 但是并不是存在商品价格的国际绝对差异就一定会引发国际贸易，"在隔离状态时，相对商品价格的不相等是建立贸易的必要条件"④，即在发生贸易之前两个地区或国家同种商品的相对价格不同才可能引发贸易的产生。所谓相对商品价格的不同是指各国商品价格比例的不同，因此贸易的一个必要条件就是两个贸易参与国存在不同的商品价格，否则无论两国汇率相等或相异都不能发生贸易。那么当两国汇率体系建立后，贸易

---

① 俄林著，王继祖译：《地区间贸易和国际贸易》，北京：首都经济贸易大学出版社，2001 年，第 21 页。

② 王永昆：《西方国际贸易理论讲座》，北京：中国对外经济贸易出版社，1990 年，第 38 页。

③ 俄林著，王继祖译：《地区间贸易和国际贸易》，北京：首都经济贸易大学出版社，2001 年，第 6 页。

④ 同上书，第 7 页。

会发生在一定的汇率范围内。赫－俄定理中的"相对"概念均可通过"比例"概念予以理解和证明。那么，哪些因素引发了不同地区或国家间相对商品价格（商品价格比例）的不同呢？技术和各国要素相对价格不同是决定各国商品价格比例不同的重要因素。在这一层面上，俄林假定各国技术水平是相同的，所以，"毫无疑问，各种生产要素不同的供应情况是导致贸易的生产成本和商品价格不相等的主要原因"①。俄林对于各国技术水平的假定并非为了推理得简便，而是与当时的实际相一致的。赫克歇尔和俄林研究国际贸易的时期是第二次工业革命之后，科学技术的迅速传播使各国在生产技术上的差异并不十分明显，因此他们有理由假定各国技术水平相同，这这一点与古典贸易理论的假设条件不同，这也是要素禀赋理论更接近资本主义国际贸易实际的原因之一。在古典贸易理论的时代，由于劳动被认为是惟一的要素投入，所以技术水平成为决定价格的最终因素。当假定各国技术水平相同时，能够决定各国商品相对价格不同的因素就是各国要素相对价格（要素价格比例）的不同，而要素相对价格的不同是由要素禀赋的供给和需求所决定的。由于俄林假定各国的偏好和生产要素的分配相同，各贸易国家间的需求差异被排除掉，因此能够决定要素相对价格不同的惟一因素就只有各国的相对要素供给情况，即相对要素禀赋（要素禀赋比例）的不同。② 同时，国际贸易也使各国更倾向于将专业化生产集中在本国要素禀赋相对丰裕的商品上。可见，要素禀赋对一国的生产形式和贸易形式都产生了基础性的影响。

总而言之，赫－俄定理揭示了在无需求差异和技术差异等条件下，各国生产和贸易形式反映了要素禀赋构成的差异，各国会出口那些在其生产过程中相对密集地使用本国相对丰裕的生产要素的商品。③

① 俄林著，王继祖译：《地区间贸易和国际贸易》，北京：首都经济贸易大学出版社，2001年，第21页。

② 贾恩卡洛·甘道尔夫著，王根蓓译：《国际贸易理论与政策》，上海：上海财经大学出版社，2005年，第86页。

③ 罗纳德·W·琼斯：《赫克歇尔—俄林贸易理论》，转引自约翰·伊特韦尔等编：《新帕尔格雷夫经济学大辞典》，北京：经济科学出版社，1996年第二卷，第674页。

第三节　要素价格均等化定理

一、"要素价格均等化"的提出

"传统贸易理论总是毫无疑问地认为不同地区产品要素的自由移动将使不同地区提供的产品的相对和绝对价格均等。从而通过收益递减规律，当劳动从相对丰裕的欧洲转移到相对稀缺的美国时，将会导致美国工资率相对于其土地租金的下降并波及相应的商品；同时，欧洲土地租金将会下降且实际工资将会上升，而直到绝对和相对要素最终均等时劳动的转移才会停止。"① 这种传统贸易理论中关于要素价格均等化的潜在意识在 1919 年赫克歇尔发表的文章《国际贸易对收入分配的影响》中清晰地表述出来，他陈述了要素价格均等化（factor price equaliszation）的可能性，认为"在不同要素比例禀赋的经济体间的自由贸易可以导致要素价格的完全的均等化，而且将成为国际要素流动的最佳替代者。"②

俄林部分地接受了赫克歇尔关于要素价格均等化的思想，他认为"在前面假定的条件下，贸易最直接的后果是各地商品价格趋于一致。只要没有运输成本或其他贸易障碍，一切商品在各地区一定会有相同的价格。……区域贸易的后果是生产要素的价格趋向于均等化。"③ 这一结论是很好理解并且容易被实践所证明的。例如，斯堪的纳维亚半岛的木材产品便宜，而美国的森林资源由于十分缺乏因而相当的昂贵，因此斯堪的纳维亚半岛向美国出口自己的森林产品。由于出口贸易，使斯堪的纳维亚半岛大量使用森林的产业增加了，因此对森林这种生产要素的需求也增加了，可以获利更高的收益。从美国角度看，原本供应不足的森林产品通过国际贸易得到了弥补，因此对森林这种生产要素的需求降低了，所得的报酬也相应减少。可见，自由贸易使"在两个地区相对丰富的生产要素的需求增长了，因而卖得较高的价钱。而供应不足的生产要素的需求减少了，比以前获利较少的报酬。两个地区生产要素的相对稀缺性都

---

① Paul A. Samuelson, "International trade and the Equalisation of Factor Prices," *The Economic Journal*, Vol. 58, No. 230, 1948, pp. 163~184.

② Ronald Findlay, Rolf G. H. Henriksson, Hakan Lindgren, Mats Lundahl, "Eli Heckscher, International trade, and Economic History," EH. NET, 2007, pp. 8.

③ 俄林著，王继祖译：《地区间贸易和国际贸易》，北京：首都经济贸易大学出版社，2001 年，第 28 页。

减少了。"①

在这里，俄林提到了区域贸易的利益分配问题，他认为"在没有贸易的情况下，生产要素禀赋的巨大不平等意味着很大的损失，"即"就商品而言的实际国际收入的减少"②。然而，在贸易的作用下，即便某些要素的相对价格会在贸易后发生下降，但"所有商品生产要素的全部价值在一切地区都将会上升。"③ 这是因为"商品的流动在某种程度上补偿了地区间生产要素流动的缺乏，减缓了生产设备不恰当的地区分布的弊端……必然会造成生产要素稀缺性的某些变化。"④ 总之，"由于贸易，使得生产设备获得更有效的利用，货物总产量增加了，各地区所有生产要素的平均价格都在上升；变得不那么稀缺的生产要素，根据商品换算的价格很可能会上升。"⑤ 同时，"要素价格均等化会对要素所有者的收入产生影响，改变不同的要素所有者集团在整个国民收入中的分配比例。"⑥

但是，俄林认为"生产要素价格的完全相同几乎是难以想象的，几乎肯定是不可能的。"一方面，"产业的需求常常是对几种要素的'联合需求'，而生产要素不能充分移动"，使得产业地理位置的设定无法满足生产要素需求与供给的完全适应。那么在贸易开展后，"生产也无法最好地适应工业要素的地理分布"，"有些生产要素的价格在某一地区较高，另一地区较低"的现象是一定存在的。另一方面，"只要引入运输费用和其他贸易障碍这些因素，完全均等当然是不可能的。"因而，俄林在早期的理论研究中始终认为"生产要素的价格即使在建立区域贸易后，在各地区仍有差异。"⑦ 但是，随着保罗·萨缪而森的论证，俄林也在其1966年撰写的《地区间贸易和国际贸易》修订版中认可了要素价格均等化的存在。

需要注意的是，无论赫克歇尔还是俄林都只是对要素价格均等化（趋势）进行了描述性的陈述，并没有进行严格的论证（当然，在他们研究国际贸易

---

① 俄林著，王继祖译：《地区间贸易和国际贸易》，北京：首都经济贸易大学出版社，2001年，第29页。

② 同上书，第33页。

③ 同上书，第37页。

④ 同上书，第35页。

⑤ 同上书，第44页。

⑥ 王永昆：《西方国际贸易理论讲座》，北京：中国对外经济贸易出版社，1990年，第51页。

⑦ 俄林著，王继祖译：《地区间贸易和国际贸易》，北京：首都经济贸易大学出版社，2001年，第31页。

理论的年代，能够严格证明该命题的方法，特别是数学方法，还没有发展出来），所以俄林对于要素价格均等化趋势的论述在很长时间里被更为普遍的接受，而赫克歇尔所认定的要素价格均等化必将通过自由贸易得以实现的论断却直到1948～1949年经萨缪尔森的论证后才被普遍接受，也正是因为萨缪尔森的证明才使得要素价格均等化成为要素禀赋理论中的一个重要定理。为了肯定萨缪尔森的突出贡献，人们也将要素价格均等化定理称为 H - O - S 定理（即赫克歇尔 - 俄林 - 萨缪尔森定理）。

二、萨缪尔森对要素价格均等化定理的论证

保罗·萨缪尔森（Paul Samuelson，1915～2009）是美国著名经济学家，他"对经济理论的几乎所有方面都作出根本性的贡献"[1]，他用数学语言的推理方法对过去仅以文字和图形的表达方法进行了有益的发展，其1948年出版的《经济学》巨著成为许多国家经济学学生的必读教材。他在国际贸易领域的影响体现在："论贸易产生的利益；价值转移问题；李嘉图模型；赫克歇尔 - 俄林 - 萨缪尔森定理；以及瓦伊纳（Viner） - 李嘉图模型。"[2] 他对贸易理论的贡献既富有创造性又非常基本，他的模型容易驾驭，所研究的既来自文献也来自实际，他的文章仍然能够继续使读者受益，继续为人传诵。[3] 萨缪尔森对要素价格均等化定理的证明体现了他对模型和数字的驾驭能力以及将文献与实际相结合的研究特点。

萨缪尔森在1948年发表的《国际贸易和要素价格均等》（International trade and the Equaliszation of Factor Prices）中首先主要针对俄林1933年发表的《地区间贸易和国际贸易》中的相关思想进行了批判性的分析。萨缪尔森认为俄林在论述要素价格均等化不能完全实现过程中不断使用"明显地"、"当然"、"显然地"和"事实上"等类似的词语，似乎表明其下意识中对该定理的正确性存在一些担心。[4] 在文章中，萨缪尔森大胆地陈述了他的观点，即俄林所强调的要素价格均等化是不可能实现的论断是错误的，他认为"要素价格均等化不仅是可能的，而且在非常宽泛和多样的环境下都是必然的，理由

① 斯坦利·费希尔：《萨缪尔森，保罗·安东尼》转引自约翰·伊特韦尔等编：《新帕尔格雷夫经济学大辞典》，北京：经济科学出版社，1996年第四卷，第251页。

② 同上书，第252页。

③ 同上。

④ Paul A. Samuelson, "International trade and the Equalisation of Factor Prices," *The Economic Journal*, Vol. 58, No. 230, 1948, pp. 183～184.

是：（1）只要存在部分的专业化，每个国家都生产彼此优势产品，通过自由贸易，绝对的和相对的要素价格都将会均等。（2）除非初始要素禀赋非常不均衡，否则商品移动总将会是要素移动的最佳替代。（3）不管初始要素禀赋，即使要素是可移动的，他们将在最坏的情况下，只能移动到一定程度，在那以后，商品移动将会足够满足全部价格的均等。（4）到了商品移动可以有效的替代要素的移动的程度时，在一定意义上，世界生产力将处于最佳水平；但是同时，一个国家所流入的劳动的实际回报和另一个国家的土地的实际回报（包括相对的和绝对的回报）将必然地比自给自足情况下更低。"[1]

萨缪尔森在 2×2×2 模型中对（1）和（2）命题进行了论证，他首先运用经济学中的生产可能性曲线（production-possibility curves）、埃奇沃思盒形图（the Edgeworth box diagram）等工具推导出如下公式[2]，直观地展示了"无论在哪，只要它们的斜率（或边际成本比率）相等，国内要素价格比率也必定相等。"[3] 然后萨缪尔森用简单的算术方法证明了在没有完全专业化且技术水平相同的情况下，自由贸易将会必然使各国同一生产要素的收益水平均等化。

$$\frac{price\ of\ good}{price\ of\ clothing} = \left(\frac{m \arg inal \cos t\ of\ food}{m \arg inal \cos t\ of\ clothing}\right)_{America} = \left(\frac{m \arg inal \cos t\ of\ food}{m \arg inal \cos t\ of\ clothing}\right)_{Europe}$$
$$= absolute\ slope\ at\ D = absolute\ slop\ at\ b.$$

萨缪尔森假定 2×2×2 模型中的两个国家分别为美洲和欧洲，两种商品分别为食品和服装，两种要素分别为劳动和土地。服装为劳动密集型产品，食品为土地密集型产品，欧洲的劳动要素相对丰裕，美洲的土地要素相对丰裕，每个国家均生产食品和服装。公式中 D 和 b 分别为贸易后食品和服装的生产可能性曲线上的点且两点斜率相同。

第二年萨缪尔森发表了《国际要素价格均等化再论》（International factor-price Equalisation Once Again）一文，在文章中他运用图形和数学方法对要素价格均等化定理作出了更深入的剖析，再一次验证了定理的正确性。在这篇文章中，他为要素价格均等化定理列出了全面的假设条件："（1）两个国家：美洲和欧洲。（2）这两个国家生产两种商品：食品和服装。（3）每种商品均由劳动和土地两种要素生产而得。每种商品的生产函数为规模收益不变，即在数

① Paul A. Samuelson, "International trade and the Equalisation of Factor Prices," *The Economic Journal*, Vol. 58, No. 230, 1948, pp. 183~184.

② 同上。

③ 同上。

学上为一阶齐次函数且服从于欧拉定理。（4）符合边际产出递减规律。（5）食品为土地密集型产品，服装为劳动密集型产品。（6）土地和劳动均被假定为在两个国家中有质量上相同的投入，技术生产函数被假定为在两个国家中相同。（7）没有关税和运输成本，所有商品完全自由地在国际贸易中移动，竞争的有效性使食品和服装的市场价格比率相等。没有要素可以在国家间移动。（8）每个国家向着他们具有比较有势的商品的专业化生产方向发展，但是不能达到对某一种商品的完全专业化生产。""在这些情况下，两个国家真实的要素价格一定相等。"①

第四节　要素禀赋理论的历史地位

赫克歇尔和俄林师生二人创立的要素禀赋理论凝结了他们的智慧，反映了时代的要求，开创了新古典贸易理论时代，对解释国际贸易客观现实具有较强的说服力。赫克歇尔的思想源泉和俄林的综合分析使要素禀赋理论对国际贸易客观现实具有强大的解释力，而萨缪尔森等人的补充完善更使该理论具有旺盛的生命力。

要素禀赋理论在整个贸易学说史中占有重要地位，其重要作用体现在：（1）在比较利益范畴内对国际贸易产生的原因进行了更深入的探讨，将要素禀赋与国际贸易联系起来，更好地解释了一国在贸易中比较成本差异产生的原因，这是对古典贸易理论的重大创新。（2）放弃了古典贸易理论中单一的劳动生产要素的限制，将土地、资本等其他生产要素引进模型中，更加符合国际贸易的客观现实。（3）将相互依赖理论和一般均衡理论引入国际贸易理论分析中，丰富了国际贸易理论的分析方法。（4）将各国技术水平假设为相同程度，一定程度上附和了当时资本主义国家的实际情况，同时也将李嘉图的比较利益理论变成要素禀赋理论中的一个特例。（5）在分析国际贸易问题时引入了货币因素。（6）主张自由贸易（这也受到了两位学者祖国的实际情况影响，因为瑞典是一个非常依赖国际贸易的国家）。

要素禀赋理论在国际贸易学说史中的重要地位无庸置疑，但这并不代表该理论无懈可击。随着时代的推移和研究工具的发展，任何理论都经历着新生代

① Paul A. Samuelson, "International trade and the Equalisation of Factor Prices," *The Economic Journal*, Vol. 58, No. 230, 1948, pp. 163~184.

的检验，并将在后来人的严格审视下显露出斑斑瑕疵。要素禀赋理论的不足之处多与它的假设条件有关，例如要素禀赋理论假定各国需求偏好相同，技术水平相同，商品具有"强要素密集度"① 等，但这些假设条件与国际贸易的现实是不相符的。例如，东南亚的许多国家有喜食大米的偏好，因此其特别的需求偏好会影响这些国家大米的进出口贸易；技术水平的国际差异是明显存在的，不仅发达国家、发展中国家和不发达国家之间存在明显的技术差异，即便是发达国家间也存在着生产技术水平上的不同；而商品要素密集度逆转的现象更在20 世纪 50 年代以里昂惕夫为代表学者的研究中被证明。但是，也有学者坚定的认为"赫克歇尔－俄林模型最真实的特性之一是：作为核心观点基础的严格假设，能够以大量的方式不断扩展，从而丰富整个模型。"② 此外，由于时代的局限性，完善的数学分析方法和经济学分析方法在要素禀赋理论中运用得较少，所以他们的理论必然存在一些方法论上的不足，这是必然的也是可以理解的，更何况一本书中曾说过："'经济学'在本质上是研究市场中人的学问，而人有着与生俱来不可预测的奇怪天性，就像爱无法简单用一堆数字来解释，经济同样是这样。"③

要素禀赋理论通过俄林的《地区间贸易及国际贸易》一书被迅速传播到众多国家，在国际经济学界引发了巨大的轰动，埃尔斯沃思（P. Ellsworth）将 H－O 理论模型收录进其国际经济学教课书第一版中，使该理论成为大学教材的一部分，"每个人都知道，当一种思想写进这种书籍中以后，……，它几乎会变成不朽的"。④ 要素禀赋理论的提出宣告了新古典贸易理论时代的到来，随之而来的是众多学者对要素禀赋理论的发展、检验和创新，其中成果突出的是斯托尔珀、萨缪尔森和里昂惕夫等人的研究。

---

① 强要素密集度是指"无论任一国家中工资与资本的相对价格如何，X 行业中最优的资本对劳动率总是固定地大于或者小于 Y 行业。"杨小凯、张永生：《新贸易理论、比较利益理论及其经验研究的新成果：文献综述》，经济学，2001 年，第 20 页。

② 罗纳德 W. 琼斯：《针对新世纪的赫克歇尔－俄林模型》，转引自芬得雷等编著，田肇褰等译：《百年俄林》，北京：机械工业出版社，2006 年，第 191 页。

③ 约翰·S·戈登著，祁斌译：《伟大的博弈》，北京：中信出版社，2005 年，第 217 页。

④ 萨缪尔森、诺德豪斯：《经济学》，北京：中国发展出版社，1992 年，第 2 页。

第七章

要素禀赋理论的发展

第一节 斯托尔珀－萨缪尔森定理

要素禀赋理论提出后，许多经济学家在此基础上进行了有益的探索，其中同为"创新大师"熊彼特学生的美国经济学家沃尔夫纲·斯托尔珀（Wolfgang Stolper）和保罗·萨缪尔森（Paul Samuelson）第一次在两种商品和两种要素的一般均衡模型框架下对赫－俄理论作出了具体的发展，他们的研究成果体现在二人于1941年合著的文章《保护主义与实际工资》（Protection and Real Wages）中，其核心思想被归称为斯托尔珀－萨缪尔森定理（Stolper- Samuelson Theorem，即 S－S 定理）。

在斯托尔珀和萨缪尔森这篇文章发表之前，很多学者都讨论过国际贸易对国内生产者报酬的影响问题，更多的人强调了这种影响的可能性或是给出了种种假设条件，但斯托尔珀和萨缪尔森证明了这种影响是必然存在的。二人撰写"这篇文章的目的是展示关于国际贸易对相关生产代理报酬——更重要的是对它们绝对实际收益——的作用的论断是可能的。"[1] 文章首先从赫－俄理论中得出推论，认为贸易会对要素的相对比例产生影响，即"假设全部生产要素是固定不变的，从赫－俄定理中可以得出：贸易的介入一定会降低稀缺生产要素实际或货币的国内收入相对份额。……按通常的思考，如果劳动在美国经济中是相对稀缺的要素，较其他生产要素所有者而言，贸易将必定降低劳动阶层的相对位置。"[2]

---

[1] Wolfgang F. Stolper, Paul A. Samuelson. "Protection and real wages," *The Review of Economic Studies*, Vol. 9, No. 1, 1941, pp. 58～73.

[2] 同上。

为了证明文章所提出的论断，作者设定了一系列假设条件：文中假设存在两个国家，两种商品小麦（A）和手表（B），两种生产要素劳动（L）和资本（C），每种商品的生产函数在两个国家都是相同的。其中小麦为资本密集型产品，手表为劳动密集型产品。那么由于资本在小麦生产过程中是相对重要的生产要素，所以资本的报酬是相对较高的。同理，由于劳动在手表生产过程中是相对重要的生产要素，所以劳动的报酬在这个行业中是相对较高的。La 为商品 A 生产中所使用的劳动数量，Lb 为商品 B 生产中所使用的劳动数量，Ca 为商品 A 生产中所使用的资本数量，Cb 为商品 B 生产中所使用的资本数量，L 为商品 A 和 B 生产中所使用的劳动总数量，C 为商品 A 和 B 生产中所使用的资本总数量，因此我们可以得到等式：$\begin{aligned} La + Lb &= L \\ Ca + Cb &= C \end{aligned}$。此外，"我们将小麦和手表价格的比率定为 Pa/Pb"①，那么"国际贸易对实际工资的影响就可以通过变化 Pa/Pb（两种商品的价格比率）的数学方法得到确定，并观察到工资良好行业的劳动边际自然生产力（marginal physical productivity）是如何被影响的。"② 我们可以通过贸易前后 Pa/Pb 值的变化了解贸易对商品价格的影响，进而分析出贸易对相对生产要素份额的影响，从而得出这些生产要素报酬的变动情况。"由于存在比较优势，国际贸易的介入会改变产品的生产方向。"③ 也就是说，比较优势会使一个国家生产更多它具有充裕的要素禀赋的产品，在满足国内需求的同时也将这种商品出口到其他国家。这种生产上的改变必然会引发相关生产要素在产业间的分配，大量的生产要素向出口产业转移，其结果会使得不同行业的产品价格和要素报酬发生变化。

在作好以上铺垫后，文章通过图表和数学分析方法对所述论断进行了证明。通过一个改进的埃奇沃思盒形图，我们可以看到斯托尔珀和萨缪尔森解释贸易与工资等生产要素报酬之间关系的变化过程。图 7.1 中，水平的上下两个横轴分别代表在手表和小麦生产中资本要素的使用量，垂直的左右两个纵轴分别代表在小麦和手表生产中劳动要素的使用量。左下角和右上角分别为测量小麦与手表生产过程中劳动与资本要素使用情况的原点。盒型图中向左下角原点凸起的一组相同形状的曲线代表了小麦的等产量曲线，而向右上角原点凸起的

---

① Wolfgang F. Stolper, Paul A. Samuelson. "Protection and real wages," *The Review of Economic Studies*, Vol. 9, No. 1, 1941, pp. 58~73.

② 同上。

③ 同上。

一组相同形状的曲线则代表了手表的等产量曲线。两组曲线相的切点代表了生产两种商品的资源最佳配置状态，这些点的轨迹连在一起便是所谓的契约曲线。①

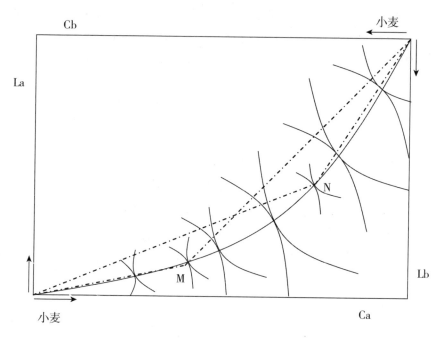

图 7.1　国际贸易对国内生产者报酬的影响情况

（斯托尔珀－萨缪尔森定理的分析过程）

资料来源：Wolfgang F. Stolper, Paul A. Samuelson. "Protection and real wages," *The Review of Economic Studies*, Vol. 9, No. 1, 1941, pp. 58～73.

"契约曲线中的 M 点和 N 点对应贸易前和贸易后的情况。现在可以形象地表明以下这个有些荒谬的论断的真实性：即使全部资本与全部劳动的比例在两条线上都保持不变，然而引入贸易将降低每条线上资本对劳动的比例，而禁止贸易，比如通过关税，一定会增加每个产业中资本对劳动的比例。"② 与之相

---

　　① "在两种产出具有相同生产函数的假设下，契约曲线一定显示出图中所示的形状"，转引自 Wolfgang F. Stolper, Paul A. Samuelson. "Protection and real wages," *The Review of Economic Studies*, Vol. 9, No. 1, 1941, pp. 58～73.

　　② Wolfgang F. Stolper, Paul A. Samuelson. "Protection and real wages," *The Review of Economic Studies*, Vol. 9, No. 1, 1941, pp. 58～73.

对应的数学语言为：$\dfrac{LaCa}{L\ La} + \dfrac{LbCa}{L\ Lb} = \dfrac{C}{L}$。通过这个恒等式我们可以看到一种比例关系，"废除贸易会提高每条线上资本对劳动的比例，但是，与此同时，通过比较优势的反向运动原则将自动的给那些使用较小的资本对劳动比例的产业增加更大的比重。……那么，不管消费者的商品价格有任何变动，每种商品下的实际工资一定增加。"① 因此，文章通过以上假设及证明得出"稀缺要素绝对会受到损害"的结论。在此之前，大家所接受的观点是贸易可能会使相关要素份额受到影响，对于这种可能性大家已经确信无疑，但是斯托尔珀和萨缪尔森的研究证明了贸易一定会使相对稀缺的要素受到损害的必然性。在得到以上结论后，两位作者对他们的分析方法在更多的商品和要素以及完全专业化的情况下的有效性等内容进行了探讨。

斯托尔珀和萨缪尔森在这篇文章的一个重要贡献是"通过将产出价格与均衡要素报酬相挂钩，从而填补了一般均衡模型的一个重要空白。他们的基本观点和 H－O 理论中的关键要素已经成为每一个国际经济学家和每一本国际贸易教科书的知识工具包中的一个重要组成部分。"② 但是在国际贸易实践中，斯托尔珀－萨缪尔森定理还是不免被用来支持保护关税，虽然在他们文章的最后一段里写到："我们非常希望指出，即使在两种要素的情况下，我们的论点也没有为保护主义提供任何政治弹药。因为，如果可以忽视贸易条件的作用，那么自由贸易对一种要素所造成的损害一定比其他要素所获利的收益小，因此，它始终是可能的，通过补助或其他再分配的形式向受损害的要素行贿以便让所有要素都受益于贸易。"③

斯托尔珀和萨缪尔森在 1941 年发表的这篇文章如同开路的机车在国际贸易理论领域开辟了一条新的道路，许多学者在他们的启发下展开了关于自由贸易社会福利问题的争论，或是沿着他们的足迹探讨多产品、多要素和多国家的分析框架。其中最具代表性的是罗纳德·琼斯（Ronald W. Jones）在 1965 年发表的《简单一般均衡模型的结构》（The Structure of Simple General Equilibri-

① Wolfgang F. Stolper, Paul A. Samuelson. "Protection and real wages," *The Review of Economic Studies*, Vol. 9, No. 1, 1941, pp. 58～73.

② Rachel McCulloch, *Protection and Real Wages：The Stolper-Samuelson Theorem, Samuelsonian Economics and the 21st Century*, Apr, 2005, pp. 11.

③ 杨小凯、张永生：《新贸易理论、比较利益理论及其经验研究的新成果：文献综述》，《经济学》，2001 年，第 21 页。

um Models），该文章对斯托尔珀－萨缪尔森定理进行了论述和发展，并提出"一种商品相对价格的上升将伴随着该商品生产过程中所密集使用的要素的均衡报酬增加的放大和另一种要素实际报酬降低的放大。"① 这种放大效应也被称做琼斯的扩大效应，使得 S－S 定理具有更加广泛的适用性。

第二节　罗布津斯基定理

罗布津斯基（T. M. Rybczynski，1923～1988）是一位波兰裔的英国经济学家，他在 1955 年发表的题为《要素禀赋与相对商品价格》（Factor Endowment and Relative Commodity Prices）的文章中对要素禀赋理论作了进一步深化。罗布津斯基在斯托尔珀和萨缪尔森的研究基础上建立了要素禀赋与商品产出之间的关系，用以揭示"一种生产要素量的增加对生产、消费和贸易条件的作用"②。

罗布津斯基所设定的假设条件大体符合要素禀赋理论的基本假设：在一个封闭的经济体中存在两种商品 L 和 K，两种要素 X 和 Y，其中 L 为 Y 要素密集型商品，K 为 X 要素密集型商品，且不发生要素密集度逆转。利用斯托尔珀－萨缪尔森定理论证中所使用的盒型图，罗布津斯基开始了他的论证工作。图 7.2 的右侧部分 ABCD 中的契约曲线 AC 为资源最佳配置状态下两种商品的产出情况，其中 S 点为均衡点。如果生产要素 X 有所增加，如从 AB 增加到 A′B，那么就会出现一个新的盒型图 A′BCD′。由于盒型图的变化，使得原本从 A 点出发的 L 商品的等产量线变为从 A′点出发，那么基于基本假设之上的一系列推断③可得到新的均衡点为 P 点。通过变化前后的两个盒型图 ABCD 和 A′BCD′，我们可以比较出"因为 A′P 的长度一定比 AS 长度短，所以在 P 点的密集使用要素 Y 的商品的生产一定低于 S 点。实事上，CP 比 CS 长也显示了密集使用要素 X 的商品的生产的扩张。这证明了在一种生产要素量增加后，如果维持同样的生产替代率，那么一定会导致使用相对更多这种生产要素的商品

①　Rachel McCulloch, Protection and Real Wages: The Stolper-Samuelson Theorem, Samuelsonian Economics and the 21st Century, Apr, 2005, pp. 7.

②　Rybczynski. T. M. , "Factor Endowment and Relative Commodity Prices," Economica, New Series, Vol. 22, No. 88, 1955, pp. 336～341.

③　推理过程参见 Rybczynski. T. M. , "Factor Endowment and Relative Commodity Prices," Economica, New Series, Vol. 22, No. 88, 1955, pp. 336～341.

产量的绝对扩张，以及使用相对较少同种生产要素的商品产量的绝对缩减。"①
这就是罗布津斯基定理的基本要义。

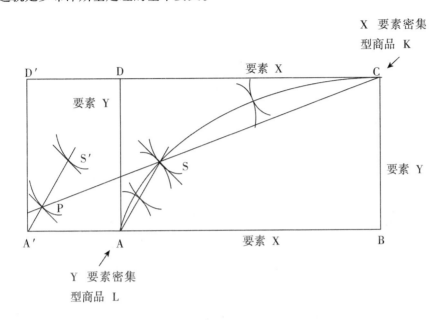

图7.2　要素禀赋与商品产出关系 I

资料来源：Rybczynski. T. M., "Factor Endowment and Relative Commodity Prices," Economica, New Series, Vol. 22, No. 88, 1955, pp. 336~341.

为了给出全面的论证过程，罗布津斯基还通过生产可能性曲线的变动情况进一步证明了上面的论述。如图7.3所示，水平坐标轴代表 X 要素密集型商品 K，垂直坐标轴代表 Y 要素密集型商品 L，SM 为两种商品的生产可能性曲线。假设生产要素 X 的量增加后，新的生产可能性曲线将移动到 ZN 的位置，即 ZN 曲线为一种生产要素增加后新的生产可能性曲线。由上面得到的命题结论，即"当要素 X 增加后，维持同样的生产替代率，将使得 X 要素密集型商品产出的绝对增加和 Y 要素密集型商品产出的绝对减少，"那么原 SM 曲线上的均衡点 R 将在新的 ZN 曲线上移动到 R′的位置。

①　Rybczynski. T. M., "Factor Endowment and Relative Commodity Prices," Economica, New Series, Vol. 22, No. 88, 1955, pp. 336~341.

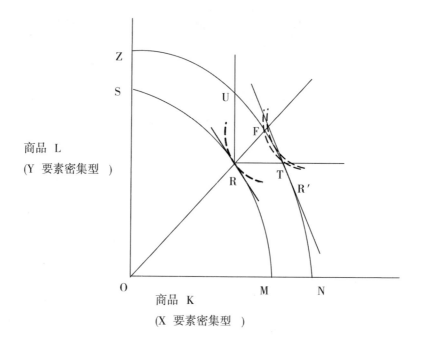

图7.3 要素禀赋与商品产出关系 Ⅱ

资料来源：Rybczynski. T. M. , "Factor Endowment and Relative Commodity Prices," Economica, New Series, Vol. 22, No. 88, 1955, pp. 336~341.

　　"我们假定排除低档品。随着收入的增加，两种商品一定会被更多的消费掉。这就意味着对于任何通过 R 点的无差异曲线而言，R 点处的斜率一定会在 URT 区域内的更高的无差异曲线上找到。"① 在 OR 延长线与 ZN 曲线的交点 F 和 R′点之间一定存在一点，"该点的生产可能性曲线和无差异曲线的倾斜度一定比 R 点的更平坦。这意味着较 Y 要素密集型商品比较而言，X 要素密集型商品的贸易条件恶化了，这证明了相对更多地使用那种增长了的生产要素的商品的贸易条件一定会恶化的命题。"② 即便是考虑需求的情况下，"消费的

---

　　① Rybczynski. T. M. , "Factor Endowment and Relative Commodity Prices," Economica, New Series, Vol. 22, No. 88, 1955, pp. 336~341.
　　② 同上。

边际倾向影响的是恶化的程度"①，命题本身的成立性不会受到改变。从这一命题中我们可以得到一个简单的推论，即"当一种要素存量扩张时，它必须被密集使用该要素的商品生产过程所吸收。但若技术不变（因已假设价格不变），则生产扩张的部门也一定产生对非扩张生产要素的追加需求。而供给这一要素的惟一办法只能是另一产业的被迫萎缩。"②

第三节　特定要素模型

特定要素模型（The specific factors model，SF）最初是由雅各布·维纳（Jacob Viner）在 1931 所发表的名为《成本曲线与供给曲线》（Cost Curves and Supply Curves）的文章中提出的。由于它是一种变化了的李嘉图模型，因此该模型也被称做李嘉图—维纳模型（Ricardo-Viner）。20 世纪 30 年代里俄林（1933）、哈伯勒（Haberler，1936）、哈罗德（Harrod，1939）和维纳（1939）等学者都曾在各自的著作中运用到了特定要素模型。但是，由于 H-O 模型的出现和倍受推崇，使得特定要素模型在 20 世纪 40~60 年代受到了冷落。1971年，来自萨缪尔森（1971a，1971b）和琼斯（Ronald Jones，1971）富有影响力的文章以一般均衡的分析方法将李嘉图—维纳模型数学模型化，使这一理论重新焕发出了光芒。此后穆萨（Michael Mussa，1974，1978）和南瑞（Neary，1978）对特定要素模型又进行了深化，使其成为 H-O 模型的短期形式，并以简洁的图形阐明了这一模型的主要结论。

与要素禀赋理论相比，特定要素模型仅在讨论中增加了一种生产要素，并对不同要素的流动性进行了规定。因此特定要素模型可以视为一个简单的 2×2×3 模型，即两个国家、两种商品和三种生产要素。在三种生产要素中，有两种生产要素分别是两种商品部门的专用要素（specific factor），例如土地和资本（琼斯，1971），它们不可以在不同部门间自由流动，因此也称为固定（或不可流动）要素。而另外一种生产要素是在两个商品部门中都可以通用的要素，因其具有完全的流动性也被称为流动要素（mobile factor），通常将劳动视为流动的生产要素。无论是专用生产要素还是流动生产要素，它们都具有固

---

① Rybczynski. T. M. , "Factor Endowment and Relative Commodity Prices," Economica, New Series, Vol. 22, No. 88, 1955, pp. 336~341.

② 罗纳德·W·琼斯：《赫克歇尔—俄林贸易理论》，转引自约翰·伊特韦尔等编：《新帕尔格雷夫经济学大辞典》，北京：经济科学出版社，1996 年第 2 卷，第 670 页。

定的要素禀赋。从穆萨（1974）引入的图形（如图7.4）我们可以形象地了解到特定要素模型的主要思想。

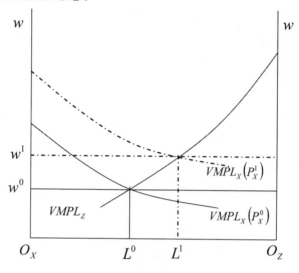

图7.4 均衡工资率与劳动力分配

资料来源：Michael Mussa，"Tariffs and the Distribution of Income：The Importance of Factor Specificity, Substitutability, and Intensity in the Short and Long Run," *The Journal of Political Economy*, Vol. 82, No. 6, 1974, pp. 1191~1203.

根据穆萨（1974）的假设，生产商品 X 和商品 Z 所使用的劳动分别以 L_X 和 L_Z 表示，且在两种商品生产所使用的全部劳动等于固定的综合劳动供给量，即 $L_X + L_Z = L$。给定商品 X 的一个初始价格 P_X^0，那么劳动力分布、工资率水平和两种固定要素 X 与 Z 的收入可以通过图 7.4 获得。在图 7.4 中，横轴 $O_X O_Z$ 代表经济中流动生产要素——劳动的总量，纵轴表示工资率。商品 X 的劳动边际产品价值由 $VMPL_X$（P_X^0）来表示，商品 Z 的劳动边际产品价值由 $VMPL_Z$ 来表示。从 O_X 向右移动可以测得 L_X 的值，从 O_Z 向左移动可以测得 L_Z 的值。由于劳动是可以在两种商品生产部门中完全流动的生产要素，必然存在单一的工资水平，因此可以推出 $VMPL_X$（P_X^0）与 $VMPL_Z$ 的交点（L^0，w^0）为最初的均衡值。A 点的高度刻画了均衡时的工资率 w^0，其在横轴上的映射点与 O_X 和 O_Z 的距离确定了均衡状态下劳动在两种商品生产部门中的配置情况。由于确定了均衡工资率的值，其他经济变量则可以相应得以求解。

假设商品 X 价格从 P_X^0 提高到 P_X^1，那么曲线 $VMPL_X$ 也会同比例的向上移动。若两种商品生产部门中雇佣的劳动人数不变，则商品 X 部门的工资将从 w^0 点水平逐渐上涨。期间，由于劳动属于流动要素，商品 X 部门工资的上升将吸引一部分劳动力从商品 Z 部门转移而来，从而使商品 X 部门的工资并没有同比例的上涨到 $(L^0, VMPL_X(P_X^1))$ 点的水平，而是最终在 (L^1, w^1) 点达到新的均衡。在新的均衡状态下，商品 Z 部门的工资水平也有所上升，这是因为该部门不得不提高工资以防止劳动力向其他部门流失。由于资本是固定要素，而劳动从商品部门 Z 向商品部门 X 重新分配，使得商品部门 X 内的资本－劳动比率下降，而在商品部门 Z 的该比率则上升。这意味着商品部门 X 的资本的边际产品上升而部门 Z 的则下降。由于商品部门 X 的价格上升，意味着商品部门 X 内用两种商品表示的真实租金率上升，而商品部门 Z 的则下降。总而言之，在特定要素模型中，要素价格的增加提高了该部门专用要素的真实报酬，降低了其他专用要素的真实报酬，而对于流动要素的真实报酬则产生模糊性（ambiguity）的影响。

即使是在严格的假设条件基础上，特定要素模型在政治经济领域中的重要作用是显而易见的。例如在一国选举中，选民在选举之前所面临的首要问题是是否要征收关税。那么进口竞争部门的特定要素集团将大力支持征收关税，而其他特定要素集团将强烈反对。但是以工资作为收入形式的选民会有什么样的意见呢？保护固然可以提高名义工资率，但也会增加生活成本。因此，由于选举的结果并不会对他们的实际收入有多大程度的影响，这可能使许多选民更愿意在选举日留在家里（特别是在天气恶劣的情况下）。这一结果也有助于解释为什么在诸如美国等国家的选举时投票率低的原因。

琼斯（2000，2003）还将特定要素模型进行了扩展，将原本讨论的两种商品和三种要素的模型扩展到四种商品和五种要素的复杂情况中。但是由于使用了两阶段的过程分析方法，使得这种多种商品和多个生产要素的深化模型变得容易理解。琼斯认为，如果"在一个模型中将所有要素都设定为具有部分的流动性必然会使其特别复杂"，而"依据所有理论家的公认，建造模型的简单性是一种巨大的美德，除非它会消除掉大家所关注的许多重要特性。"[1] 因此，当后人在学习特定要素模型时，他保留了对要素流动性不对称的严格假

① Ronald W. Jones, "The Specific-Factors Model," forthcoming, *The Princeton Encyclopedia of the World Economy*.

设，并以一种简单的一般均衡模型形式呈现在我们眼前。

第四节　里昂惕夫悖论

一、里昂惕夫的生平和著作及研究方法

（一）里昂惕夫的生平和著作

瓦西里·里昂惕夫（Wassily Leontief，1906～1999）是俄裔美国经济学家，他的青少年时期在俄国度过，19 岁时即获得了列宁格勒大学"优秀经济学家"的称号。当年里昂惕夫就前往德国柏林大学进行深造，并于 1928 年获得该校哲学博士学位。三年后他来到美国，正式开始了对投入－产出分析方法的研究，并因此度过了荣誉和辉煌的一生。在美期间，里昂惕夫在哈佛大学任职 44 年，期间他不仅当选过美国经济协会会长，而且于 1973 年获得了诺贝尔经济学奖。1975 年，里昂惕夫接受了纽约大学的职位，并在不久之后担任该校经济分析学院院长。里昂惕夫非常重视培养下一代学者，他为有前途的年轻学者提供了良好的工作环境并热心参与下一代学者的讨论，在他的学生中就有两位诺贝尔经济学奖获得者：保罗·萨缪尔森和罗伯特·索洛。

里昂惕夫始终坚信"如果经济概念不能为人们所观察和量度，它们就毫无意义，而且会使人误入歧途。"[①] 因此，里昂惕夫总是凭借自身过人的数学基础和几何推理能力将各种经济思想和事实标准化、度量化，并展现于他的著作中，如《美国经济系统中投入和产出的数量关系》（Quantitative Input and Output Relations in the Economic Systems of the United States，1936）、《价格、产出、储蓄和投资间的相互关系》（Interrelation of Prices，Output，Savings，and Investment，1937）、《投入产出经济学》（Input-Output Economics，1966），《经济学论文集：理论与推理》（Essays in Economics，1966）、《经济学论文集：理论、事实与政策》（Essays in Economics Ⅱ，1977）和《世界经济和未来》（The Future of the World Economy，1977）。在其大量研究成果中，对投入－产出分析方法的发明、发展和应用是对世界经济学界的巨大贡献，他也因此获得了诺贝尔经济学奖。在国际贸易学说史的长河中，里昂惕夫的研究如同投入水中的一颗石子引起阵阵涟漪，在经济学界引发了对赫－俄理论热烈而持久的讨

---

① Ｒ·多尔夫曼：《里昂惕夫·瓦西里》，转引自约翰·伊特韦尔等编：《新帕尔格雷夫经济学大辞典》，北京：经济科学出版社，1996 年第三卷，第 178 页。

论并产生了非常丰富的研究成果。

（二）里昂惕夫的研究方法

里昂惕夫所使用的研究方法是他多年研究而得的投入－产出分析方法。这种分析方法"实质上是利用我们经济各部门之间商品和服务流量的相对稳定形态，把整个体系详尽的统计事实置于经济理论控制的范围之内。"① 该方法的纯理论研究早在 18 世纪的经济研究中就已经出现，一些数学家在 19 世纪后期也对其进行了富有成效的探索。而在里昂惕夫正式研究投入－产出分析方法之前，已经有两位学者布雷（H. E. Bray）和雷马克（R. Remak）发现了同样的方程，② 但由于当时影响甚小，所以很少有人知道这一成果。里昂惕夫在最初计算机功用甚微（只能勉强做乘法运算）的几年里，设计了包括 2000 个系数和 44 个联立方程在内的系统。此后，随着方程设计与计算工作得到合理解决，里昂惕夫的研究成果很快被应用到经济计划的制定中去，为世界各国制定经济计划提供了重要工具，他艰苦的研究也真正将投入－产出分析方法成熟地应用于理论和实践的研究之中。

里昂惕夫创造的投入－产出分析方法主要受到了瓦尔拉和马克思研究成果的影响，他分别从前者的一般均衡理论和后者的经济部类思想中获得启发，从而设计出了具有创新意义的投入－产出分析表。里昂惕夫的这种分析方法主要包括三个步骤：首先，按复式编制方法③根据实体经济所分部门数绘制投入－产出表；其次，根据表中数据计算投入系数④；第三，对上述方程体系求解。在此方法基础上，里昂惕夫在 1953 年发表的《国内生产和对外贸易：美国资本地位再审查》（Domestic Production and Foreign Trade：The American Capital

① 瓦西里·里昂惕夫著，崔书香等译：《投入产出经济学》，北京：中国统计出版社，1990 年，第 2 页。

② R·多尔夫曼：《里昂惕夫·瓦西里》，转引自约翰·伊特韦尔等编：《新帕尔格雷夫经济学大辞典》，北京：经济科学出版社，1996 年第三卷，第 178 页。

③ 在投入产出表中，"横行的数字表示各经济部门如何把它的产出分配到其他部门，而纵列则表明各个部门又是如何从其他部门取得它所需要的货物和服务的投入。因为横行中的每个数字也是纵列中的一个数字，所以各部门的产出同时表现为其他一些部门的投入。因此，投入表的这种复式编制方法，揭示了我们经济产构造是由贸易流量交织而成的，而这种贸易流量最终又把各个领域和部门同所有其他领域和部门连接在一起了。"转引自瓦西里·里昂惕夫著，崔书香等译：《投入产出经济学》，北京：中国统计出版社，1990 年，第 3 页。

④ "投入系数就是一个部门平均生产一单位产出所需作为中间消耗而投入的另一部门（包括本部门）的产品数额。"转引自瓦西里·里昂惕夫著，崔书香等译：《投入产出经济学》，中国统计出版社 1990 年第 1 版，第 3 页。

Position Re-Examined）一文中证明"美国参与国际分工是以劳动集约度高而不是以资本集约度高的生产专门化为基础的。"①这说明里昂惕夫的研究推翻了人们的惯有思维，即"同世界其他国家比较，美国经济的特点是资本的相对过剩和劳力的相对不足。"②

二、里昂惕夫悖论的提出与检验

（一）里昂惕夫悖论的提出

里昂惕夫在1953年发表的文章《国内生产和对外贸易：美国资本地位再审查》中发现："平均价值100万美元的国内出口品，与用来转换相同数额竞争性进口品的国内产品相比，出口品含有较少的资本和稍多的劳力。……这个国家进行对外贸易是为了节约它的资本并解决它的过剩劳力问题，而不是相反。"③ 这一震撼性结论是通过如下分析得出的：

在里昂惕夫所处的时代，李嘉图的比较利益理论受到了广泛的认可，在此基础上发展起来的要素禀赋理论也具备良好的理论逻辑。然而在里昂惕夫看来，这些理论"虽然在大学教科书中风行一时，但实际上并没有指导经济的经验分析工作。"④ 也就是说比较利益理论和要素禀赋理论"并没有什么详细的事实和数字作为具体根据。"⑤ 为了给以上理论提供数据支持，并证明人们普遍所认为的美国"在生产那些需要较多资本和较少劳动的商品方面拥有相对优势"的观点，里昂惕夫利用美国1947年数据进行了投入产出的计算。

里昂惕夫利用政府和私人机构共同研究课题中的统计数据编制了投入产出表。"在基本投入产出表中，部门的分类越细，最终结果就会越为详尽。为了计算便利和醒目起见，……分析中把原来分作200个部门的经济按照它的某些阶段合并为50个部门。"⑥ 为了探讨美国是否如人们所认为的是一个出口资本密集型产品而非进口劳动密集型产品的国家，里昂惕夫假设美国通过减少进出口各100万美元来降低对他国的依赖，那么"为了置换价值100万美元的进口品，就需要相应提高美国工业部门的产出。……这种以国内生产置换进口品的

---

① 瓦西里·里昂惕夫著，崔书香等译：《投入产出经济学》，北京：中国统计出版社1990年第1版，第93页。

② 同上。

③ 同上。

④ 同上。

⑤ 同上。

⑥ 同上。

作法意味着要增加资本和劳力的直接和间接需要量。"① 经过一个简单的换算里昂惕夫得到了一组重要的数字，如表 7.1 所示。

表 7.1 每百万美元的美国出口品和相对进口替代品
（按 1947 年平均构成）对国内资本和劳动的需要量

	出口品	进口替代品
资本（美元）	2 550 780	3 091 339
劳动力（人年）	182. 313	170. 004

资料来源：Wassily Leontief, "Domestic Production and Foreign Trade：The American Capital Position Re-Examined," Proceedings of the American Philosophical Society, Vol. 97, No. 4, 1953, pp. 332~349.

"这些数字表明，平均价值 100 万美元的国内出口品，与用来转换相同数额竞争性进口品的国内产品相比，出口品含有较少的资本和稍多的劳力。"② 这一结论的得出与他的初衷完全相悖，数据检验并没有证明美国出口品中资本较为密集，反而证明了"根据国内外相对的生产可能性来说，美国在人力上是充裕的，在资本上是贫乏的。这个国家借助于对外贸易来节约其资本，并处理它的相对过剩的劳力。"③ 这样的悖论足以震惊里昂惕夫本人和其他所有的学者，包括里昂惕夫在内的一些学者怀疑这一结论的得出可能与战后经济非正常状态有关。所以在 1956 年发表的《要素比例和美国贸易的结构：进一步的理论和经验分析》一文里，里昂惕夫利用 1947~1951 年数据做了同样的投入产出分析，得出的结论与此前的分析完全一致。

（二）里昂惕夫悖论的广泛检验

里昂惕夫悖论的出现引发了学术界的广泛检验，这种检验包括两个层面：一个是对里昂惕夫分析方法和数据的检验，另一个是对要素禀赋理论的重新审视，因此而产出的研究成果非常之多。

基于对里昂惕夫分析方法和数据的检验，来自美国、加拿大、日本和印度

---

① Wassily Leontief, "Domestic Production and Foreign Trade：The American Capital Position Re-Examined," Proceedings of the American Philosophical Society, Vol. 97, No. 4, 1953, pp. 332~349.

② 同上。

③ 瓦西里·里昂惕夫著，崔书香等译：《投入产出经济学》，北京：中国统计出版社，1990 年，第 94 页。

等许多国家的学者都加入进来。较早提出质疑的是克瑞尼（Kreinin），他在
1965 年发表的文章《相对劳动效用和里昂惕夫稀缺要素悖论》（Comparative
Labor Effectiveness and the Leontief Scarce-Factor Paradox）中对里昂惕夫关于美
国劳动力优越性做出经验性检验。克瑞尼向美国 2000 家从事生产性企业发出
了调查问卷，全部收回的 913 份问卷中有 244 份数据符合使用要求。他得到的
一个重要结论就是："在所有相关国家中，调查显示美国劳动力确实较外国更
优越，但是这种优越性远不及里昂惕夫所建议的水平，也不足以将美国'转
变'成为一个劳动力充裕的国家。一个……可以用来相乘的现实的系数是 11/
5 或最多为 11/4，而不是 2 或 3①。"② 这个结论体现在表 7.2 中，可见里昂惕
夫的基本假设中存在不足之处，如果按照克瑞尼的数据，美国仍将是资本充裕
的国家。

表 7.2　美国—外国每单位产出所需劳动时间比较

外国/美国	观察数量	占全部比重
100% 以下	5	1
100%	104	29
101 ~ 120%	113	31
121 ~ 140%	71	19
141 ~ 160%	37	10
161 ~ 200%	27	7
200% 以上	10	3
	—	—
总计	367	100%
平均比率	130%	

---

①　里昂惕夫假设"与任何数量的资本相结合，美国劳动力的一个人年都等于，比如说，外国劳
动力的 3 个人年，那么，在比较美国和世界其他国家拥有的资本和劳动力的相对数额时……美国工人
总数就必须乘以 3。"转引自瓦西里·里昂惕夫著，崔书香等译：《投入产出经济学》，北京：中国统计
出版社，1990 年，第 94 页。

②　Mordechai E. Kreinin, "Comparative Labor Effectiveness and the Leontief Scarce-Factor Paradox,"
The American Economic Review, Vol. 55, No. 1/2, Mar., 1965, pp. 131 ~ 140.

续表

外国/美国	观察数量	占全部比重
中值比率	120%	
在中值两侧20%以内的观测的结果比重	79%	

资料来源：Mordechai E. Kreinin, "Comparative Labor Effectiveness and the Leontief Scarce-Factor Paradox," *The American Economic Review*, Vol. 55, No. 1/2, Mar., 1965, pp. 131~140.

美国学者威特尼（Whitney）在 1968 年发表的文章中对美国 1899 年的数据进行了检验，其结果并没有出现里昂惕夫悖论，而是符合了要素禀赋理论的预测，证明了美国是一个资本充裕的国家。同样证明了这一结论的还有斯特南德和马斯克斯（Sternand&Maskus, 1981）对 1972 的美国数据所作检验而得出的研究成果。但是，鲍德温（Baldwin, 1971）对美国 1958~1962 年数据的检验却再一次证明了里昂惕夫悖论的存在。加拿大和日本学者对 20 世纪 50 年代两国国际贸易数据的检验也证明了里昂惕夫悖论的存在，这两个国家的出口产品较进口产品均体现出了更强的资本密集性。

作出突出贡献的还有卡萨斯和乔（Casas&Choi），他们在 1984 年发表的文章中指出贸易收支平衡应该是要素禀赋理论的隐含假设，而里昂惕夫所使用的 1947 年数据中美国存在 116 亿美元的贸易顺差，当排除贸易顺差后美国出口商品仍然是资本密集型的。美国经济学家利莫（Leamer）对里昂惕夫的研究方法也作出了另外一种检验，他在 1980 年发表的文章《里昂惕夫悖论再思考》（The Leontief Paradox Reconsidered）中重新计算了美国 1947 年贸易产品和生产、净出口和消费值（如表 7.3 所示）。"因为净出口比消费表现出更高的资本密集度，与劳动相比，美国的贸易显示出相对更好的资本禀赋"[1]，这证明了要素禀赋理论的正确性。三年后，利莫和另外两位学者——伯文（Bowen）和斯维考斯克斯（Sveikauskas）对要素禀赋理论和里昂惕夫悖论做了更严格的检验，他们在文章《对要素丰裕度理论的多国、多要素检验》（Multicountry, Multifactor Tests of the Factor Abundance Theory）中对 1967 年包括 27 个国家和地区 12 种生产要素在内的贸易数据和要素禀赋进行检验，其结论证明在严格的假设条件下，数据结果并不像利莫之前的结论一样证明了要素

---

[1] Edward E. Leamer, "The Leontief Paradox, Reconsidered," *The Journal of Political Economy*, Vol. 88, No. 3, Jun., 1980, pp. 495~503.

禀赋理论的正确性，而是证明了要素禀赋理论对于全球实际贸易模式的解释力是不充分的。但是许多学者认为这三位学者的研究成果只能说明要素禀赋理论在解释发达国家战后的贸易实践中缺乏说服力，而不能抹杀 H－O 理论的正确性。此后，更多的学者在持续不断的研究中相继证明了要素禀赋理论的正确性，其中之一是伍德（A. Wood）。他在 1994 年发表的文章《给赫克歇尔－俄林一个机会》（Give Heckscher and Ohlin a Chance）中指出对 H－O 理论的"批评被严重地夸大了，H－O 理论为全球贸易模式的绝大部分提供了一个精确的和富有启发性的描述。……多数检验所得出的乏味结论并不能作为 H－O理论是错误的证据。"①

表 7.3　消费、生产和贸易的资本密集度

	生产	净出口	消费 *
资本（百万美元）	328，519	23，450	305，069
劳动（百万人－年）	47.273	1.99	45.28
资本/劳动（百万美元/人－年）	6，949	11，783	6，737

　*表示所使用的等式：消费＝生产－净出口

　资料来源：Edward E. Leamer, "The Leontief Paradox, Reconsicdered," *The Journal of Political Economy*, Vol. 88, No. 3, 1980, pp. 495～503.

三、里昂惕夫悖论的解释

（一）劳动生产率与人力资本

里昂惕夫尝试用劳动生产率来解释悖论的原因，他认为"美国劳动力的相对高效率，使这个国家用资本含量较少的货物换取那些如果在国内生产就需要较多资本的货物"，这种高效率的来源包括了"企业精神和优良组织……以及其他因素，如教育或我们注重生产的社会风气"②，"非常高的劳动生产率对确定美国进出口商品的构成起着决定性的作用。"③ 一般来说，生产效率更高的熟练工人通常需要更多的教育、培训和 R&D 投入，而这背后是大量的资本

---

　① Adrian Wood, "Give Heckscher and Ohlin a chance," *Review of World Economics*, 1994, pp. 20～49.

　② 瓦西里·里昂惕夫著，崔书香等译：《投入产出经济学》，北京：中国统计出版社，1990 年，第 96 页。

　③ 同上书，第 127 页。

投入。克莱维斯（Kravis）对 1947 年和 1952 年美国工人工资水平的研究表明"较进口竞争行业而言，出口行业支付了更高水平的工资。"[1] 从克莱维斯统计的数据中可以看到（如表 7.4），"三个主要出口行业生产部门具有更高的每小时收入，扩展到整个部门同样具有这样的差别。未加权的平均水平和以人 - 小时加权的平均值差异较小，但是以对外贸易加权的平均值则较大（16% 以上）。"[2] 当我们使用这种每个工人的人力资本来重新计算里昂惕夫的计算结果时可以得到美国的出口产品仍然是资本密集型的。

表 7.4　1947 年制造业、采矿业和农业每小时收入简表

行业分组	行业数	平均每小时收入			
		未加权	加权		
			人 - 小时	1947 贸易	1952 贸易
制造业：	328	1.216	1.252	—	—
主要出口行业	46	1.306	1.290	1.321	1.368
次要出口领导者	54	1.256	1.257	1.283	—
主要进口竞争者行业	36	1.213	1.245	1.143	1.272
易受冲击的产品	24	1.13	—	1.16	1.15
高征税进口品行业	21	1.123	—	—	1.163
采矿业：	22				
主要出口行业	3	1.591	1.605	1.614	1.615
主要进口竞争者行业	7	1.277	1.395	1.310	1.331
农业：	15				
主要出口行业	6	1.252	0.975	1.269	1.671
主要进口竞争者行业	8	1.230	0.966	0.999	1.018
所有商品生产部门：					

---

[1]　Irving B. Kravis, "Wages and Foreign Trade," *The Review of Economics and Statistics*, Vol. 38, No. 1, Feb., 1956, pp. 14~30.

[2]　同上。

续表

		平均每小时收入			
				加权	
所有主要出口行业	55	1. 327	1. 177	1. 330	1. 457
主要进口竞争者行业 *	52	1. 224	1. 107	1. 149	1. 225

＊包括伐木搬运业，它不包括在制造业和农业中。

资料来源：**Irving B. Kravis**，"**Wages and Foreign Trade**，" *The Review of Economics and Statistics*，Vol. 38，No. 1，Feb.，1956，pp. 14 ~ 30.

（二）自然资源

在里昂惕夫的研究中，只考虑了劳动和资本两种要素，而对于十分重要的自然资源却没有充分研究，这不能不构成了对悖论的重要影响。我们可以直观的想象到，即使两个国家具有相同的技术条件和组织结构，自然资源的差异同样会带来生产效率的不同。例如，以同样的技术条件和组织结构在美国和委内瑞拉冶炼石油其效果是截然不同的，委内瑞拉的富油田会给他们带来更高的效率。正是由于这些原因，凡耐克（Vanek）和迪亚布（Diab）在 20 世纪 50 年代（1954，1956，1959 等）从自然资源的角度对里昂惕夫悖论提出了解释。凡耐克将 1947 年美国出口与相对进口替代商品的直接与间接资源产品需求加入里昂惕夫所制表格中，得到表 7.5。

表 7.5 1947 年每百万美元的美国出口和相对进口替代品
对国内资本、劳动和自然资源产品的需求

	出口	进口
1. 资本（1947 年美元价格）	2，550，780	3，091，339
2. 劳动（人 – 年）	182，313	170，004
3. 自然资源产品（1947 年美元价格）	340，000	630，000

资料来源：W. W. Leontief，"Domestic Production and Foreign Trade. " Computation from Barnett，op. in Jaroslav Vanek，"The Natural Resource Content of Foreign Trade，1870 ~ 1955，and the Relative Abundance of Natural Resources in the United States，" *The Review of Economics and Statistics*，Vol. 41，No. 2，May，1959，pp. 146 ~ 153.

表 7.5 中所包含的信息 "为如下已知的结论提供了一个额外的支持，即美国出口与相对进口的要素结构主要反映了自然资源比资本要素相对稀缺的情

况。……使用该表的结论，我们可以计算出出口与进口对资本（C）、劳动（L）和自然资源（T）的相对需求比率，从高至低排列如下：L：C：T = 1.07：0.83：0.54。"[1] 这说明与相对稀缺的自然资源相比，美国的资本与劳动相对充裕，它出口资本与劳动密集型产品而进口自然资源密集型产品正符合要素禀赋理论所阐述的基本观点，因此从这个角度来看里昂惕夫悖论不存在。

（三）贸易壁垒

赫克歇尔和俄林在要素禀赋理论中假定贸易在国际间是自由进行的，不存在关税等贸易壁垒。基于这一假设，一些学者从贸易壁垒的角度寻找解释里昂惕夫悖论的原因，其中具有代表性的学者是克莱维斯（Kravis）。他在 1956 年发表的文章中对里昂惕夫悖论提出了另一个解释，认为美国的劳动密集型行业是受保护最严重的行业，贸易保护所形成的贸易壁垒是导致悖论产生的原因。克莱维斯指出"对国际竞争最大的约束来自于政府和卡特尔的限制。……政府在过去 25 年的控制倾向于把那些可以在本国以稍微高成本生产的进口商品拒之门外。那些不可以在本国生产或者只能在更大成本基础上生产的进口商品受到了政府的最小干预。卡特尔也趋向于约束竞争性商品的进口并提供那些因为这个或那个原因而不能在本国制造的商品的进口。……即便在美国，虽然它公开宣布自由贸易政策，但是对竞争性进口商品的强制配额，导致了本国农业进口的很大份额是由那些对国内农产品只起补充作用而不是与之竞争的商品所组成的。"[2]

（四）生产要素密集度逆转

所谓生产要素密集度逆转（factor-intensity reversal）是指在国际贸易中，尽管生产技术水平在贸易国双方是相同的，但同一种商品可能在出口国是劳动密集型商品，而在进口国则为资本密集型产品。印度著名经济学家明哈斯（Bagicha S. Minhas）首先对生产要素密集度逆转进行实证检验，他在 1962 年发表的文章中利用一个新形式的生产函数来"检验商品价格和要素成本的关系以及关于相对要素禀赋对贸易模式的作用"[3]，进而"对经济中有关技术假

---

① Jaroslav Vanek, "The Natural Resource Content of Foreign Trade, 1870～1955, and the Relative Abundance of Natural Resources in the United States," *The Review of Economics and Statistics*, Vol. 41, No. 2, May, 1959, pp. 146～153.

② Irving B. Kravis, "'Availability' and Other Influences on the Commodity Composition of Trade," The Journal of Political Economy. Vol. 64, No. 2, Apr., 1956, pp. 143～155.

③ Bagicha S. Minhas, "The Homohypallagic Production Function, Factor-Intensity Reversals, and the Heckscher-Ohlin Theorem," *The Journal of Political Economy*, Vol. 70, No. 2, Apr., 1962, pp. 138～156.

设的重要性做出批判性的检验。"①在实证检验中，明哈斯发现有许多样本数据出现了生产要素密集度逆转的现象。里昂惕夫于隔年发表的文章《要素成本与要素使用的国际比较：回顾文章》（An International Comparison of Factor Costs and Factor Use：A Review Article）中对明哈斯等学者的批判提出了质疑，经过他的再次检验后，认为发生要素密集度逆转的现象只有 8% 左右。经济学家鲍尔（Ball）于 1966 年发表的文章《要素密集度逆转：要素成本与要素使用的国际比较》（Factor Intensity Reversals：An International Comparison of Factor Costs and Factor Use）中对哈明斯研究内容与实际国际贸易相差异的情况进行了讨论。他认为要素密集度逆转的情况在国际贸易现实中鲜有发生，"对要素比例理论经验适应性检验的决断性论述是不正当的。深入的研究可以很容易的显示要素密集度或要素密集度逆转，以及生产函数的国际差异与理论无关的存在。"② 后继者菲尔波特（Philpot，1970）、杨与唐（Yeung&Tsang，1972）和费希尔与希尔曼（Fisher&Hillman，1984）分别对生产要素密集度逆转进行了深入的研究，但他们所得到的结论仍不一致，所以关于生产要素密集度逆转是否构成了里昂惕夫悖论出现的基础仍然缺乏可靠的证据。

四、里昂惕夫悖论的历史地位

比较利益和要素禀赋理论阐释了一国密集的使用本国相对充裕生产要素生产产品进行出口的贸易行为，但是里昂惕夫在 20 世纪 50 年代的研究成果却得到了一个完全相反的结论，这一悖论的出现引发了各国学者对贸易理论的广泛检验以及为了解释这一现象对新贸易理论的探索。

里昂惕夫希望通过数学和统计方法将贸易理论和实际观察资料进行统一，伴随着美国经济各部门数据资料收集和整理的进展以及大规模运算技术水平的提高，他利用投入 – 产出分析方法和一般均衡理论相融合对美国 1947～1951 年美国出口商品与进口替代商品生产要素密集度进行测算，结果发现美国出口商品中的劳动密集度高于进口商品，这与人们普遍认为美国出口商品资本密集度较高的认知相违背。里昂惕夫悖论的出现激发了人们从劳动生产率与人力资本、自然资源、贸易壁垒和生产要素密集度逆转行等不同角度探求这一结论的

---

① Bagicha S. Minhas, "The Homohypallagic Production Function, Factor-Intensity Reversals, and the Heckscher-Ohlin Theorem," *The Journal of Political Economy*, Vol. 70, No. 2, Apr. , 1962, pp. 138～156.

② David Stafford Ball, "Factor-Intensity Reversals in International Comparison of Factor Costs and Factor Use," *The Journal of Political Economy*, Vol. 74, No. 1, Feb. , 1966, pp. 77～80.

原因所在，推动了经验研究和理论研究的深入。

随着研究的深入，凡耐克（Vanek，1968）、威廉姆斯（Willianms，1970）和利莫（Leamer，1980）等学者发现里昂惕夫悖论中存在基础性的错误，即里昂惕夫悖论的一个理论基础是一国出口商品与进口商品相比，其中人均资本配备量的排列次序揭示了资本和劳动的相对充裕性，[①] 这一定理可以用来支持两种商品的贸易模型，但是当处于多种商品情况下则并不具备完全的解释能力。因此，在这些学者看来，里昂惕夫悖论并不存在，美国仍然是资本相对充裕的国家。

里昂惕夫悖论从产生之初就处于学术争论的风口浪尖，这不仅因为它的结论具有颠覆性的效果，更重要的是这种以经验研究检验贸易理论的方法极大地缩小了理论与现实之间的鸿沟，为人们提供了一种十分有效、科学的经验研究手段，也为贸易政策的制定提供了新的依据。虽然里昂惕夫悖论在研究基础、证明方法和计算形式等方面存在不足，但是它在国际贸易学说史中的实践意义和启发意义不亚于任何一种经典贸易理论的历史作用。

---

① R·多尔夫曼：《里昂惕夫·瓦西里》，转引自约翰·伊特韦尔等编：《新帕尔格雷夫经济学大辞典》，北京：经济科学出版社，1996年第三卷，第180页。

第八章

凯恩斯的国际贸易理论

第一节 凯恩斯的时代、生平及著作

一、时代背景

约翰·梅纳德·凯恩斯（John Maynard Keynes，1883～1946）生活在由自由资本主义经济向垄断资本主义经济过渡的英国。19 世纪末的技术革命以及由此引发的重工业的飞速发展，促进了自由资本主义向垄断资本主义的过渡，美国、德国正迅速追赶英国。此时，随着工业的迅速发展，特别是重工业的迅速发展，资本主义生产关系的矛盾进一步加深，进而使由生产过剩导致的经济危机发生的更加频繁和持久。进入 19 世纪 80 年代后，资本主义世界陆续爆发了 4 次经济危机。危机的间隔时间从以前的 10 年左右一次缩短为 7 年左右一次。到 20 世纪初，垄断资本在各个主要资本主义国家确立了统治地位。

在此期间，英国的发展略显疲态，尤其是第一次世界大战结束后，英国被迫中止实行多年的金本位制，开始从殖民帝国、世界工厂的峰顶逐渐衰退下来。与此同时，英国经济在统治者的错误决策下更加萧条。例如，1925 年英国为了巩固伦敦世界金融市场的统治地位，恢复了金本位制，结果引发了英镑汇率的上升，进口增加，出口减少。随后政府提高了利率，目的是为了减少资本的净输出。但是这样一来不但没有提高国内的投资需求，反而使失业率进一步上升，造成整个国力的削弱和经济的萧条。凯恩斯在此时期积极地寻找解决之道，较早便开始考虑失业问题，直到英国政府 1925 年的一系列政策的错误实施和国家经济的一蹶不振使凯恩斯理清了解决问题的思路，为凯恩斯日后的著作《就业、利息和货币通论》奠定了基础。

1929～1933 年资本主义世界大萧条是资本主义有史以来最严重的一次危机，其影响比历史上任何一次经济衰退都要来得深远。1929 年的大萧条持续时间长达 5 年，造成工业生产减缓、失业大幅增加。1932 年整个资本主义世界的工业生产比 1920 年下降三分之一以上。这次危机使整个资本主义世界的工业生产倒退到 1900～1908 年的水平，英国甚至倒退到 1897 年。据估计，大萧条期间世界的钱财损失达 2500 亿美元。

正是在此背景下，凯恩斯于 1936 年发表了著作《就业、利息和货币通论》，在西方经济学界和政界引起了巨大反响。凯恩斯主张在市场失灵的情况下，需要政府通过强有力的手段，包括动用宽松的货币政策和积极的财政政策不遗余力的刺激经济、创造就业机会，以此产生一轮又一轮的正循环，带动经济的复苏。

二、凯恩斯的生平及著作

约翰·梅纳德·凯恩斯（John Maynard Keynes，1883～1946），英国经济学家，于 1883 年 6 月 5 日出生在英格兰剑桥。1897 年，凯恩斯就读于伊顿公学，毕业后被剑桥大学国王学院录取并获得数学及古典文学奖学金。凯恩斯于 1905 年获得剑桥文学硕士学位。随后，凯恩斯决定参加英国文职官员遴选考试并对经济学产生了浓厚的兴趣，跟随马歇尔学习经济学，这对他后来的经济思想影响很大。凯恩斯在 23 岁时以优异的成绩通过文官考试，供职于印度事务部。两年后他辞去工作，回到剑桥大学任教。在教学期间，凯恩斯专心研究数学问题，凭借 1909 年的概率论论文当选为皇家学院评议员，并于 1921 年将其出版成书——《概率论》。凯恩斯于 1913 年出版了他的第一部经济学著作《印度的通货与金融》，该书的出版促使凯恩斯被英国政府任命为印度通货与金融的皇家委员会委员。[①]

1915 年 1 月凯恩斯进入英国财政部，并于 1919 年 1 月作为财政部的首席代表和英国代表团的第二号人物出席巴黎和会。凯恩斯在会上主张不要对德国索要过多的赔款，过多的赔款会对德国经济造成沉重打击，进而妨碍世界经济的发展。由于巴黎和会最终没有采纳凯恩斯的建议，他愤然辞职回国并重返皇家学院。此后凯恩斯主要从事掌管皇家学院的财务，并进行金融、商品期货投机和实业投资和从事货币理论和经济学研究等三个工作。[②]

凯恩斯在投资领域的造诣颇深，他同时在多家投资公司任职并拥有股份。

---

① 方福前：《从〈货币论〉到〈通论〉——凯恩斯经济思想发展过程研究》，武汉大学出版社 1997 年版，第 193 页。

② 同上。

1924年凯恩斯被接纳为瑞典科学院外籍院士。1934年美国哥伦比亚大学授予他荣誉法学博士学位。1936年出版了其代表作《就业、利息和货币通论》。1942年他被英王加封为梯尔顿的凯恩斯勋爵。1944年7月凯恩斯率领英国代表团出席在美国布雷顿森林召开的国际货币会议，会后建立了国际货币基金组织和世界银行，1945年2月他被任命为这两个机构的董事。1946年4月21日凯恩斯因心脏病突发在梯尔顿去世，享年63岁。①

凯恩斯的代表作——《就业、利息和货币通论》迄今仍然在世界范围内产生重大影响（以下简称《通论》）。在《通论》中，凯恩斯对正统经济理论提出了全面的批评，建立了一个以国家干预为中心，以消除资本主义经济危机和失业为目标的完整学说体系，对进入垄断阶段的资本主义经济的运行和波动作出了理论分析，为垄断资本主义国家的经济政策提供了理论依据。② 除《通论》外凯恩斯另外两部重要的经济理论著作是《论货币改革》和《货币论》。此外他一生发表论文398篇、书评34篇，出版著作17本、合著2本，起草官方报告8份等。他公开发表的论著和未发表的大量手稿、书信后来经英国皇家经济学会组织整理，共编辑成《凯恩斯全集》30卷出版。③

第二节 凯恩斯的国际贸易理论

一、凯恩斯的自由贸易思想

凯恩斯早期接受的是正统的自由贸易的思想，是古典经济学的忠实信徒。他的自由贸易思想最早是从《和约的经济后果》中反映出来。1919年初，第一次世界大战战胜国在巴黎召开和平会议，凯恩斯作为英国财政部首席代表非常不满各战胜国对战争赔款和战后重建问题的态度，随即辞职。返回英国后不久便出版了《和约的经济后果》（1919），书中对《凡尔赛和约》及对战败国的不公正处置进行了控诉，对和会讨论的赔偿问题进行了深入分析，并指出条约中有关赔偿条款的实施可能带来的严重后果。其中，凯恩斯反对和约中将德国主要的铁矿砂产区Alsace-Lorraine地区割让给法国，认为在割让之后必然会

---

① 方福前：《从〈货币论〉到〈通论〉——凯恩斯经济思想发展过程研究》，武汉大学出版社1997年版，第195、197、198页。

② R. F. 哈罗德著，刘精香译：《凯恩斯传》，商务印书馆1993年版，中译本序言第2~3页。

③ 方福前：《从〈货币论〉到〈通论〉——凯恩斯经济思想发展过程研究》，武汉大学出版社1997年版，第196页。

出现违反自由贸易原则的做法，对欧洲经济复兴带来负面影响。凯恩斯在文中写道："事实上，在这里和别的地方一样，政治的考虑完全不顾及经济上的考虑，从而造成经济上的灾害，在自由贸易和自由的经济交往体制下，铁矿砂在一国境内，而劳动力、煤炭和熔炉在另一国境内不会带来多大的影响。但是，现在的情况是，人类想方设法让自己和他人变得贫穷，舍弃个人的幸福而热衷于集体的仇恨。从目前欧洲资本主义社会的热情和冲动来看，欧洲铁矿的有效生产量确定会因为一个新的政治边界的出现而减少，因为民族主义和私人利益就此会沿着相同的边界刻画出一条新的经济边界。在当前的欧洲治理下，后面这些考虑可以战胜欧洲大陆为了修复战争所造成的破坏，以及满足工人坚持更高的薪酬的要求而进行最持久和高效的生产的强烈的需要"。①

在《和约的经济后果》的最后部分，凯恩斯提出的拯救欧洲的措施建议也反映了他的自由贸易思想。在他所提出的 4 项措施中，其中一项是建立以英国为中心的欧洲自由贸易联盟。"自由贸易联盟包括中欧、东欧和东南欧国家，西里西亚、土耳其、英国、埃及和印度，同时，比利时、荷兰和瑞士应该积极参与，此外，法国和意大利也应该放下政治上过多的考虑，以经济发展为重，加入自由贸易联盟。所有联盟成员都要遵守在进口其他成员国商品和服务时，不征收保护性的关税。"② 凯恩斯认为："由整个中欧、东欧和东南部欧洲、西伯利亚、土耳其和英国所组成的自由贸易联盟对世界和平和经济发展做出巨大贡献"。③ 事实上，凯恩斯坚信这样一个自由贸易体系能造福世界，并积极呼吁英国要起带头作用。自由贸易联盟的设想使凯恩斯此时所主张的自由贸易观点表露无疑。

凯恩斯在 1923 年《曼彻斯特商业卫报》增刊中发表了名为《根本原则》的文章，阐述了在贸易方面欧洲复兴要坚持的自由贸易的根本原则。凯恩斯认为："我们必须在最广泛的意义上把自由贸易作为不容更改的信条加以坚持，无一例外。即使在我们不会得到互惠的待遇，甚至在违反自由贸易原则，实际上我们可以获得直接经济利益这种极少见的情况下，我们也必须坚持自由贸易原则。我们应该把自由贸易作为一个国际道德原则加以坚持，而不仅仅是一个经济利益的信条。我说的自由贸易并不包括任何只是为了我们自身的利益而获

---

① Donald Moggridge and Austin Robinson, *The Collected Writings of John Maynard Keynes*, *Vol. II*: *The Economic Consequences of the Peace*, . Palgrave Macmillan, 1971, p. 62.

② Ibid. , pp. 168 ~ 169.

③ Ibid. , p. 169.

取食品和原材料的贸易，不管下面所说的人口对资源形成多大的压力。因为如果人口压力导致各强国从弱国武装掠夺资源，那么最后我们的下场要比任何一种别的政策都要更差。"①

　　凯恩斯为自由党在 1923 年 11 月的大选而发表的两篇文章最有力地表明其自由贸易的观点。L. R. 克莱因曾提出：凯恩斯的作品中没有比这两篇更能反映他在捍卫自由贸易原则方面古典学派对他的影响的了。凯恩斯指出，自由贸易原则应该依据两个基本原理。第一个基本原理是自由贸易所依据的基础——比较优势原理。"利用我们的资本和劳动力从事我们比其他人效率相对更高的行业的生产，并利用这些行业的产品来交换我们的效率相对较低的行业的产品是更好的一种策略。"② 但是，凯恩斯认为比较优势原则的运用也有例外，例如农业、重点产业、幼稚产业等，这些行业政府应该进行利害权衡后给予保护的考虑。第二个基本原理是指进口对一个国家的经济福利是非常有利的，进口和出口是等价交换的两个方面。"……接受国外有用的东西不可能有什么坏处。如果我们必须马上偿付，我们只能用出口商品或服务来偿付，如果无利可图，这种交易是不会发生的。"③ 凯恩斯认为以上自由贸易所基于的两个基本原则，在外国无论是否实施关税的情况下都丝毫不会影响它们的有效性。

　　但是，凯恩斯的这种观点没有什么新鲜之处，他观点的核心思想是要权衡利弊。凯恩斯在对主张贸易保护的保守党候选人斯坦利·鲍德温的反驳中提道："如果我们阻止一项产品的进口，如果这个产品在英国本土生产又不是不可能的，那么现在处于失业的有些英国人就可以受雇来生产这样产品。不过如此，鲍德温先生的眼光也就看这么远。难道他认为我们现在的进口是什么也没有付出得到的吗？如果他能理解我们可能是通过出口来支付进口的，那么他是否认为将来我们应该把出口当作礼物无偿献给外国人呢？当鲍德温先生和他的朋友们提出用关税作为治愈失业的手段时，我没有看出他们跨出这个基本谬论一步"。④ "通过对制成品征收关税来治愈当前的失业并实现 2500 万英镑关税

　　① 　Elizabeth Johnson, The Collected Writings of John Mayard Keynes, Vol. ⅩⅦ: Activities 1920 ~ 1922 Treaty Revision and Reconstruction, Macmillan, 1981, p. 451.

　　② 　Donald Moggridge, *The Collected Writings of John Maynard Keynes*, Vol. ⅩⅨ: *Activities* 1920 ~ 1922 *The Return to Gold and Industrial Policy*, Macmillan, 1981, p. 147.

　　③ 　Ibid. , p. 148.

　　④ 　Donald Moggridge, *The Collected Writings of John Maynard Keynes*, Vol. ⅩⅨ: *Activities* 1920 ~ 1922 *The Return to Gold and Industrial Policy*, Macmillan, 1981, pp. 154 ~ 155.

收入的建议是一个大大的谬误。"① 凯恩斯认为，进口是用出口来偿付的，如果进口减少，出口必然减少，减少进口不会提高本国就业，只不过是就业从出口行业转向了进口替代行业而已。征收关税将增加受保护行业的就业，但这种利益会被出口行业就业的相应减少所抵消，因为保护关税虽然会扩大受保护行业的生产，但却会抑制出口行业的生产。两相权衡之后，关税保护只是权益之计，不能从长远解决就业和经济发展问题。

综上所述，凯恩斯在 1923 年以前仍然坚信自由贸易作为政府治理国家的观点。他是马歇尔的门生，在这一时期他是一个古典的经济学家，其著作《和约的经济后果》一书中明确表明自己是一个自由贸易主义者。但是在此时期，凯恩斯已经对自由放任的经济学进行了直言不讳的批评，例如对国际金本位以及英镑汇率恢复战前平价的决策的批评等。然而从 1923 年他发表的两篇驳斥首相鲍德温的保护主义观点的文章来看，他仍然是一个坚定的自由贸易的支持者。

二、凯恩斯向贸易保护主义的转变

第一次世界大战之后，英国经济遭受沉重打击，由债权国变成了债务国，海外许多传统市场被美国、日本等国夺走，航运和国际贸易受到重大削弱。整个 20 年代英国都陷入了长期的慢性萧条之中。② 在英国经济不景气的背景下，凯恩斯重新审视了自己在贸易问题上的立场，尤其是英国国内长期居高不下的失业率和国际收支失衡，这使得凯恩斯不得不考虑利用关税作为英镑贬值的替代手段来扭转国际收支失衡以及增加财政收入和刺激国内就业等。

（一）凯恩斯推导出一国内外均衡的条件

凯恩斯在 1930 年出版的《货币论》一书中对征收关税作了试探性的阐述。凯恩斯在《货币论》中阐述了一国外部均衡能够实现所需要的条件。对外贸易差额和对外收支差额是他外部均衡理论中两个重要概念。凯恩斯指出："本国所有的货物与劳务产量中（不论在国内还是国外生产，黄金不在内）由外国人运用和支配的部分的价值，超过外国所有的相应产量由本国人支配和运用的部分的价值量，在收入账上造成的贸易差额，称为该国的'对外贸易差

---

① Donald Moggridge, *The Collected Writings of John Maynard Keynes*, Vol. XIX: *Activities* 1920~1922 *The Return to Gold and Industrial Policy*, Macmillan, 1981, p. 156.

② 约翰·梅纳德·凯恩斯著，何瑞英译：《货币论》上卷，商务印书馆 1997 年版，第 2~3 页。

额’，这一差额当然可能是正数也可能是负数”。① 凯恩斯所说的对外收支差额是指："本国人对处于外国的投资的净购买使外国人得以支配的本国货币超过外国人购买我们处于本国的投资时相应付出的货币量"。② 由于国际资产负债表必须总是均衡的，所以就需要把黄金的流动量考虑进来。当对外收支差额超过对外贸易差额时：对外收支差额 = 对外贸易差额 + 黄金输出量；当对外贸易差额超过对外收支差额时：对外贸易差额 = 对外收支差额 + 黄金输入量。接着凯恩斯利用这两个概念阐述了对外均衡的条件。下面是他的推导：

令 L 与 B 分别代表"对外收支差额"和"对外贸易差额"；G 代表黄金输出量；S_1 代表总储蓄量 S 与 L（L 不以输出黄金的方式弥补，我们将称之为国内储蓄量）的差额；I_1 代表总投资价值 I 和我们所谓的国内投资价值 B 之间的差额；I_1 代表 $I_1 - Q_2$（我们称之为国内投资"调整"成本）。这样就可以得到：

$$L = B + G$$
$$S_1 = S - L + G$$
$$I_1 = I - B$$

因此，$I - S = I_1 - S_1$；

同时，$\quad I_1 - I_1 = Q_2 = I - I,$
$\qquad\quad I - S = I_1 - S_1$

这样，我们就可以在基本方程式中用 $I_1 - S_1$ 来代替 $I - S$。由此看来，产品的均衡要求国内储蓄量必须等于国内投资价值；而货币购买力的均衡则要求国内储蓄量必须等于国内投资调整成本。这种调整成本就是国内投资的实际成本减去对外贸易差额的利润，也就是减去 B 的价值超过其成本的数额。由于 I 计入了黄金进出口的数额，但 I_1 则没有，也就是说 I 等于国内投资、对外投资收支差额和黄金进口的总和。③

这些都是对内均衡的条件，但当我们所讨论的不再是一个封闭体系时，就需要对外均衡的条件。因为只要黄金不断地流出或流入一个国家时，这种均衡就不可能存在。因此，对外均衡的条件便是 G = 0，也就是 L = B，即只有在对外贸易差额完全等于对外收支差额时外部均衡才能实现。由此得出，完整的均

---

① 约翰·梅纳德·凯恩斯著，何瑞英译：《货币论》上卷，商务印书馆 1997 年版，第 110 页。
② 同上。
③ 同上书，第 137 页。

衡要求 $I_1 = S_1$、$I_1 = I_1$ 和 $L = B$。①

（二）凯恩斯对英国外部失衡的分析

在以上分析的基础上，凯恩斯对英国外部失衡进行了研究。他认为英国将英镑汇率按照战前黄金平价恢复金本位是极其错误的决策。因为战后英镑的实际价值降低了，按战前平价恢复金本位导致英镑被高估，进而产生贸易差额减少等一系列问题。凯恩斯指出："英国的困难既不能归咎于世界范围的萧条，也不能归因于国内消费的缩减，导致这种现状的原因很明显，它是一个关于国内和国外相对价格的问题。英国的产品在国际市场上的出口价格太高了。"②"众所周知，英镑的货币价格在国外上涨了10%，这是政府和财政大臣有意识行为的结果，英国出口行业目前面临的困难是不可避免的，是上述行为必然导致的结果。"③

对于英镑升值的后果，凯恩斯分析道："我们实行提高英镑外汇价格的政策，使它从比战前含金量低10%提高到战前含金量水平，这一政策意味着，无论我们对外出售何种东西，国外买主若以他的货币支付时，支出将增加10%，而我们若以我们的货币收取收入时，将减少10%。这也就是说，除非国外的价格提高，否则为了维持我们的竞争地位，我们只得把煤、铁、运输费或不论是什么的英镑价格降低10%。由此可见，提高英镑外汇价值10%的政策造成我们出口行业的英镑收入减少10%。"④ 英镑的高估值导致对外贸易差额减少，而对外投资增加作用的发挥造成了对外失衡状态。

对此，英格兰银行采取了两种有效的补救措施："第一种措施是借助实施对外贷款禁令来阻碍我们惯有的对外贷款，近来，对殖民地也实施贷款限制；第二种措施是使伦敦的证券利率高出纽约1%（这是以前从未有过的情况），从而鼓励美国提供贷款给我们"。⑤ 然而，凯恩斯认为这两种措施的效果杯水车薪，他指出："我们一方面由于入超而出现贸易逆差；一方面英国投资者在禁令之下，仍然购买对外投资证券，这两方面使我们在收支均衡上出现赤字。面对这种情况，英格兰银行提高伦敦的贴现率，使其比纽约的贴现率高出不

---

① 约翰·梅纳德·凯恩斯著，何瑞英译：《货币论》上卷，商务印书馆1997年版，第137~138页。

② 约翰·梅纳德·凯恩斯著，赵波、包晓闻译：《预言与劝说》，江苏人民出版社1999年版，第226~227页。

③ 同上书，第227页。

④ 同上。

⑤ 同上书，第235页。

少，就可以诱使纽约的金融市场出借一笔相当人数额的资金给伦敦的金融市场，从而弥补赤字、均衡收支。而且一旦我们提高了利率去吸引纽约短期贷款市场的资金，那么即使我们不需要增加借入款，为了保留我们已有的借款，我们也必须继续保持高利率。"① 这种高利率可能会打破投资与储蓄之间的均衡、缩减国内的投资规模，造成经济萎缩和大规模地失业，使经济内部出现失衡。

凯恩斯对于英格兰银行的措施继续分析："为应付失业使我们从一个借出国转变成为一个借入国，应该承认，这是一个损害极大的举措，我相信英格兰银行也是抱有这种见解的。他们不喜欢限制对外投资，也不喜欢从纽约吸收短期贷款资金。他们做这些事的目的是为了赢得一个喘息的时间。但是，如果他们按照自己的方针办事，说得含蓄些，他们肯定会利用这个喘息时间来进行所谓'基本调整'。为了达到此目的，在他们权力范围内所能进行的，只有限制信用这一个办法。"② 对于"信用限制"，凯恩斯认为它的运作方式只能是"故意扩大失业"，这将会"回收融资手段，使企业家们无法在现有价格和工资水平上雇佣劳动力"，这样自然会使工资下降，继续扩大失业。③

（三）凯恩斯解决外部失衡的方法

凯恩斯认为英国要想重建繁荣，需要的是宽松的信用政策。"我们需要鼓励企业家开创新企业，而不是像现在这样打击他们。通货紧缩并不会'自动地'缩减工资。它是通过引起失业的方法来缩减工资的。"④ 然而，凯恩斯没有给出具体的解决方案，但是从他的这段话中还是可以推断出他的保护贸易的倾向。"如果国外利率水平要比在国内可以取得的利率高，因而使大部分储蓄投往国外，如果外国对该国的大部分出口商品又都设有关税，并将不时提高这些关税，以便平衡受关税保护的国家由于黄金流出贷付国而引起的成本水准上涨，这时该国将陷入怎样的一种困境。"⑤

在以上的研究中凯恩斯的保护贸易思想过于隐晦，在对恢复金本位至战前水平和英格兰银行措施的不满和反驳中，隐约透露出其将要利用贸易保护来解决英国对外失衡的困境。在《货币论》的下卷，凯恩斯主张英国应该通过实

---

① 约翰·梅纳德·凯恩斯著，赵波、包晓闻译：《预言与劝说》，江苏人民出版社 1999 年版，第 236～237 页。
② 同上书，第 237 页。
③ 同上书，第 238 页。
④ 同上书，第 239～240 页。
⑤ 约翰·梅纳德·凯恩斯著，何瑞英译：《货币论》上卷，商务印书馆 1997 年版，第 292 页。

施关税恢复外部均衡的观点要明朗得多了。假如工资和其他生产成本都不能降低，而国外投资相对于国内投资的吸引力又持续不减的话，凯恩斯指出，英国对外收支差额超过其对外贸易差额的状况就会导致长期的衰退和失业。避免出现这种可能性的途径只有四种：第一，通过提高效率降低货币生产成本来增加对外贸易差额。第二，通过征收关税或类似的方法来减少进口额从而增加对外贸易差额。第三，通过提供补贴或者其他类似的安排对本国投资设置不同于外国投资的差别利率以增加本国投资。第四，实施国际性的低利率货币政策以在世界范围内刺激投资。①

凯恩斯更倾向于第二和第三种方案，可见他更倾向于关注国内经济的扩张而不是对外贸易的增加。在实现均衡问题上，凯恩斯更倾向于通过传统的方法来解决，但如果社会和政治因素干扰方法的实施，那么他也不反对通过向国内投资提供相对于外国投资更为优惠的利率条件以及实行进口征税这样的贸易保护手段来恢复均衡。因此，在权衡利弊和别无选择时，凯恩斯还是会支持贸易保护的方法。他指出："按照我们的传统原则来达到均衡状态，只要能办得到的话，很可能是最好的解决办法。但是如果存在社会的和政治的力量阻挠我们实现目标的话，那么通过对国内投资给予相对于对外投资更为优惠的差别待遇，以及或许甚至不顾体面地对国产货提供比外国货更为优惠的差别待遇的手段来实现均衡要比无限制地遭受不均衡所带来的经济亏损和失业要好。在上述两种方法中，我认为对国内外投资采取差别利息率的办法要比对国产货和外国货实施差别价格的办法好得多，因为我认为前一种方案有发挥作用的更大的空间而且不会有在别的方向招致有害的反应的危险，而且有些时候确实还可以带来积极的社会利益。可是我目前止在转向这样的看法，采用在国产货和外国货之间设置差别价格的某些方法也是存在很大的余地的。"②

综上可以看出，在 20 世纪 30 年代对英国国民工资水平的关注和英国对外失衡的解决之道中，凯恩斯清楚地认识到如果继续实行自由贸易将会把英国引向长期的经济萧条和失业的窘境。所以他为了更好地发展战后英国经济，不得不考虑采取贸易保护的手段来帮助英国摆脱经济萧条的困境。

---

① J. M. Keynes, *A Treatise on Money*. op. cit. , vol. I, pp. 186 ~ 187.

② 同上。

三、凯恩斯的贸易保护思想

（一）凯恩斯在《麦克米伦报告》中提出实施财政关税的建议

凯恩斯在担任财政暨工业委员会委员之际，在给《麦克米伦报告》及补遗中曾正面提出有关贸易保护的建议。在 1930 年 3 月的讨论会中，凯恩斯提出了众多的方案来解决日益严重的经济问题，认为经济问题的根本是严重的失业问题。对此，凯恩斯认为可以通过实施进口关税来努力增加本国的产出和就业。他指出："自由贸易的好处是，它的确降低货币工资而不降低实际工资，而保护不太可能降低货币工资，它更可能降低实际工资。但是保护的好处是它能够达到目的，而在目前的条件下，自由贸易则不能。因此，问题是人们打算受短期考虑制约到什么程度……它还取决于有哪些可供选择的解决方案以及目前的形势将会持续多久。如果我们已经陷入困境有一段时间了，我认为通过关税的合理调节，我们可以获得某种立即的解救。"①

凯恩斯通过分析发现，现阶段实施贸易保护能够更好地减少失业、扩大对外投资、刺激国内增加投资，而且贸易保护对贸易条件转向对英国不利的变化产生的影响有限。所以基于英国现阶段的经济利益和长远的经济发展考虑，凯恩斯赞同用关税来实施贸易保护的政策。

凯恩斯分析道："我想把我就保护措施所发表的看法和我的一般分析联系起来。我们已经明白，保护是增加我们对外投资额的又一种办法，这也是它为何从根本上和我的观点是一致的原因。另外一种方法就是增加出口。我们可以通过减少进口来增加收入账户的顺差，保护措施真正的贡献就是它通过减少进口增加对外投资额，从而带来和我前面所讨论的四种方案完全一样的缓解作用。自由贸易试图通过增加出口来缓解，而保护贸易试图通过减少进口来实现。如果我们在国外进行比当前更大规模的投资对保持均衡是必要的，那么实现这一目标的保护主义措施也许是阻力最小的办法，因为它无需削减货币工资，而且由于某些成员一直在建议的原因，它也会对贸易条件转向对我们不利的变化产生更小的影响……结果是，采取保护，我们的实际工资水平会有所降低，而失业会减少；采取自由贸易，如果它有效的话，我们应该不会出现失业。但是自由贸易假定失业只是繁荣中不正常的间断而无须加以考虑。它认为在一个地方失去工作的工人会在别的地方重新被雇用。然而，这个链条中一旦

---

① Donald Moggridge, *The Collected Writings of John Maynard Keynes*, Vol. ⅩⅩ: *Activities* 1929～1931 *Rethinking Employment and Unemployment Policies*, Macmillan, 1981, p. 115.

这个环节断掉了，那么整个自由贸易的观点也就崩溃了。保护主义者的方法能够通过寻求增加对外投资额而不降低货币工资的某种方法来恢复均衡。"①

凯恩斯和委员会的其他委员们认为，英镑一定幅度的贬值所能获得的利益同样可以通过对所有的进口征收相同比例的关税和对所有的出口进行类似的补贴来实现。贸易保护措施不仅维护了外部均衡而使得扩张性的货币政策能够得以实施，而且它还通过由国内生产的商品替代外国商品而直接带来国内就业和收入的增加。实施限制性的贸易政策要比贯彻一个自由的贸易体系能够带来生产、就业和生产率更大的提高。他们在补遗中写道："无限制的自由贸易的基本主张不能毫无限制地应用于一个既没有实现均衡又看不到实现均衡的希望的经济体系。因为如果一国的生产资源都已经正常地充分利用，那么关税不能增加产量，只能将生产从一个方向转移到另一个方向……但是如果这种充分就业的状态既没有实现而且在一段时间里也不可能实现，那么结果就完全不同了，因为关税有可能带来生产水平总的增加而不仅仅是转移效应。因此，在我们看来，无论是通过对进口实施关税同时补贴出口，还是通过进口当局或是别的什么办法控制进口，以及以国产货物代替进口货，那么只要当前的形势会持续下去，这将会带来就业和国民生产率总的增加。"②

因此，由以上分析我们可以看出，为了解决英国内外部经济出现的问题，在英格兰银行不会将英镑法定贬值的情况下，凯恩斯主张采用贸易保护主义的做法改善英国的对外贸易收支、增加国内就业，同时也可以实施国内投资扩张计划并进一步提高国内就业水平。从 1930 年起凯恩斯实际上已经支持贸易保护主义，只是还没有正式公开罢了。

（二）凯恩斯公开支持实施贸易保护的政策

凯恩斯于 1931 年在《新政治家与民族》周刊的新合刊第二期上发表了题为《实施财政关税的建议》的文章。根据《凯恩斯全集》编者的观点，这篇文章标志着凯恩斯公开放弃自由贸易的立场。1931 年上半年，英国经济状况持续恶化，凯恩斯通过研究得出三个可供选择的政策来提高就业和扩大国内外投资：货币贬值、削减名义工资和实施进口关税。但是凯恩斯通过进一步分析认为在当前形势下单独实行扩张政策既不安全又不可行，紧缩政策更不可取，

① Donald Moggridge, *The Collected Writings of John Maynard Keynes*, Vol. ⅩⅩ: *Activities* 1929～1931 *Rethinking Employment and Unemployment Policies*, Macmillan, 1981, p. 115.

② Ibid. , p. 298.

惟有配合进口关税的扩张政策是惟一出路，并呼吁尽快实行财政关税。

凯恩斯指出实施财政关税所带来的益处："与任何一种我们可以采用的措施相比，这一措施是独特的，因为它将同时缓解目前紧迫的预算问题和恢复商业信心。我认为，不依靠财政关税是无法形成一个英明的和谨慎的预算方案的。但是，这并非财政关税的全部好处。就财政关税会导致本国生产的产品替代以前进口的产品而言，它还将增加本国的就业水平。同时，通过减轻对贸易差额带来的压力，这一措施还能够为扩张政策所需要的进口增加提供急需的资金，以及为伦敦向急需贷款的债务国提供贷款给以资金支持。通过这样的方式，我们由于某些进口限制而从世界其他地方夺走的购买力又以这种方式在别的方面给以弥补了。一些狂热的自由贸易论者也许会声称，进口关税对我们出口的负面影响会抵消这一结果，但是事实并非如此。"① 凯恩斯认为在当前特殊的经济条件下，对继续从国外进口的产品征收的关税会有一部分实际上将由国外出口商承担，这将减轻政府为了筹集资金而向个人和企业征收所得税的负担，有助于支撑商业信心，从而财政预算可以建立在完全可靠的基础上。

凯恩斯在文章的最后公开地和自由贸易主义者彻底划清了界限："自由贸易主义者也许一贯的观点是将财政关税视为我们应急的措施，只有在出现紧急情况时才可使用。紧急情况已经出现。凭借应急措施所提供的喘息之机和财力支撑，我们可以拟定一项兼具国内和国际考虑的政策和计划，以便向紧缩主义念头和恐惧心理发动进攻。另一方面，如果自由贸易主义者拒绝这些权宜之计，那么结果必将是现任政府的四分五裂，并在一场信任危机的混乱中被一定会执行十足的贸易保护主义计划的内阁所取代。我并非不习惯于居少数派地位，但是，这一次，我相信90%的同胞会赞同我的观点。"②

综上所述，凯恩斯的贸易保护思想是与时代背景紧密结合的。在英国经济萧条时，凯恩斯放弃自己自由贸易的信仰，为了重振英国经济，支持实施关税的贸易保护政策。凯恩斯在为麦克米伦委员会工作时，进一步来维持或者恢复均衡，在《麦克米伦报告》补遗中建议对进口征收关税而对出口给予补贴来增加贸易顺差。这样，对外贸易差额才能够与对外贷款规模之间较好地保持均衡。凯恩斯在1931年公开支持财政关税，他主张实施财政关税的理由不再是

---

① Donald Moggridge, *The Collected Writings of John Maynard Keynes*, Vol. XX: *Activities* 1929~1931 *Rethinking Employment and Unemployment Policies*, Macmillan, 1981, pp. 490~491. J. M. Keynes, *Proposals for a Revenue Tariff*, p. 54.

② 同上。

恢复均衡，而是增强企业信心、消除预算压力、增加贸易顺差以及降低失业水平。由此可见，在此时期凯恩斯坚定地认为只有暂时性的贸易保护才能有助于英国经济的恢复。他的国际贸易思想从此发生巨大的变化，贸易保护思想贯穿他重振英国经济头脑的全部。

四、凯恩斯国际贸易思想的反复——自由贸易与保护贸易

凯恩斯的国际贸易思想随着英国经济政策和经济发展需要的变化而反复，时而主张古典经济学的自由贸易思想，时而支持通过贸易保护来扩大投资、增加就业。但这些反复不能说明凯恩斯国际贸易思想的混乱，而只是在特定的经济条件下，以自由贸易为基础所采取的一种暂时性的修正措施。

（一）凯恩斯于英国放弃金本位后主张放弃关税

1931 年英国经济持续恶化，为了减轻贸易差额急剧缩减所产生的负面影响，英国政府在 5 月份提出了节约计划。凯恩斯对此进行了严厉的批评，他很赞同货币贬值的方法，"我个人认为货币贬值是一个适当的补救办法"。① 但此方法根本行不通，因为政府决定继续维持金本位。随后他又提出两种方法，但都被自己否决，结果他又回到限制进口的方法上。鉴于关税的诸多好处，在凯恩斯看来，国民政府不采用这一方案，反而实施将会导致"在其控制范围内使更多人的生活水平下降，希望以此影响进口支出"② 这样一个节约支出的方案，是不可思议的。"不采取直接限制进口而非要选择这种方式的想法简直是荒谬绝伦的。"③

于是，凯恩斯在 9 月 10 日再次在报纸上发表呼吁关税的文章。而紧接着，9 月 21 日，英国政府宣布放弃维持金本位，英镑随即剧烈贬值。凯恩斯马上致信《伦敦时报》，要求对他所提出的关税建议给予推迟考虑，建议讨论能够刺激经济复苏的其他政策。凯恩斯声称："到目前为止，我一直在劝告自由党人和其他一些人士，建议他们实行普遍的财政关税，以此来缓和由国内外货币成本之间明显差别所造成的后果。但上周发生的事件，使局势发生了重大变化。在英镑的现有金价下，从许多方面看，英国生产者也许是处于世界上成本最低者的行列之中。在这样的情况下，我们再不能若无其事地听任事态发展下

---

① 约翰·梅纳德·凯恩斯著，赵波、包晓闻译：《预言与劝说》，江苏人民出版社 1999 年版，第 263 页。

② 同上书，第 264 页。

③ 同上。

去了。只要通货问题没有完全解决，就不可能在关税问题上进行理性的讨论”。"请允许我声明一下，目前应当关注的不再是关税问题，而是通货问题，只有后者才是当前急需解决的重大问题。"①

凯恩斯提出关税建议的初衷是将关税作为货币贬值的替代方案，既然英镑已经贬值，那么他完全可以放弃关税主张，因为贬值相比关税而言不会影响到货币收入。凯恩斯立刻提出了贬值的众多好处："因为英镑汇率贬值，比方说25%，所产生的效果，就等于以同一比率的关税来限制进口；但关税无助于出口，或许还会产生不利影响。而英镑贬值25%，却等于使出口获得了等量的补助，从而有助于国内生产者抵制进口。在许多行业中，英国制造商的生产成本，按照黄金来衡量时，肯定是目前世界上最低的。我们获得这种有利条件的同时，并没有削减工资，也没有出现劳资纠纷。我们是以一种对社会各行各业都非常公平，也没有对生活成本造成任何严重影响的方式获得这些优势的。由于我们总消费的不到四分之一是靠进口，因此英镑贬值幅度要大大超过25%，才有可能导致我们的生活成本提高10%。英镑贬值对任何人都不会造成严重的困难，它只是恢复两年以前的情况。同时，它对就业将会产生极大的促进作用。"②

（二）凯恩斯在1933年世界经济会议前在国内方面支持关税保护

1932年11月25日，凯恩斯在BBC举行的有关自由贸易和保护主义的系列谈话中指出，自由贸易和保护主义各有利弊，一定的保护是必需的。凯恩斯详细地分析了自由贸易的局限性："自由贸易主义者高估了只是市场价格低廉的社会利益，而且把并不存在的好处归功于仅仅是自由放任方法的运用。而保护主义虽说会损失一些经济效率，但是它更能确保一个高质量、健康的、和谐的和平衡的国民经济生活，甚至一国的物质生活都是金钱买不到的，这些都是值得考虑的。"③ 同时，凯恩斯认为应该对新兴的汽车工业、传统的钢铁工业和农业进行关税保护。因为汽车工业的发展对英国的利益是至关重要的，也是英国拥有很大比较优势的典型行业，对其进行保护是"明智的和有益的"；钢铁工业是英国的骄傲，是应该被复苏的行业；农业是英国没有比较优势的行业，但它却是"完整的国民生活的一部分"，应该对其进行关税保护。最后凯

---

① 约翰·梅纳德·凯恩斯著，赵波、包晓闻译：《预言与劝说》，江苏人民出版社1999年版，第264～265页。

② 同上书，第267～268页。

③ Donald Moggridge, *The Collected Writings of John Maynard Keynes*, Vol. X XI: *Activities* 1931～1939 *World Crises and Policies in Britain and America*, Macmillan, 1982, pp. 206～207.

恩斯总结道:"无论自由贸易还是保护主义都不能在理论上证明自己是否确实优于对方。保护是纠正一国经济失衡、保障经济安全的危险和代价高昂的措施,但是,总有些时候,我们不能依靠盲目的经济力量;以及我们手头上没有可以利用的和关税一样有效的替代武器。"①

(三)凯恩斯在1933年世界经济会议前在国际方面支持多边自由贸易

凯恩斯于1932年12月24日在《新政治家与民族》周刊上发表了题为《1933年世界经济会议》的文章,并于1933年出版了《繁荣之路》。这些文章利用其学生卡恩提出的乘数概念分析认为,一国要从国内资本扩张计划中受益,必须同时改善外汇收支状况,或至少不会恶化,也就是说要双管齐下。但是,由于世界经济处于普遍的萧条之中,包括英国在内的很多国家都不可能指望扩大出口来改善外汇收支状况。英国改善贸易收支状况的做法只能是以其他国家为代价,而且在世界整体经济处于萧条的背景下,英国一国单独行动也是难于见效的,其他国家也是一样。凯恩斯认为金融紧张状况是世界经济问题的根源,而贸易保护主义的做法以及其他一些问题都只是这一根源所带来的后果。世界经济会议的核心任务就是消除这一根源。然而惟一安全可靠的出路就只有:所有国家必须同时增加贷款支出、拆除贸易壁垒、自由购买,从而提高总体购买力和世界价格。

为确保国际性的金融紧张状况得到缓解、所有国家有能力同时实施贷款支出政策,凯恩斯提出了建立世界中心银行,实施国际纸币发行计划以增加国际货币储备的计划。促使各国拆除旨在保护外汇结存的关税和配额在内的各种限制和阻挠各国购买自由的障碍,释放各国购买力和提高世界总需求,确保各国中央银行能够无后顾之忧地实施贷款支出计划,从而提高购买力和世界价格水平,在世界范围内恢复就业。这与后来的凯恩斯计划和国际货币基金组织计划是一脉相承的,反映的是凯思斯主张国际合作和反对贸易保护的思想。

(四)凯恩斯在1933年世界经济会议后又转向了贸易保护主义

1933年世界经济会议失败后,凯恩斯的计划没有被采纳,这给他以沉重的打击。凯恩斯认为20世纪的经济环境已经不同于19世纪,因此很多支持自由贸易的观点在以前可能是合理的,但是现在就不一定是站得住脚的。与19世纪自由贸易论者的观点相反,他认为自由贸易在当前情形下无法确保国际和

---

① Donald Moggridge, *The Collected Writings of John Maynard Keynes*, Vol. X XI: *Activities* 1931 ~ 1939 *World Crises and Policies in Britain and America*, Macmillan, 1982, p. 210.

平而只能加大国家之间的仇恨，同时由于世界范围内大规模批量生产技术的采纳，在当前环境下国际分工所带来的好处无法再和19世纪相提并论。此外，20世纪的现实是各国都正在抛弃19世纪的自由放任的资本主义制度，进行各种政治经济体制的实验。凯恩斯认为，为了确保这一新的政治经济体制的成功运转，国际贸易和金融就要严格加以限制。

五、凯恩斯在《就业、利息和货币通论》中的国际贸易思想

凯恩斯在1936年出版的《就业、利息和货币通论》一书，虽然主要是以国内经济作为研究对象的，但是他在《通论》中所阐述的就业理论，对长期失业、投资问题、乘数和收入效应以及他对重商主义的重新评价和他所提出的解决国内经济失衡的政策建议都对国际经济理论和国际贸易政策产生了重要的影响。因此，笔者认为有必要将这些与凯恩斯国际贸易思想有关的理论作进一步阐述。

（一）对古典经济学充分就业的批评

凯恩斯认为古典经济学以"充分就业"为前提，不适用于大量失业的20世纪20年代，从而建立在这一假定基础上的古典经济学在解决现实经济问题时往往是无效的。凯恩斯指出："正如它在过去一百年中所做的那样，不论在实践上还是在理论上，古典学派的理论支配着我这一代的统治阶级和学术界的经济思想，而我自己也是被这种传统思想哺育出来的。我认为古典学派的假设条件只适用于特殊情况，而不适用于一般通常的情况，古典学派所假设的情况是有可能达到的均衡状态这一极限点。此外，古典理论所假设的这一特殊情况的特点恰好不是我们实际生活于其中的现实经济社会所具备的。结果，如果我们企图把古典理论应用于来自经验的事实的话。其教导会把人们引入歧途，而且会导致灾难性的后果。"[1]

凯恩斯认为，古典学派的就业理论是基于两个基本假设前提之上的。其中一个假设前提是：工资等于劳动的边际产出。就是说，一个就业人员的工资等于把就业人数减少一个所造成的价值损失（这其中也扣除了由于产量减少而免去的其他成本的支出）。凯恩斯认为二者的相等是有限制条件的，因为根据有关原理，当竞争和市场具有不完全性时，二者的相等会受到破坏。[2] 第二个

---

① 约翰·梅纳德·凯恩斯著，宋韵声译：《就业、利息和货币通论》，商务印书馆2005年版，第3页。

② 同上书，第5页。

假设前提是：当就业数量不变时，工资的效用等于这些就业量的边际负效用。就是说，一个就业人员的实际工资（按照就业人员自己的估计）应该足以维持这些数量的就业人员继续工作下去。凯恩斯认为这一假设前提也会由于劳动者联合成为工会组织而遭受破坏，从而也是有限制条件的。①

凯恩斯针对古典经济学中的"摩擦性失业"和"自愿失业"，提出了不可能满足其假设的第三种类型——"非自愿性失业"，这种失业是指那些虽然愿意接受现行工资水平却找不到工作的工人。凯恩斯认为这种类型的失业在古典经济学中不可能存在，但现实社会中"非自愿性失业"的存在是不会通过劳工市场的自动调整而消失。凯恩斯还认为古典经济学关于减少货币工资能够增加产量和就业的观点是建立在以下假设基础之上的，他分析道："就某一产业而言，存在着一条需求曲线，该曲线能够表示出销售量与销售价格之间的关系。也存在着一系列供给曲线，分别表示根据不同成本计算出的价格与相应的产量之间的关系。如果其他成本不变（由于产量变动而引起的成本变动除外），则可以从这些曲线进一步推导出劳动力需求曲线的形状，劳动力需求曲线即可表示出就业数量与不同工资水平之间的关系。该曲线在任何一点的形状即表示对劳动力的需求弹性。然后他们这一概念未作重大修正便转用于所有行业，并且认为，根据相同的理由，也存在着一条所有行业对劳动力的需求曲线，而该曲线即可表示出就业量和不同的工资水平之间的关系。"②

凯恩斯认为这是错误的，这是因为："任何一个具体的行业的需求曲线只能建立在一些其他条件不变的假设条件之上，即其他行业的需求和供给曲线不变，总的有效需求也不变。因此，把有关个别行业的论点转用到所有行业的做法是错误的，除非我们把总的有效需求不变的假设条件也转用过去。不过果真要这样假设的话，那么我们的论证不就答非所问了吗？其原因在于，虽然无人否认在总有效需求不变的情况下减少工资会增加就业量，然而，这里争论的焦点在于，减少货币工资能否改变以货币来衡量的总有效需求的数值。或者，争论的焦点至少应为减少货币工资能否使总有效需求下降的比例大到和货币工资下降的比例相等的程度（即如果有需求下降比例减小，那么用工资单位衡量的数值就会增大）。如果不允许古典学派把具体行业的结论转用于所有行业，

---

① 约翰·梅纳德·凯恩斯著，宋韵声译：《就业、利息和货币通论》，商务印书馆 2005 年版，第 5 页。

② 同上书，第 198 页。

那么该理论就无法回答减少货币工资对就业有何影响的问题。因为古典学派尚无一种分析方法可用来解决这一问题。"① 如果货币工资减少，总的有效需求水平将小于货币工资调整之前。如果货币需求缩减了，那么劳动需求函数也将同样减少。所以，在消费倾向、资本边际效率曲线和利息率均保持不变的条件下，减少货币工资不具有直接增加就业量的倾向。

根据以上分析，凯恩斯对萨伊定律进行了批判。萨伊定律假定对于所有水平的就业和产出总供给价格等于总需求价格，其中的供给价格是指社会上全体资本家所要求的最低限度的卖价；总需求价格是指全体资本家预期社会上对其产品所愿意支付的总价格。凯恩斯认为二者之间并不一定要相等，因为尽管收入来源于生产，但是这些收入并非必然全部被花掉来补偿全部的生产成本。凯恩斯在《通论》中的分析表明，尽管消费需求基于消费函数是由收入决定的，但是它并不等于收入，因为它不是以和收入一样的速度增加的。就收入和消费的差即储蓄而言，储蓄决策和投资决策并无相等的关系。事实上，人们对于储蓄和投资的决策是不尽相同的，储蓄额是收入的函数但也是由流动性考虑决定的，投资额主要取决于利率和资本的边际效率之间的关系。决定储蓄和投资的因素不同，凯恩斯不认为它们之间有任何相等的联系，而且也不可能自动地调节使其趋于相等。因此，凯恩斯否定了萨伊关于总产出的需求价格和所有产出水平的供给价格之间相等的假定，从而证明了古典经济学充分就业的假定是错误的。

（二）就业理论和主张

凯恩斯把总需求和总供给相等时的需求称为有效需求，即通过生产社会总产品所获得的反过来又能够将社会所提供的所有产品全部购买的购买力。如果给定社会的消费倾向，就业量的均衡水平取决于现期的投资数量，而现期的投资数量又取决于凯恩斯所谓的投资诱导，而投资诱导又取决于资本边际效率与对各种期限和风险的贷款利息率结构之间的关系。凯恩斯认为，只有当消费倾向和投资诱导之间处于一种特殊关系时，与充分就业相对应的有效需求才能实现。"如果假定消费倾向与新投资量不变，那么只有一个就业水平与均衡相符合。因为任何其他水平都将导致总产量的总供给价格与它的总需求价格不一致。这一水平不能大于充分就业，即实质工资不能小于劳动力的边际负效用。

① 约翰·梅纳德·凯恩斯著，宋韵声译：《就业、利息和货币通论》，商务印书馆 2005 年版，第 199 页。

一般说来，我们并没有理由可以期望这一均衡水平等于充分就业。与充分就业相吻合的有效需求只是一个特殊情况，仅当消费倾向与投资诱导之间存在一种特殊关系时才能实现。"[1] 社会就业量取决于总需求或有效需求，如果总需求或有效需求不足就不能达到充分就业，所以存在着"非自愿失业"。

凯恩斯在《通论》中是比较倾向于以财政政策来调节投资水平，从而增加收入总量或者就业量。所以，仅靠自由机制是无法保证经济稳定增长、达到充分就业的，必须加强国家干预。据此他提出，在需求出现不足（有效需求不足）时，应当由政府采取措施来刺激需求，而总需求随着投资的增加可使收入和消费增加，经济就可以稳定地增长，以至达到充分就业，使生产（供给）增加。这被称之为"凯恩斯定律"。

凯恩斯认为，投资作为一种抵消储蓄的措施是增加就业量的重要手段。"就业量只能随着投资量的增加而增加，除非消费倾向确实发生了变化。其原因在于，当就业量增加时，由于消费者的开支小于总供给价格的增加，所以除非投资的增加能填补二者之间的差距，否则已增加的就业量会成为无利可图的事情。"[2] 他认为就业问题可以通过增加投资量加以解决，而投资量的增加取决于资本边际效率的上升和利息率的下降。

从资本边际效率的角度看，随着一国资本品存量的增加，资本的边际效率倾向于下降，即资本边际效率递减规律。对此凯恩斯解释道："在任何一个时期内，假如某种类型的资本投资增加，则该类资本的边际效率将随着投资的增加而减少。其中原因一部分是因为当该类资本的供给增加时，其预期收益将下降。就通常情况而言，另一部分原因是当该类资产的产量增大时，其生产设备承受的压力很大，因而供给价格会提高。"[3]

从利息率的角度看，给定一个总的投资需求曲线，这一曲线表示总投资量和与这相应的资本边际效率和现行的利率结构之间的关系。投资量会增加到投资需求曲线上的一点，就是说投资诱导取决于资本的边际效率和现行的利息率。凯恩斯指出："市场上存在着一种投资诱导可以诱使新投资达到某一数量，当新投资达到这一数量时，每种资本资产的价格和它的预期收益在一起可以使总的资本边际效率大致等于利息率。这就是说，资本品行业的物质条件、

① 约翰·梅纳德·凯恩斯著，宋韵声译：《就业、利息和货币通论》，商务印书馆 2005 年版，第 22 页。
② 同上书，第 77 页。
③ 同上书，第 106 页。

对于预期收益的信心、心理上的流动性偏好以及货币数量（最好以工资单位来衡量）这四者，决定着新投资的数量。"①

结合以上分析，对于一个经济发达的国家，从资本边际效率入手增加投资的可能被排除了，因为随着资本供给的增加其边际效率往往会由于边际报酬递减规律和生产成本增加而下降。因此，投资的增加只能通过降低利息率才可以实现。根据凯恩斯的分析，增加货币供给可以达到降低利息率的目的。但是，总有一天利息率会降到一个再也无法下降的水平。对此，凯恩斯分析道："我们假设，社会体制与组织的因素使持有货币的费用微不足道，这样也就使得利息率成为负值。然而在实际上，除了社会体制和组织的因素之外，还有心理因素能使利息率降低到远在零以上的限度。尤其是像我们在上面已经考察过的，将借方与贷方拉拢在一起的成本，对将来利息率的变化具有不稳定性。这些因素就确定了利息率的下限，在目前的情况下，长期债务利息率所能达到的最低限度，也许仍在年息2%或2.5%之间"。②

通过以上分析，可以将凯恩斯的就业理论作如下总结：凯恩斯认为以工资单位来衡量的就业量和国民收入是由消费和投资之和决定的，而决定消费和投资的变量分别为消费倾向、资本边际效率和利息率，其中资本边际效率是由不同种类资本资产的预期收益决定的。利息率则同时由流动性偏好和以工资单位衡量的货币数量决定。凯恩斯将这些决定就业量的自变量归纳为三类：（1）三个基本心理因素，即心理上的消费倾向、心理上的流动性偏好以及心理上对资本资产预期；（2）工资单位，由劳资双方议价决定；（3）中央银行决定的货币数量。③

（三）对重商主义的评价

凯恩斯在《通论》的第二十三章："论重商主义、禁止高利贷法、加印货币以及消费不足论"来重新对重商主义进行评价，并吸取其精华为解决现阶段英国经济的实际问题所用。凯恩斯对当时经济学者对重商主义的认识提出批评："一般来说，现代的经济学家不仅认为普遍存在的从国际分工中获得的利益会大于重商主义者所声称的实行该主义可得到的那些利益，而且还认为重商

---

① 约翰·梅纳德·凯恩斯著，宋韵声译：《就业、利息和货币通论》，商务印书馆2005年版，第190页。

② 同上书，第168页。

③ 同上书，第189页。

主义的论点自始至终建立在一种思想混乱的基础之上。"① 在 1923 年凯恩斯还是古典学派的忠实信徒，当时他认为重商主义无法解决失业问题。造成这种错误认识（仅限于凯恩斯认为的错误认识）的原因是"当时关于早期重商主义的理论缺乏明白易懂的解释，无论怎样在教育中硬塞给我们都无法使我们接受他们的一派胡言。"②

凯恩斯认为重商主义最大的好处在于其贸易保护的主张可能增加国内的就业量，同时他在《通论》中主要关心的是解决失业问题，所以凯恩斯在此对重商主义进行评价的目的是强调其贸易保护政策确实会提高本国就业水平的作用。"需要指出的是，实行重商主义所能取得的好处仅限于一国，而不可能遍及全世界。"③

凯恩斯认为在"一国财富迅速增长"的国家，在既定的消费倾向下，该国的福利增长在本质上取决于"投资诱导（总投资）是否充分"，"而投资诱导既可来自国内投资，也可来自国外投资，二者构成了总投资"，"国内投资在长期中取决于国内的利息率"，"对外投资量则必然取决于外贸顺差的大小"。所以，在政府不能直接投资的社会，国内利息率和外贸顺差成为政府理所当然要关注的经济目标。如果工资单位、流动性偏好以及银行惯例都是比较稳定的，"利息率的高低往往取决于贵金属数量是否能满足社会的流动性偏好"。在对外大量放款和在国外完全拥有财富不常见的时代，"贵金属数量的增加或减少主要取决于对外贸易是顺差还是逆差"。因此，如果"政府当局既不能直接控制利息率，又不可能直接操纵对国内投资的其他诱导，增加外贸顺差就成为政府扩大国外投资的惟一直接方法"。同时贸易顺差所带来的贵金属流入"又是政府借以降低国内利息率增加国内投资诱导的惟一间接方法"。所以，政府通过实施限制性的贸易措施确保实现贸易顺差、促使贵金属内流，具有一箭双雕的作用。④

在承认重商主义中贸易顺差可能会刺激国内就业的基础上，凯恩斯批评和背叛的不是自由贸易，而是古典学派的政策主张不充分的理论基础："我要批评的重点在于指出我从前师承并传授给别人的自由放任学说的理论依据不足。

---

① 约翰·梅纳德·凯恩斯著，宋韵声译：《就业、利息和货币通论》，商务印书馆 2005 年版，第 255～256 页。

② 同上书，第 256 页。

③ 同上书，第 256～257 页。

④ 同上书，第 257 页。

我也反对有些人认为利息率和投资量会自动调节到最适当的水平，所以关心贸易差额是浪费时间的说法。实际上倒是我们的经济学家们犯了一个想当然的错误，把执政者数千年来追逐的主要目标看成是庸人自扰。"① 凯恩斯认为，重商主义在利息率问题上的认识要比古典学派清楚和实际得多。"重商主义者在思想上从不认为利息率会自动调节到适当水平。恰恰相反，他们强调过高的利息率是财富增长的主要障碍。甚至认为，流动性偏好和货币量二者决定着利息率的大小。他们所关心的是减少流动性偏好和增加货币量。其中有几个人还明确指出，他们关注增加货币量是出于降低利息率的愿望"。②

因此，凯恩斯认为从整个经济体系和治国战略上考虑，重商主义想方设法以降低国内利息率水平的做法显示了其管理国家的智慧。在他看来重商主义者降低利息率的措施还包括通过实施高利贷法以限制高利贷行为，"维持一定的国内货币流通量，以及防止工资单位上涨，或其他原因，造成国内货币流通量明显短缺时，那么作为一种最后的手段，不惜采用货币贬值的办法使货币流通恢复平衡"。③ 然而，凯恩斯认为重商主义这些治理国家之道到古典学派那里被忘却和抹杀掉了。"……作为治国方针策略的贡献，16、17 世纪经济学思想的早期倡导者所提出的方法或许倒体现了部分有实用价值的智慧，而李嘉图不切实际的抽象思想反而是先忘了这部分有实用价值的智慧，然后又将之一笔抹杀"。④

凯恩斯虽然赞同贸易顺差有利于增加国内就业，但他并不主张为此目的对贸易实行限制。他指出，绝不能因为重商主义的贸易保护能扩大贸易顺差而得出"对进口限制越严则贸易的顺差就越大"⑤ 的结论。"早期重商主义者对这一点极为重视，经常反对贸易限制，因为他们认为，从长远观点看，贸易限制不利于贸易顺差。在 19 世纪中叶英国那样特殊的环境中，实行几乎完全自由贸易的政策，是否最有助于促进贸易顺差，尚有争议。就当代而论，战后欧洲经验已从多方面证明，限制自由贸易旨在增加顺差，而结果却适得其反"。⑥

然而，凯恩斯在《通论》中并非赞成重商主义追求顺差解决失业的做法。

① 约翰·梅纳德·凯恩斯著，宋韵声译：《就业、利息和货币通论》，商务印书馆 2005 年版，第 259 页。
② 同上书，第 260 页。
③ 同上书，第 259～260 页。
④ 同上。
⑤ 同上书，第 258 页。
⑥ 同上书，第 258 页。

他指出："重商主义者觉察到问题的存在，但却不能把他们的分析推进到能解决的地步。然而古典学派都忽视了这一问题，因为古典学派的前提之一就是否认该问题的存在，"① 其后果是经济理论的结论和现实常识相脱节。"利息率并不会自动调节到最有利于社会的水平，而是经常上升到过高的位置。所以，明智的政府应该通过法令，风俗，甚至伦理道德的制裁来加以抑制。"② 这一学说数百年来被开明的社会舆论认为是确定无疑的，却被古典学派贬之为幼稚的学说，所以凯恩斯认为有必要为其正名。

凯恩斯在这一学说思想的指导下提出了解决问题的方案：

第一，放弃国际金本位固定汇率制度，实行自主的利息率政策。"……采取不受国际关系支配的利息率自主政策，同时又采取能使国内就业达到最佳水平的国家投资计划，正是利人利己的好办法。目前各国采用的都是这种办法，唯有这样，国际间的经济健康和经济力量才能得到恢复，不管我们是用国内就业量来衡量，还是用国际贸易量标准来衡量都是如此。"③

第二，实行一定程度的中央控制，调节消费倾向和投资诱导之间的平衡。具体而言，凯恩斯主张政府通过税收计划将利息固定和某种程度上全面的投资社会化计划。"国家必须通过赋税制度，部分通过利息率的涨落，部分通过其他手段来施予引导的作用。"④

第三，各国通过国内政策确保内部均衡的实现，避免依赖国际顺差解决国内失衡等问题。虽然贸易顺差有助于促进国内就业，但是这种好处的获得只能以其他国家的利益为代价，因为不是所有国家都能够改善贸易条件和贸易差额的。凯恩斯认为，国内政策是最适于确保就业水平、解决国内经济失衡的，而谋求更多的贸易顺差的努力是应该避免的。他指出："如果各国能通过其国内政策提供充分就业（还须加上，能在人中趋势方面维持均衡状态），那就不会有重大的经济力量，使各国利益发生冲突。虽然在适当条件下，国际分工和国际借贷仍留有余地，但是将不会再有迫切需要向外推销本国商品却拒绝接受外来商品的动机了。目前各国之所以还这样做，并不是为了使国家进出口收支抵消，而是为了有意打破收支平衡，以便发展成为于己有利的贸易差额。国际贸

---

① 约翰·梅纳德·凯恩斯著，宋韵声译：《就业、利息和货币通论》，商务印书馆2005年版，第267页。

② 同上书，第268页。

③ 同上书，第267页。

④ 同上书，第290页。

易将不再像今天这样，是一种孤注一掷的权宜之计，为了维持国内就业而竭力向外推销本国商品，限制进口邻国商品。这种办法即使成功，充其量也只不过是将失业问题转嫁给邻国，使邻国在市场竞争中境况恶化。在我们的新体制中，国际贸易应该成为在互惠互利条件下，各国自愿地和不加限制地交换商品和服务。"①

凯恩斯根据以上三个解决方案提出了新的体制，即放弃国际金本位固定汇率制度，将本国利息率从维持本国货币汇率固定的桎梏中解放出来，实行自主的利息率政策，在国内放弃自由放任的经济体制，实行一定程度的中央控制，采取财政政策和货币政策实现国内充分就业，实现内部均衡。凯恩斯认为这一新的体制与旧体制相比，不仅能够为自由贸易的开展创造前提条件使各国能够分享国际分工带来的好处，而且更加有利于国际和平。

第三节　凯恩斯国际贸易理论的影响

凯恩斯在如何解决英国持续的高失业率问题的研究中由自由贸易倡导者转变为保护贸易的支持者。尽管凯恩斯对保护贸易的主张是有条件的保护或限制，但他的观点对经济理论和政策还是产生了深刻的影响。

一、凯恩斯国际贸易思想在理论界的影响

欧文·道格拉斯（Douglas A. Irwin）认为：凯恩斯的影响远远不止于只是主张在特别稀有和极端的条件下实施贸易保护。他成功地向人们表明了，一旦放松要素的自由流动和要素价格的弹性这些自由贸易关键的理论假设，自由贸易理论将存在很大的问题。在把进口限制作为减少在固定汇率下充分就业的国内经济目标和国际收支平衡的外部目标之间冲突的有用的工具方面，凯恩斯也起到了很大的影响。②

约翰·希克斯（John Richard Hicks）认为凯恩斯所倡导的政策选择是有道理的，他说："如果我们不愿意接受一个弹性的汇率制度（或者资本控制），那么我们就必须承认，将进口限制作为实施扩张政策而又不会给国际收支平衡

---

① 约翰·梅纳德·凯恩斯著，宋韵声译：《就业、利息和货币通论》，商务印书馆 2005 年版，第 293 页。

② Douglas A. Irwin, *Against the Tide：An intellectual history of free trade*, *Princeton*, Princeton University Press, 1995, pp. 200～201.

带来干扰的手段是非常有道理的……正是这一点削弱了自由贸易的理论基础。"①

贾格迪什·巴格瓦蒂（Jagdish Bhagwati）认为，"自由贸易理论实际上是将市场配置资源的机制扩展到开放经济中去。如果市场价格反映了'真实成本'，或者说社会成本，那么亚当·斯密所谓的'看不见的手'就可以引导我们进行资源的最优配置，同时也可以证明自由贸易就是决定贸易模式（以及相关国内市场）的最佳方法。但是如果市场不能有效运作、市场缺乏或者不完善，那么这看不见的手就可能指向错误的方向：此时自由贸易就不会是最优政策选择。"② 在总需求不足导致严重失业的情况下，凯恩斯对贸易保护的推崇显然是因为他认为关税可以将总需求从国外商品转移到国内商品上来。但是他说："对于这种国内市场的扭曲，在采取以纠正市场扭曲为目标的国内政策（税收加补贴）的前提下，最佳的政策组合依然应该是通过创造足够的总需求来纠正市场失灵并同时坚持自由贸易，而不是将现有的总需求转向国内产品。"③

在《通论》一书的第二十三章中，尽管凯恩斯赞成重商主义者对贸易顺差的追求是有道理的，但是凯恩斯并非就主张实行贸易限制，他认为贸易限制不一定能够实现最大程度获取贸易顺差的目的，而且贸易限制对整个世界经济的复苏是有害无益的。尽管众多的经济学家对凯恩斯贸易限制的理论和政策横加指责，但凯恩斯对贸易限制的态度是非常谨慎的，是有非常严格的条件的，实际上凯恩斯从本质上是反对将贸易限制作为扩大本国就业的手段的，对此凯恩斯提出的解决方案是国内政策，尤其是财政政策，来确保国家内部均衡，而非贸易保护政策。

二、凯恩斯国际贸易理论与政策对国际社会的影响

凯恩斯经济学成为资本主义国家国内政策的指导思想主要体现在各资本主义国家在第二次世界大战后各国就业法的制定和通过，而成为国际经济政策的指导思想则体现在布雷顿森林体制的制定和确立以及后来国际贸易组织的筹划和关贸总协定的签订。

---

① Douglas A. Irwin, *Against the Tide: An intellectual history of free trade*, *Princeton*, Princeton University Press, 1995, p. 202.

② 贾格迪什·巴格沃蒂著，海闻译：《今日自由贸易》，中国人民大学出版社 2004 年版，第 9 页。

③ 同上书，第 13 页。

1944 年 5 月英国政府发表了《就业政策白皮书》，美国二战后期也提出了战后就业政策的问题并于 1946 年通过了《就业法》，加拿大和澳大利亚政府也对战后就业问题相继发表文告。这些国家均通过不同的方式宣布它们将以达到充分就业作为战后施政的重要目标，并明确地以凯恩斯的理论和建议作为制定政策的理论依据，标志着凯恩斯经济学代替传统经济学成为资本主义国家官方接受的"正统的"经济政策的基本指导思想。

第二次世界大战结束后，资本主义国家政府把凯恩斯的国际经济理论和政策奉为制定国内经济政策和国际经济政策的基本指导思想，表现在它们相继推行所谓充分就业政策以及接受布雷顿森林会议规定的国际货币金融体制，指望以稳定的汇率来保证就业政策在国内的实施。凯恩斯指出，一国改善外汇收支的努力是以邻为壑的做法，仅仅意味着从其他国家抽取就业和购买力，所有国家只有互相拆除贸易壁垒同时实施贷款支出政策才能使世界整体经济走出萧条。为此，凯恩斯当时就提出了增加国际货币储备、建立世界中心银行的计划。

实际上，布雷顿森林体系所制定的国际货币基金协定和国际复兴开发银行协定，都是符合凯恩斯理论关于战后国际金融关系的安排的。凯恩斯提出的国际清算联盟计划反映了战后国际经济关系发展的趋势。"国际清算联盟计划和国际货币基金协定的规定闪耀着凯恩斯国际主义的光辉。他代表的不仅仅是英国一国的利益和要求，而是作为西方的经济思想家，代表的是西方国家的利益和要求。"①

凯恩斯有关国内就业和国际贸易的关系的理论影响是深远的。1944 年 7 月，联合国货币与金融会议通过决议成立了国际货币基金组织和国际复兴开发银行（后来的世界银行）。与此同时，GATT 的筹划和组建也是以相互减让关税、逐步消除贸易壁垒、促进国际贸易自由发展为宗旨。GATT 就是凯恩斯所倡导的多边的互惠的自由贸易的实践。因此，凯恩斯有关就业和国际贸易的理论对战后的国际贸易计划影响是深远的。

---

① 胡代光、厉以宁、袁东明：《凯恩斯主义的发展和演变》，北京：清华人学出版社，2004 年，第 28~30 页。

第九章

普雷维什与"中心—外围"理论

第一节　普雷维什的时代、生平和著作

劳尔·普雷维什（Raul Prebisch，1901～1986）是阿根廷最杰出的经济学家，也是拉丁美洲乃至第三世界最具影响力的经济学家之一。他被赞誉为"联合国历史上的伟大人物之一"、"发展中世界的一位巨人"、"拉美发展政策形成过程中的根本指导者"、"一位伟大的阿根廷人和伟大的美洲人"和"拉美有史以来最有影响的经济学家"……。① 普雷维什是"南南合作和拉美地区经济一体化的积极倡导者"，他所提出的"中心—外围"等理论思想"成为发展中国家对国际经济新秩序的协调要求。"②

一、普雷维什所处的时代

普雷维什在青年时代经历了 1929～1933 年的资本主义世界大萧条，他作为政府经济部门工作人员深刻体会到了大萧条对阿根廷经济的影响，更切身体会到了阿根廷的初级出口产品在国际贸易中的劣势地位。大萧条之前的阿根廷与其他拉丁美洲国家一样是一个初级产品出口大国，它主要向以英国为主的贸易伙伴国提供肉类和谷物等农牧产品。这一时期的阿根廷虽然在经济上对发达国家的依赖程度很高但却保持着较高的贸易顺差，而且也通过这种外向型的发展模式参与到了国际分工之中。然而，第一次世界大战的爆发和大萧条的到来使以往的"旧秩序瓦解了"③。大萧条期间阿根廷的出口严重下滑，国内生产

---

① 董国辉：《劳尔·普雷维什经济思想研究》，天津：南开大学出版社，2003 年第 1 版，第 26 页。

② "Raul Prebisch, 1901～1986," *Third World Quarterly*, Vol. 8, 1986, pp. xxi.

③ Raul Prebisch, "Towards a New Trade Policy for Development," Report by the Secretary-General of UNCTAD, United Nations, 1964, pp. 8.

总值大幅降低、粮食减产、人口增长率下降。1933 年阿根廷为了维持对外出口不得不与英国签订不平等条约——《罗加—伦西曼条约》，这使得普雷维什切身体会到了弱国在国际中的被动地位。大萧条之后，拉丁美洲国家为了建立和发展本国工业以替代工业品进口，纷纷自发地走上了发展现代工业化的道路。阿根廷也开始建立起本国的工业体系，其与英美等富国的依赖关系也开始动摇。与此同时，大萧条的到来也打破了阿根廷 70 余年的政治稳定，此后阿根廷的政府更迭非常频繁，军人与文人交替执政的局面是其在 20 世纪下半叶的主要表现。政局动荡等综合因素的作用使阿根廷的经济难以持续发展起来，阿根廷在 21 世纪初成为全球最大的倒账国。

二、普雷维什的生平和著作

普雷维什出生于阿根廷内陆地区的历史文化名城——图库曼，他的父亲和母亲分别是德国人和阿根廷人。普雷维什 17 岁的时候从胡胡伊高中毕业，随后进入国立布宜诺斯艾利斯大学经济科学系学习。普雷维什对经济学有着深厚的兴趣和深入的思考，自进入大学的第二年起他便在《经济科学评论》等期刊中发表了许多文章和书评，如《关于中国生活"水平"的研究》、《意大利的生活成本》、《战争和法国的人口》等。仅用 5 年时间普雷维什就完成了从学士到博士的全部研修内容，并以优异的成绩获得了经济学博士学位。博士毕业后的普雷维什顺利留校任教直到 1948 年，他于毕业的前一年开始担任阿根廷著名经济学家亚历杭德罗·本赫的研究助理和阿根廷农业协会下属的一个统计办公室主任。普雷维什于 1925 年正式进入阿根廷政府统计部工作，并于 1927 年担任阿根廷国家银行经济研究部主任。1927～1928 年间，普雷维什曾为阿根廷农业协会先后撰写了一篇名为《肉类贸易中合伙经营制度》的研究论文和一部统计年鉴，前者"成为政府代表畜牧业主在国外肉类市场中采取行动的基础"[1]，后者获得了农业协会主席路易斯·杜昂的较高评价[2]。普雷维什在 1930～1935 年间先后担任阿根廷财政部副部长和财政部与农业部的经济顾问等职务，在 1935～1943 年间担任阿根廷中央银行行长和首席经济学家。1943 年阿根廷爆发的军事政变迫使普雷维什回归大学教学与科研工作，他在这段时间的深入思考为日后"中心—外围"理论的提出奠定了基础，而后他

---

[1] Raul Prebisch, "Elregimen de pool en el comercio de carnes," *Revista de Ciencias Economicas*, 1923, pp. 1302～1321. // Weinberg G. et al. "Raul Prebisch: Obras 1919～1948," Tomo 1, pp. 481～497.

[2] 董国辉：《劳尔·普雷维什经济思想研究》，天津：南开大学出版社，2003 年第 1 版，第 9 页。

在 1946 年的美洲大陆中央银行问题技术大会上首次以书面形式提出了"中心—外围"理论。

1948 年联合国成立拉丁美洲经济委员会,普雷维什担任该组织的顾问,两年后他众望所归地就任该委员会执行秘书一职并一直在这个岗位上工作到 1963 年。普雷维什在 1949 年发表的《拉丁美洲的经济发展及其主要问题》一文中将"中心—外围"理论全面展示出来,这篇文章被誉为"拉丁美洲经济委员会宣言"。普雷维什在拉丁美洲经济委员会的 15 年工作是富有成效和影响力的,他组织了一系列理论建设和发展规划设计工作,先后发表了《1949年拉丁美洲经济概览》、《经济增长的理论和实践问题》和《经济发展的规划计划的初步研究》等著作,成功地推动了拉丁美洲经济一体化进程。1963 ~ 1969 年间,普雷维什转任联合国贸易与发展会议(UNCTAD)秘书长,期间他在推动国际经济新秩序的建立方面付出了极大努力。他在 1964 和 1968 年举行的第一届与第二届联合国贸易与发展会议上分别作了题为《迈向发展的新贸易政策》和《发展的新全球计划》两篇报告,对促进"中心—外围"国家之间平等关系的建立和外围国家之间经济合作的加强起到了一定的作用。

在辞去了联合国贸易与发展会议秘书长的职务后,普雷维什回到圣地亚哥担任联合国拉丁美洲经济社会计划研究所所长,致力于经济发展理论研究和培训工作。1976 年他出任《拉美经委会评论》主编,先后在该刊物上发表了《外围资本主义批判》、《资本主义危机和国际贸易》、《全球资本主义危机及其理论背景》等著作,全面系统地展示了他的经济发展理论。1980 年普雷维什获得了第三世界社会和经济研究基金会授予的"第三世界奖",该奖肯定了他对发展中国家经济发展所作出的巨大贡献,他也是该奖项的第一位获得者。1981 年普雷维什的《外围资本主义:危机与改造》一书出版,该书"比较集中地反映了他关于发展问题的理论观点"①。在生命的最后四年,普雷维什一直担任阿根廷总统的经济顾问,他既为阿根廷的经济发展出谋献计,也为拉美和整个发展中国家的经济发展奔走呼吁。他在这段时间的思想部分地反映在《探寻阿根廷复兴的共识》、《关于报酬的无通货膨胀调整的评论》和《关于反通货膨胀政策的反思》等著作中。

---

① 苏振兴:译者前言,转引自劳尔·普雷维什:《外围资本主义:危机与改造》,北京:商务印书馆,1990 年,第 2 页。

第二节 "中心—外围"理论的来源、内容与相关贸易思想

一、"中心—外围"理论的来源

普雷维什并不是最早提出"中心—外围"思想的学者,马克思曾在《资本论》中提出了含有"中心—外围"概念的论述:"一种和机器生产中心相适应的国际分工产生了,它使地球的一部分成为主要从事农业的生产地区,以服务于另一部分主要从事工业的生产地区。"[1] 恩格斯也同样认为:"英国是农业世界伟大的工业中心,是工业太阳,日益增多的生产谷物和棉花的卫星都围着它运转。"[2] 列宁在关于资本主义经济的一些论述中也阐释出了"中心—外围"的理念,他认为"全世界资本主义经济……是极少数'先进'国对世界上大多数居民施行殖民压迫和金融遏制的世界体系。"[3] 他们对世界市场和世界体系的这些描述都从一个侧面揭示了"中心"国家与"外围"国家的存在性、区别和相互关系。在已有文献中真正首次提出"中心—外围"这一概念的学者是魏尔纳·桑巴特(Werner Sombart,1863~1941),这位德国经济学家于 20 世纪 20 年代出版的《现代资本主义》一书中提到了"中心的资本主义国家"和"与大量的从中心角度看为外围的国家"这样两个概念,[4] 但是他并没有将这种"中心—外围"概念上升到理论层面的高度。此后,罗马尼亚经济学家米哈伊尔·曼努莱斯库、德国学者恩斯特·瓦格曼和美国经济学家小威谦·A. 布朗等人也分别在各自的著作中使用了"中心—外围"的概念。这些学者对"中心—外围"思想的讨论是富有创新性的,但是他们都没有能够将其理论化。这些思想在一次次争论中得以传播到包括阿根廷在内的许多发展中国家,引发了当地学者对"中心—外围"思想的关注。

普雷维什很早便对经济研究有着浓厚的兴趣,他承认自己年轻时是"一个新古典主义者,……强烈地相信瓦尔拉斯—帕累托的一般均衡理论,并为其

---

① 马克思:《资本论》(第 1 卷),北京:人民出版社,1975 年,第 495 页。

② 恩格斯:《马克思恩格斯选集》(第 4 卷),北京:人民出版社,1972 年,第 279 页。

③ 列宁:《帝国主义是资本主义的最高阶段》,北京:人民出版社,1972 年,第 279 页。

④ Sombart W. *Der moderne Kapitalismus* Ⅲ, in Love J L. "Raul Prebisch and The Origins of the Doctrine of Unequal Exchange," *Latin American Research Review*, 1980, pp. 63.

数学上的完美特性所吸引"。① 在担任本赫的研究助理时,普雷维什受到了本赫关于工业化思想的影响,并且在他的引领和鼓励下将对经济研究的"兴趣转化为真正的热情"。② 普雷维什在农业协会工作时就对经济政策产生了一定的研究兴趣,一些出国考察的机会使他了解到阿根廷在国际经济中的地位。入职阿根廷统计部后的普雷维什"对国际贸易体系有了初步的认识",逐渐"对在国际贸易体制的背景下制订政策的问题很感兴趣"。③ 在阿根廷财政部和中央银行工作的那段时间里,普雷维什亲身体会到了阿根廷的初级产品出口在国际市场中的弱势地位,亲眼看到了传统国际分工等理论对外围国家的解释乏力。他曾说到"我的脑子里充满了形形色色的理论,却弄不明白阿根廷经济的种种现象。……我常常感到,过去学的东西不但不能解释那种现象,而且还妨碍我去考察它"。④ 终于,他"不得不放弃对自由贸易的和对国际分工积极结果的看法",他对发展中国家的贸易地位和发展道路的批判性思索开始萌芽。在熊彼特、凯恩斯和李斯特等经济学家思想的感染下,普雷维什结合对阿根廷和广大发展中国家现实情况的独立思考,于 20 世纪 40 年代中期在布宜诺斯艾利斯的大学课堂上首次提出了"中心—外围"的概念,而后在美洲大陆中央银行问题技术大会上正式提出了"中心—外围"理论。"在 20 世纪 50 年代,当普雷维什领导拉丁美洲经济委员会的一个班子用结构主义的研究方法对这些问题的分析进行系统阐述时,他的著作闻名于世。"⑤

普雷维什在形成"中心—外围"理论的过程中结合了结构分析方法、历史研究方法、总体研究方法和动态研究方法。⑥ 结构分析方法是普雷维什非常重视和主要使用的分析方法,他认为"社会结构包含着一系列由于紧密的相互依存关系而彼此联结的局部结构,诸如技术结构、生产结构、就业结构、权

① Prebisch R. "Power relations and market laws," in Kim K S, RUCCIO D F. Debt and Development in Latin American, University of Norte Dame Press, 1985: 9.

② Prebisch R. "Anotaciones a la Estadistica Nacional," *Revista de Economia Argentina*, 1925: 85 ~ 104. in Weinberg G. et al., Raul Prebisch: Obras 1919 ~ 1948, Tomo 1, pp. 404.

③ Love J. L., *Economic ideas and ideologies in Latin America since 1930*, in Bethell L. ed., *Ideas and Ideologies in Twentieth Century Latin America*, New York: Cambridge University Press, 1996, pp. 218.

④ Raul Prebisch, Apuntes de economia politica, in Love J. L., "Raul Prebisch and The Origins of the Doctrine of Unequal Exchange," *Latin American Research Review*, 1980, pp. 55.

⑤ J·G·帕尔玛:《普列维什,劳尔》,转引自约翰·伊特韦尔等编:《新帕尔格雷夫经济学大辞典》,北京:经济科学出版社,1996 年第 3 卷,第 1000 页。

⑥ 董国辉:《劳尔·普雷维什经济思想研究》,天津:南开大学出版社,2003 年第 1 版,第 44 页。

力结构和分配结构等。分析这些变动是提示外围资本主义复杂的内部动力所不可缺少的。"① 因而他强调对"拉美国家的经济结构及其增长的周期性"进行"不偏不倚的科学研究，……就会为拉美的经济发展提供价值巨大的服务。"② 由于普雷维什在"中心—外围"理论的分析中始终从特定的历史条件下分析外围资本主义国家的发展问题，坚持将各种分析要素视为一个整体，并且以发展的眼光看待中心与外围国家的地位变化，因此他的研究方法中显著融合了历史研究、总体研究和动态研究的方法。

二、"中心—外围"理论的内容

普雷维什的"中心—外围"理论集中体现在他为拉丁美洲经济委员会提交的报告——《拉丁美洲的经济发展及其主要问题》之中。在这份报告中，普雷维什陈述了现有世界经济体系中不同国家作为"中心"和"外围"的现象所在。普雷维什指出："在拉丁美洲，现实正在削弱陈旧的国际分工格局，这种格局在19世纪具有很大的重要性，而且作为一种理论概念，直到最近仍然继续发挥着相当大的影响。在这种格局下，落到拉丁美洲这个世界经济体系的外围部分的专门任务是为大的工业中心生产粮食和原材料。"③ 这是在对传统经济理论批判的同时对当时世界经济体系的一种理性认识。为了证明他的观点，"在这份报告中，普雷维什利用联合国经济事务部重新整合的关于不发达国家进出口相对价格的经验数据证明技术进步的获益并没有均匀的分配，相反的是，在1876～1947年间不发达国家，即他所指定的'外围'国家的贸易条件相对于那些工业化的'中心'国家而言恶化了。……他认为相对市场力量是重要的。……在外围国家中，初级产品的生产者缺少对供给的控制，特别是农业部门的劳动组织能力薄弱，因此工业化国家能够通过市场控制保留大规模生产中所获收益的一个很大比例。"④

概括普雷维什的"中心—外围"理论，他将世界经济体系分为以西方发达国家为中心和以广大发展中国家为外围所构成的两极，二者的生产结构存在

---

① 劳尔·普雷维什：《外围资本主义：危机与改造》，北京：商务印书馆，1990年，第34页。

② Raul Prebisch, "The economic development of Latin America and its principal problems," 转引自董国辉：《劳尔·普雷维什经济思想研究》，天津：南开大学出版社，2003年第1版，第43页。

③ Raul Prebisch, "The economic development of Latin America and its Principal Problems," *Economic Bulletin for Latin America*, Vol. 7, 1962, pp. 1.

④ Street J. H., "Raul Prebisch, 1901～1986: An Appreciation," *Journal of Economic Issues*, Vol. 21, 1987, pp. 649～659.

巨大差异。中心的生产结构是同质和多样化的,而外围的生产结构是异质和专业化的。① 这意味着,处在中心的发达的工业化国家因技术进步的均衡传播使各部门生产率普遍较高,生产部门可以创造出多样化的产品。而处在外围的发展中国家由于技术与劳动组织上的落后使各部门生产率差异较大,生产部门多集中于生产少数初级产品。这种由于结构差异而带来的国际分工不同使中心与外围国家面临不平等的国际贸易关系。中心国家生产并出口工业制成品而进口来自"外围"国家的初级产品,由于其进口产品的收入弹性较低,因而实际收入的增长通常会大于进口的增长。相反,外围国家生产并出口初级产品而进口来自中心国家的工业制成品,由于所进口产品的收入弹性较大,使得实际收入的增长往往慢于进口的增长。同时,受供给与需求要素的作用,经济增长对贸易条件的综合效应将使得外围国家进口产品价格提高而出口产品价格下降,导致贸易条件恶化。由此可见,中心与外围国家发展的起点不同,而长期的不平等贸易将拉大二者之间的差距,外围国家将被更远的甩在中心之外。为了解决外围国家的发展困境,其惟一能走的道路就是发展工业化:一方面增加国内工业制成品的生产来满足消费需求;另一方面以多样化的出口产品取代原来单一的初级产品出口。

由于普雷维什的《拉丁美洲的经济发展及其主要问题》报告最初是用西班牙文所著,因此并没有得到英语世界的广泛阅读,直到1962年拉美经委会杂志用英语将其再版才得到了更大的关注。在普雷维什及其在联合国拉丁美洲经济委员会中同事的共同努力与推动下,"中心—外围"理论及其政策建议在拉丁美洲、加勒比、印度和非洲等地区得到了广泛接受,"中心—外围"这一概念也在战后被许多经济分析流派所使用。当然,由于理论本身存在的局限性以及在政策建议中对某些重要集团利益的挑战,普雷维什抛出的"中心—外围"理论引发了激烈的论战。"维纳(Viner)和哈伯勒(Haberler)等知名国际经济学家都曾强烈的敌视他的文章,他们不仅在理论层面上持激烈的反对态度,同时也质疑普雷维什所使用数据的正确性。"② 即便如此,普雷维什和他的"中心—外围"理论仍然得到了极大的关注和发展,他在"中心—外围"理论中所论述的关于贸易条件恶化论、进口替代论和外围国家经贸合作等思想

---

① J·G·帕尔玛:《结构主义》,转引自约翰·伊特韦尔等编:《新帕尔格雷夫经济学大辞典》,北京:经济科学出版社,1996年第4卷,第570页。

② Street J. H.,"Raul Prebisch, 1901~1986: An Appreciation," Journal of Economic Issues, Vol. 21, 1987, pp. 649~659.

也产生了广泛的影响。

三、"中心—外围"理论的相关贸易思想

"中心—外围"理论自 20 世纪 40 年代形成后，经过普雷维什及其在拉丁美洲经济委员会同事的共同努力下得到了不断的丰富，其理论思想趋于成熟，政策意见走向实践。在"中心—外围"理论的发展过程中，贸易条件恶化论、进口替代论和外围国家经贸合作论等三个思想最具代表性和影响力。

（一）贸易条件恶化论

普雷维什在"中心—外围"理论中关注了外围国家的"4 种形式化实事：（1）中心国家和外围国家之间收入水平的日益增大的差距；（2）外围国家持久的失业；（3）在那些对经济增长过程施加外部限制的外围国家，国际收支差额持续不平衡；（4）外围国家贸易条件恶化的趋势。"① 其中，外围国家贸易条件趋于恶化是导致其与中心国家收入差距的重要因素，也是外围国家经济结构异质性和专业化的逻辑结果。② 由此形成的贸易条件恶化论既是"中心—外围"理论的重要贡献，也是该理论受到批判的主要标靶。

贸易条件与贸易利益是密切相关的两个方面，均衡的贸易条件意味着公平的利益分配，而不均衡的贸易条件必然会损伤某一方参与主体的利益。传统贸易理论一直认为初级产品相对于工业制成品的贸易条件会呈上升趋势，按照这种观点将得出这样的结论：主要出口工业制成品的发达国家会损失贸易收益，而大量出口初级产品的发展中国家会在国际贸易中获得递增的收益。查尔斯·金德尔伯格（Charles P. Kindleberger，1910~2003）在 1943 年对这种初级产品贸易条件"改善论"提出了反对意见，他认为"随着世界生活水平的提高……，并由于恩格尔消费定律的作用，贸易条件的运动对农业和原材料国家非常不利"。普雷维什在 1949 年提交的报告中计算出发展中国家在 1936~1938年所能购买的工业制成品仅相当于 1876~1880 年数量的 64.1%，且这种贸易条件的恶化过程并不是突变的，而几乎是在所考察时间里逐年完成的。③

普雷维什将外围国家贸易条件恶化的原因解释为传统国际分工的必然结

---

① J·G·帕尔玛：《普列维什，劳尔》，转引自约翰·伊特韦尔等编，《新帕尔格雷夫经济学大辞典》，北京：经济科学出版社，1996 年第 3 卷，第 1000 页。

② J·G·帕尔玛：《普列维什，劳尔》，转引自约翰·伊特韦尔等编，《新帕尔格雷夫经济学大辞典》，北京：经济科学出版社，1996 年第 4 卷，第 571 页。

③ Raul Prebisch, "The economic development of Latin America and its Principal Problems," *Economic Bulletin for Latin America*, Vol. 7, 1962, pp. 4.

果。资本主义世界在 19 世纪形成了日益稳定的国际分工格局，英国等发达国家凭借技术进步较早实现了工业制成品的大规模出口，而技术水平落后的广大发展中国家被迫以出口大量初级产品来换取工业品。但是，无论从供给还是需求的角度来看，外围国家的"消费轨迹"和"生产轨迹"都偏向于贸易，那么在市场经济的作用下，其进口商品价格会逐渐提高而出口商品价格反向而动。这种贸易条件的恶化在美国代替英国成为世界经济"动力中心"后愈发严重，美国对初级产品的较低需求和贸易保护主义政策的盛行使外围国家出口大幅下降，特别是大萧条的到来更深刻打击了外围国家的对外贸易发展。尽管普雷维什的贸易条件恶化论遭到了猛烈的抨击，但后来一系列研究数据还是证明了他的观点。例如，迈克尔·托达罗（Michael P. Todaro）在《经济发展》一书中证明了"自 1990 年以来，初级产品实际价格以年率 0.6% 在下降，在 1977 ~ 1992 年的 15 年中，非石油产品的价格相对那些出口制成品下降了几乎 60%，这样，到 1992 年达到了 90 年来的最低点。"① 类似的来自不同经济学者或经济组织的证明还有很多，正是出于对该思想的充分信心，普雷维什在 80 岁时仍坚持认为"这个论点的逻辑性是无懈可击的"。②

（二）进口替代论

进口替代是指通过大力发展本国工业来促进国内生产能力的提高，利用国内增加的产品替代一部分原来需要进口的商品。拉丁美洲国家选择进口替代战略转变经济结构是一种本能的选择。拉丁美洲国家在殖民统治时期打下的经济结构使其自 19 世纪 70 年代起逐渐形成了一种"外向型"的初级产品出口模式，这些国家通过参与国际贸易为工业化国家提供大量初级产品，如同以往向宗主国供应原材料一样。但是，这种经济模式在 1929 ~ 1933 年的大萧条中被严重动摇，一些拉丁美洲国家为了解决国内失业、对外贸易不平衡和贸易条件恶化等问题主动转变经济发展模式，自发地由初级产品出口模式向进口替代工业化模式转变。正如罗伯特·亚历山大（R. J. Alexander）所说："拉丁美洲国家是为世界经济形势所迫而走上进口替代道路的。或者是因为战时对贸易的干预，或者因为对其出口的需求减少而引起的外汇短缺，拉丁美洲各国不得不

---

① 迈克尔·托达罗著，黄卫平等译：《经济发展》，北京：中国经济出版社，1999 年第 6 版，第 423 页。

② 劳尔·普雷维什：《外围资本主义：危机与改造》，北京：商务印书馆，1990 年，第 190 页。

为自己而进行生产。"①

普雷维什等人的工作将外围国家进口替代的这种实践上升到了理论层面。他认为"如果没有替代，没有进口结构的变化，那么也就不会有经济增长。"②因为在当时世界经济体系下的外围国家对中心国家的工业制成品有较强的进口依赖性，不改变这种进口结构是无法真正保障本国经济的稳定增长，因此只有通过提高工业制成品的生产能力，才能有效转变进口结构并"修正对外贸易弹性的差异"③，从而改变外围国家在国际贸易中的弱势地位，持续促进本国经济增长。基于这种理论基调，普雷维什对外围国家对外贸易发展提出了一些政策建议，如："对替代性工业化实行保护并对工业品出口给予补贴"④；需要"合理的和深思熟虑的国家行动来影响发展的力量"⑤；"通过各国的联合努力，根据它们的地理位置和经济特点来加以克服工业增长的限制"⑥ 等。普雷维什的进口替代论受到了来自拉丁美洲等发展中国家地区的广泛欢迎，他本人也一直致力于根据现实情况修正、反思和发展这一思想，并对许多外围国家的进口替代实践提出了重要指导，促进了一些国家在一段时间内的经济发展。

（三）外围国家经贸合作论

普雷维什被赞誉为"第三世界经济学家中一位极其重要的老人"⑦，这与他在推动外围国家加强经济合作中的重要作用密切相关。普雷维什在参与联合国拉丁美洲经济委员会的初期就曾通过报告等形式表达了加强拉丁美洲国家之间合作的建议与愿望。20 世纪 50 年代，普雷维什根据国际经济形势影响下的外部市场环境变化，认为加强拉丁美洲国家之间的经济合作是解决当时对外贸易收缩和国内市场部分产品供给过剩的重要途径。他认为："工业化在各国经

---

① Alexander R. J. , "Import substitution in Latin America in Retrospect," in Dietz J. L. , James D. D. , *Progress toward development in Latin America: from Prebisch to technological autonomy.* Lynne Rienner Publishers, 1990, pp. 16.

② Raul Prebisch, "Problemas teóricos y práctios del crecimiento económico," 转引自肖枫：《西方发展学与拉美的发展理论》，北京：世界知识出版社，1990 年，第 133 页。

③ Raul Prebisch, "Commercial policy in the underdeveloped countries," *American Conomic Review*, 1959, pp. 253.

④ 劳尔·普雷维什：《外围资本主义：危机与改造》，北京：商务印书馆，1990 年，第 182 页。

⑤ United Nations, *Towards a Dynamic Development Policy for Latin Amercia*, New York, 1963, pp. 10.

⑥ Raul Prebisch, "The economic development of Latin America and its Principal Problems," *Economic Bulletin for Latin America*, Vol. 7, 1962, pp. 18.

⑦ Raul Prebisch, "Raul Prebisch on Latin American development," *Population and Development Review*, Vol. 7, 1981, pp. 563 ~ 568.

济严密界限的范围内发展，拉美各国之间的工业品贸易极少。当工业化只涉及本国市场容许一定规模的企业来生产产品的时候，这种工业孤立的状态尚未引起严重关切。但是，当工业化为了满足发展的需要而扩展到只能超越本国市场需求的大规模生产才能经济地生产产品的时候，组织拉美国家之间的互惠贸易就十分重要了。"①

为了推动拉丁美洲各国之间的经贸合作，普雷维什利用各种机会宣讲合作的必要性、可能性与重要性。他曾解释到："随着替代工业化的进展，必将采取越来越复杂的活动，而从生产率的观点看来，市场规模在其中具有头等重要的意义。这样，如果像目前的进口替代战略那样，……新投资的收益……将继续低于那些拥有较大市场的大工业中心。"② 因此，"为了生产这些资本品和发展所需要的中间产品工业，……它们需要一个共同市场。"③ 普雷维什还利用拉丁美洲经济委员会的研究能力建立了探讨加强拉美地区贸易合作乃至建立共同市场的专门机构，并在 20 世纪 50 年代末到 60 年代初的时间里将这一思想不断完善。普雷维什在建立外围国家经贸合作理论思想的同时，也对如何实际操作这种国家间的合作提出了建议。他认为："只能通过循序渐进的几个阶段而逐步地实现。在第一阶段，必须确定那些可以实现的目标；一种耐心的政策问题必然是建立在现实主义路线和坚定的目标基础上的。……在这种试验性阶段，需要采取非常灵活的程序，并建立长远的免责条款。"④ 普雷维什的理论思想与实践活动对推动外围国家之间加速经贸合作作出了重要贡献，而且他的不懈努力也推动了南北国家之间的沟通对话。即便是在生命的最后时间里他仍然满怀希望地说道："至关重要的是，有那么一天，我们全体，北方的和南方的在一起来探讨我们的问题，而不管那些教条和预先设想的思想，直到我们达成一个有共同基础的措施。因为我相信，一旦发展中国家实现工业化，它们将在北半球经济的发展中发挥重要的动力作用。"⑤

① Raul Prebisch, *Cooperratión internacional en la polítia de desarrollo latinoamericano*, Nueva York: Nacionas Unidas, 1954. 转引自高铦:《第三世界发展理论探讨》，北京：社会科学文献出版社，1992 年，第 34 页。

② CEPAL, *The Latin American Common Market*, Mexicl, D. F.: The United Nations, 1959, pp. 18.

③ 同上书，第 1 页。

④ 同上书，第 5 页。

⑤ CEPAL. "RaulPrebisch: Un Aporte al studio de su Pensamiento," 转引自董国辉:《劳尔·普雷维什经济思想研究》，天津：南开大学出版社，2003 年第 1 版，第 173 页。

第三节 "中心—外围"理论的发展与历史地位

一、"中心—外围"理论的发展

"中心—外围"理论的推出在学术界引发了极大的关注，特别是众多来自发展中国家的经济学者纷纷加入了对"中心—外围"理论的探讨之中，其中一些学者对该理论作出了有益的探索，丰富了"中心—外围"理论的研究体系。受"中心—外围"理论启发而发展起来的经济思想非常庞杂，本书主要选择其中较为重要且影响较为深远的经济贸易学说加以介绍，包括普雷维什—辛格假说、依附论和不平等交换论。

（一）普雷维什—辛格假说

汉斯·辛格（Hans W. Singer，1910~2006）出生在德国，曾在波恩师从熊彼特和斯皮特霍夫（Spiethoff）。而后他来到了剑桥，在那里他受到了凯恩斯的教导并在其引领下对失业进行了许多调查且形成了《没有工作的人》（Men Without Work，1937）和《失业与失业者》（Unemployment and the Unemployed，1940）等著作。1947年，辛格来到联合国为其准备一份关于1873年以后英国贸易条件的研究报告，这项报告的研究奠定了他日后与普雷维什齐名的基础，也在很大程度上确定了他日后在发展经济学领域的研究方向。辛格的研究成果比较丰富，他在理论研究中十分关注欠发达国家的发展问题，其代表性研究成果主要有：《欠发达国家从贸易与投资中获得的收益与损失》（Gains and Losses from Trade and Investment in Under-Developed Countries，1950）、《巴西东北部的经济发展》（Economic Development of the Brazilian Northeast，1955）、《国际发展、增长与贸易》（International Development，Growth and Trade，1964）等。

汉斯·辛格在1950年提出了有关发展中国家的贸易条件恶化理论，他的思想与普雷维什不谋而合，人们通常将二人在这一领域的成果合称为"普雷维什—辛格假说"。他这篇名为《欠发达国家从贸易与投资中获得的收益与损失》的报告用经验数据评估了发展中国家的贸易"成本"。文章一经发表就在理论界激起了千层浪，引发了维纳和哈伯勒等经济学家的强烈批判，但是其在发展理论与以进口替代战略为代表的发展实践中的积极作用却受到了发展中国家的追捧。辛格通过四个方面用经济学思想系统地解释了普雷维什—辛格假说，即"（1）初级商品和制成品的需求弹性不同；（2）初级商品需求扩大的余地小于制成品需求；（3）工业国的技术优势意味着，它们的出口商品中包含有某种比较复杂的技术，这种技术的控制权集中在商品出口国手里，特别是集中在那些国家的大型多国公司手里；（4）工业国和发展中国家的商品市场及劳动市场结构不同。"① 随着战后发展中国家制成品出口的增加，辛格对普雷维什—辛格假说进行了修正，他更关注于发展中国家"初级商品价格下降率要与工业国出口的初级商品价格下降率进行比较"和"相对于工业国出口的制成品价格下降的发展中国家出口的制成品价格的下降"② 等问题。对于普雷维什—辛格假说的褒贬之词始终不乏于耳，但是一系列的论战却使这一假说的理论内核愈发清晰，那就是："在世界经济当中，存在着许多力量导致得自于对外贸易与经济进步过程中的收益分配不平衡地发生作用，以至于强国获得了最好最大的份额，而弱国则在分配过程中自相侵吞。"③

（二）阿明和多斯桑托斯等人与依附论

依附论是一个比较庞杂的理论学说，主要研究当代资本主义积累运动在不发达国家的特殊表现形式。它发端于 20 世纪 60 年代，受到了"中心—外围"理论的深刻影响，同时又具有自己的独立特性。安德烈·弗兰克（Andre Gunder Frank）、奥斯瓦尔多·松克尔（Osvaldo Sunkel）、塞尔索·富尔塔多（Celso Furtado）、鲁伊·马里尼（Ruy M. Marini）等学者在该理论上作出了重要贡献。在如此众多学者中，萨米尔·阿明和特奥托尼奥·多斯桑托斯是其中理论贡献突出且影响较为深远的经济学家。

1. 阿明与依附论

萨米尔·阿明（Samir Amin，1931 ~ ）是依附论中一位具有代表性的经济学家。阿明出生于埃及的开罗，26 岁获得法国巴黎大学经济哲学博士学位，曾在埃及、马里、法国和联合国非洲经济发展和规划研究所工作。阿明最为人所知的是在新马克思主义理论发展方面的成就和关于发展中国家有意识的自力更生的思想，由于他的著作多由法语和阿拉伯语完成，因此其思想在阿拉伯世界具有较高的影响力。阿明的学术成果非常丰富，他撰写了 30 多本书籍，包括《不平等的发展》（1973）、《帝国主义和不平衡的发展》（1976）、《自力更生与国际经济新秩序》 （1976）、 《阿拉伯民族：民族主义与阶段斗争》

---

① H·W·辛格：《贸易条件与经济发展》，转引自约翰·伊特韦尔等编：《新帕尔格雷夫经济学大辞典》，北京：经济科学出版社，1996 年第 4 卷，第 676 页。

② 同上书，第 678 页。

③ Streeten P. , *Development perspectives*, London：The Macmillan Press Ltd. , 1981, pp. 217.

（1976）、《非洲二十年来的经济变化》（1980）等等。从阿明的学术成果中可以看到他一直致力于研究发达国家与发展中国家之间的关系。

阿明在《不平等的发展—论外围资本主义的社会形态》一书中的前言写道："直到 19 世纪末，一种全世界的文明开始成形。可是，在历史进程显著加快的 20 世纪头 70 年间，世界分割为'发达'国家和'不发达'国家的情况仍然很明显；相反，它们之间的差距继续扩大，并使得刚开始形成一个世界体系的资本主义制度经历了第一批强的危机。"① 于阿明而言，南北国家在国家机构之间的分歧很大程度上是基于资本主义和全球化的。他在理论层面上提出了"外围资本主义"概念，认为它是资本主义发展过程中的一种特殊社会经济结构，在这种结构中封建与资本主义的生产方式共存。与"外围资本主义"相对应的正是所谓的"中心"，中心发达资本主义国家的群众消费部门和设备部门在经济中居决定地位，而外围发展国家的出口部门和奢侈消费部门居决定地位。两类资本主义国家的差异使得广大外围国家在工业、金融等方面严重受制于少数发达国家，这种国家发展层面上的依附关系不仅在殖民时代就已存在，而且在发展进口替代阶段更趋于强化，因而外围国家难以发展起独立自主的民族经济。阿明认为这些外围依附国家"不会出现一种成熟的、自主的资本主义前景"，② 他提出摆脱这种不利局面的道路就是"同世界市场决裂"③，通过自力更生提高生产率从而摆脱在国际贸易中的弱势地位。阿明对"中心—外围"理论的发展和对依附理论的贡献是非常突出的，时至今日他仍然活跃在国际经济与政治领域，他对当今发达国家与发展中国家的解析与评论仍然在世界范围内具有一定的影响力。

2. 多斯桑托斯与依附论

特奥托尼奥·多斯桑托斯（Theotonio Dos Santos，1936 ~ ）是巴西著名经济学家，依附论的主要代表人物之一。他撰写了 30 多本专著，出版了 40 多本合著，其中《依附论》、《社会主义或法西斯主义》、《帝国主义与依附》和《区域一体化与可持续发展》等著作被翻译成多种文字在许多国家出版。这位

---

① 萨米尔·阿明：《不平等的发展—论外围资本主义的社会形态》，北京：商务印书馆，1980年，第 1 页。

② 萨米尔·阿明：《自力更生与国际经济新秩序》，每月评论，1977 年，转引自边稚：《萨米尔·阿明和"依附"理论》，《西亚非洲》，1980 年，第 72 ~ 74 页。

③ 鲁宾施坦 C、斯米尔诺夫 C、索洛多夫尼科夫 V、罗友：《评萨米尔·阿明的若干论点》，《国外社会科学》，1978 年，第 7 ~ 11 页。

来自拉丁美洲发展中国家的学者在从事国际经济的研究过程中经历了众多艰难险阻，他在 20 世纪 60 年代中期被巴西军人独裁政权迫害并流亡到智利，在那里他与社会经济研究中心的同事共同建立起一个研究帝国主义和依附的小组，深入剖析资本主义世界的不平衡发展。此后，因政局动荡，他在流亡墨西哥的时候整合了之前出版的多本专著并加入最新研究成果，形成了《帝国主义与依附》这一主要代表著作，为厘清依附概念和揭示新依附形式作出了重要贡献。

多斯桑托斯认为"依附是这样一种状况，即一些国家的经济受制于它所依附的另一国经济的发展和扩张。两个或更多国家的经济之间以及这些国家的经济与世界贸易之间存在着互相依赖的关系，但是结果某些国家（统治国）能够扩展和加强自己，而另外一些国家（依附国）的扩展和自身的加强则仅是前者扩展对后者的近期发展可以产生积极的或消极的影响的反映，这种相互依赖关系就呈现依附的形式。不管怎样，依附状态导致依附国处于落后和受统治国剥削这样一种局面。这样，统治国就对依附国拥有技术、贸易、资本和社会政治方面的优势（在不同历史时期拥有上述范围内某些方面的优势），从而使它们得以对依附国强加条件，进行剥削并掠走其国内生产的部分盈余。"① 对于依附关系是如何产生的，多斯桑托斯认为是国际分工在其中发挥了基础性的作用，"这种国际分工使某些国家的工业获得发展，同时限制了另一些国家的工业发展，使后者受到由世界统治中心控制的增长条件的制约。"② 多斯桑托斯根据现实情况的复杂性进一步提出了他的另一个结论："依附决定着某种内部结构，而这种内部结构又根据各国经济在结构方面的可能性确定依附的状况。"③

多斯桑托斯对新依附形式的贡献是基于他对历史过程中依附形式的总结基础上形成的，他认为"殖民地商业—出口依附；金融—工业依附"是历史中存在的两种依附形式，"技术—工业依附"是新的依附形式④。从这些依附形式的发展过程可以看到"世界市场内产生的关系是不平等的联合关系……一部分国家的发展是以牺牲另外一些国家的发展为代价的。贸易关系的基础是对

---

① 特奥托尼奥·多斯桑托斯著，杨衍永、齐海燕、毛金里、白凤森译：《帝国主义与依附》，北京：社会科学文献出版社，1999 年，第 302 页。

② 同上书，第 303 页。

③ 同上。

④ 同上书，第 309 页。

市场进行垄断性控制，把在依附国生产的盈余转移到统治国。""依附国只有创造大量的盈余才能忍受这种不利的关系，但这并非通过掌握较为先进的技术来实现，而是依靠遭受着超额剥削的劳动力，这就限制了这些国家内部市场的发展，而且也限制了这些国家的人民在技术和文化能力及身心健康方面的发展。"① 对于如何解决拉丁美洲国家所面临的困境，多斯桑托斯在《帝国主义与依附》一书的最后一段中写到："拉美深刻的危机不可能在资本主义制度中找到出路。不是在革命中前进并坚定地走向社会主义，为我们这些国家的广大群众开辟一条发展和进步的道路，就是实行法西斯野蛮统治，这是惟一能保障资本在一定时期内政治上继续存在下去的条件，以便继续走其依附性发展的道路，……"② 多斯桑托斯提出的依附论虽然在理论层面中存在一定的局限性，但是他的思想价值是值得肯定的。

（四）伊曼纽尔与不平等交换论

伊曼纽尔（A. Emmannuel，1911～2001）是希腊著名马克思主义经济学家，他对帝国主义时代国际贸易问题的研究非常深入，是将马克思主义经济分析应用于解释现实经济问题的代表人物之一。伊曼纽尔对传统贸易理论的批判是非常坚决的，他批评"自由贸易的信徒并不懂得一国如何牺牲别国而致富的，这些先生们更不想懂得，在每一个国家内，一个阶段是如何牺牲另一个阶段而致富的。"③ 他在代表著作《不平等交换——帝国主义贸易的研究》一书中全面系统地阐述了他的不平衡交换论，刻画了外围国家在与中心国家进行贸易时遭受的剩余损失。

伊曼纽尔通过比较价值和马克思的生产价格，将他所提出的通过不平等进行剩余转移的理论公式化。④ 他在假设中"颠倒了李嘉图的国际贸易理论的基本假设……采用了不平等工资与利润标准化并趋于平均化的假设，而不采用同等工资与不等利润率的假设。"⑤ 即"存在一个由国际资本的流动性而形成的

① 特奥托尼奥·多斯桑托斯著，杨衍永、齐海燕、毛金里、白凤森译：《帝国主义与依附》，北京：社会科学文献出版社，1999年，第310页。

② 同上。

③ 伊曼纽尔著，文贯中等译：《不平等交换》，北京：中国对外经济贸易出版社，1988年，第1页。

④ Okishio, 1963, pp. 296～298. 转引自约翰·伊特韦尔等编：《新帕尔格雷夫经济学大辞典》，北京：经济科学出版社，1996年第4卷，第807页。

⑤ 伊曼纽尔著，文贯中等译：《不平等交换》，北京：中国对外经济贸易出版社，1988年，第272页。

单一的世界性利润率，以及存在一个由劳动力从外围到中心的不流动性而形成的工资差距。"他进而论断"不平等交换依赖于一个国家的剩余价值率以及与世界平均水平有关的资本有机构成。"① 在《不平等交换——帝国主义贸易的研究》一书中，伊曼纽尔将不平等交换分为广义和狭义两种，"一种形式，仅仅是在工资相等而资本有机构成不相等时由价值转变为生产价格而引起的；另一种形式，我称它为严格意义上的不平等交换，其特别在于工资和有机构成都不相等。……我的定义是以第二种形式为基础的。"② 在论证中，伊曼纽尔用狭义的不平等交换体现了中心国家与外围国家之间的贸易关系，他得出的基本结论是："这种工资的不平等，在其他一切都平等的条件下，独自构成了交换不平等的原因。"伊曼纽尔进而推断出"不平等交换是基本的转移途径。正是通过这种途径，使先进国家从一开始而且在以后经常对发展的平衡赋予新的动力，从而支配一切其他剥削手段，并充分说明财富是如此分配的。"③

对于外围国家面临的贸易条件恶化局面，伊曼纽尔认为"立即将它们的工资水平提高到和先进国家的工资水平一样是办不到的，它们只能寻求其他办法来保全它们自己，制止那些从它们自己的工人那里所取得的过足剩余价值外流。"具体做法有两个方面："一种是对输出品加税，将这种过量剩余价值转移给自己的国家；另一种是生产多样化，通过从传统的出口部门把要素转移到能生产进口品部门。这就可使全国消费者从国家低工资水平上获得好处。"④ 伊曼纽尔的《不平等交换——帝国主义贸易的研究》一书在1969年首先以法语在巴黎出版，三年之后以英语在美国出版。这本著作引发了广泛的争论，许多学者质疑他的理论的解释力及其与马克思价值论的关系。对于这些可能出现的质疑，伊曼纽尔在书中的最后写到"这些前提使我得到了一条各方面与一般国际贸易理论相反的结论。不管我的结论会引起怎样的轩然大波，一旦接受了我的假设，我就认为不可能得出其他不同的结论。"⑤

二、"中心—外围"理论的历史地位

普雷维什的"中心—外围"理论以及一系列发展而来的思想是发展中国

---

① 席尔瓦·E·A·D：《不平等发展》，转引自约翰·伊特韦尔等编：《新帕尔格雷夫经济学大辞典》，北京：经济科学出版社，1996年第4卷，第808页。

② 伊曼纽尔著，文贯中等译：《不平等交换》，北京：中国对外经济贸易出版社，1988年，第176页。

③ 同上书，第272页。

④ 同上书，第274页。

⑤ 同上书，第425页。

家贸易学说的主要代表，这些学说从发展中国家所面临的实际情况出发，对传统国际贸易理论进行了激烈的批判，揭示了发达国家与发展中国家在国际经济体系中的不平等地位，证明了外围国家在国际贸易中所遭受的剥削，代表了广大发展中国家对国际经济新秩序的呼声。普雷维什对"中心—外围"概念的发展和理论化使这一概念深入人心并受到依附论学派、世界体系论学派和不平等交换理论等许多经济学流派的广泛使用。半个多世纪以来，围绕普雷维什"中心—外围"理论所产生的论著数量巨大，可见其在理论界的深远影响力。

然而"中心—外围"理论在受到广泛推崇的同时，由于它的批判矛头直指传统国际贸易理论，它的众多结论与传统经济学思想背道而驰，而且所提供的政策建议威胁了一部分利益集团，因而对这一理论的各种批判是极其猛烈与持久的。理论界对"中心—外围"理论批判得最为激烈的代表人物是维纳和哈伯勒，他们从正统经济理论立场上对普雷维什等人颠覆性的论证予以反驳和否定。其中，最集中的论战焦点在于发展中国家的贸易条件是否在持续的恶化。维纳和哈伯勒等人首先对普雷维什和辛格等人所使用的经验数据提出了反对意见，例如他们对运输费用和制成品质量提高等问题在实证研究中的合理与有效性难以接受。同时，维纳认为普雷维什及其同事之所以认为"古典理论关于国际分工互利性的说法是旧的教条"，是因为他们"只是将农业和贫困武断地等同了起来"，[1] "贫困国家的实际问题并不是农业，或缺乏制造业，而在于贫穷与落后，贫穷的农业，或者贫穷的农业和贫穷的制造业。"[2] 哈伯勒指责普雷维什所在的拉丁美洲经济委员会"没有适当考虑到经济周期"[3]，并认为"在19～20世纪期间，国际贸易对不发达国家的发展有极大的贡献"[4]，而非如"中心—外围"理论所描述的是发达国家所主导的国际经济旧秩序导致了发展中国家的落后。他对"中心—外围"理论的评价是"这些所谓的历史

① Viner，转引自国彦兵：《西方国际贸易理论：历史与发展》，杭州：浙江大学出版社，2004年，第300页。

② Viner J. *International trade and economic development*，Glencoe：The Free Press，1952，pp. 72. 转引自董国辉：《劳尔·普雷维什经济思想研究》，天津：南开大学出版社，2003年第1版，第88页。

③ J·G·帕尔玛：《普列维什，劳尔》，转引自约翰·伊特韦尔等编：《新帕尔格雷夫经济学大辞典》，北京：经济科学出版社，1996年第3卷，第1000页。

④ Haberler G. 1959. 转引自国彦兵：《西方国际贸易理论：历史与发展》，杭州：浙江大学出版社，2004年，第299页。

事实缺乏证据，它们的解释是错误的，推断是草率的，政策结论则是不负责任的。"① 因而，他主张发展中国家不应实施保护贸易，相反"从经济发展的观点看，特别是从不发达国家的观点看，自由贸易是极端令人希求的。"② 对于所谓正统理论学者对"中心—外围"理论的攻击，普雷维什和他的同事以及其他来自发展中国家和极少数发达国家的学者通过大量事实数据捍卫了这一理论的正确性，从而为众多外围国家争取到了建立国际经济新秩序的理论武器。

拉丁美洲是"中心—外围"理论孕育的土壤，这块大陆在 20 世纪下半叶的每一次经济上的兴衰动荡都会引起对"中心—外围"理论的发展与反思。20 世纪 50~60 年代是"中心—外围"理论发展成熟的阶段，它有力地指导了拉丁美洲各国的经济发展。20 世纪 60 年代之后，国际经济形势与地区政治局势的动荡使普雷维什的发展思想在拉美的发展受到了阻碍，其理论思想也遭到了新一番指责。美国经济学家哈里·约翰逊就评述到："普雷维什博士的理论解释是不能令人满意的。许多关于贸易和增长问题的著作揭示了其理论的不足之处。"③ 进入 90 年代以后，墨西哥金融危机的爆发使"中心—外围"理论及其指导意义又一次成为讨论的焦点，褒贬之词皆而有之。进入 21 世纪后，对普雷维什及其"中心—外围"理论的讨论大幅减少，但仍然不乏一些全面深刻的评论，如国内学者董国辉在《劳尔·普雷维什经济思想研究》一书中就对"中心—外围"理论进行了客观的梳理，并结合国际化的新形势发展了这一理论。

"中心—外围"理论是从普雷维什的思想种子中成长起来的理论体系，因此对这一理论的理解在很大程度上正是对普雷维什经济思想的评价。当 1986 年普雷维什去世后，阿根廷政府为其举行全国哀悼，联合国大会全体默哀以向其致敬。墨西哥《对外贸易》杂志慨叹："当今几乎没有一个人像普雷维什那样与反映我们国家问题的经济思想的发展结合得如此紧密，没有一个人像他那样与从事研究和推动拉美及第三世界发展的机构的创立联系得如此密切。"④

———————————

① Haberler G. "Critical observations on some current notions in the theory of economic development," *L' industira*, 1957, pp. 8. in Higgins B. *Economic development: principles, problems and policies*, New York: W. W. Norton& Company, Inc. , 1959, pp. 373.

② Haberler G. 1959，转引自国彦兵：《西方国际贸易理论：历史与发展》，杭州：浙江大学出版社，2004 年，第 300 页。

③ Hohnson G. *Economic policies toward less developed countries*, New York: Frederick a. Praeger Publishers, 1976: 28.

④ *Raul Prebisch*, 1901~1986, Comercio Exterior, 1986, pp. 379.

英国学者波佩斯库称赞普雷维什"一直是历代学者拉美经济学家们的灵感之源。因此他不仅是拉美经济学学派的奠基人,而且还是拉美经济和社会发展计划的一位社会工程师。"① 此后众多学者通过大量论著对这位来自拉丁美洲的经济学家给予了客观的评价,对这位为发展中国家经济发展奋斗一生的老人表达了崇高的敬意。

---

① Popescu O. *Studies in the History of Latin American Economic Thought*, London: Routledge, 1997, pp. 270.

第十章

产业内贸易理论

第一节　第二次世界大战后的世界经济（1945～1980）

在 20 世纪初期，新古典经济学家中流行着一种"对外贸易重要性渐减"的观点，对国际贸易的发展作出了预言。他们认为未来发展的趋势是国际贸易在世界总产量中的比重递减，重要性变小。[①] 但是，战后以来的社会政治、经济格局发生了巨大的变化，国际贸易的地位没有削弱反而越来越重要。

一、社会政治、经济格局改变

战后世界局势虽然仍然以发达国家为主体，但是其格局已经发生变化。由于二战期间各发达国家的经济实力都被大大地削弱了，只有美国从中获益成为了世界超级大国。战后在美国的主导下世界新秩序得到建立，这促进了经济发展，国际之间的经济合作日益密切，世界经济出现区域化和全球化的趋势。1944 年 7 月布雷顿森林会议签订了《国际货币基金协定》和《国际复兴开发银行协定》，1947 年 10 月创始国在日内瓦缔结了《关税和贸易总协定》，这些制度安排促进了战后发达国家工业生产的大幅增长和产品种类的不断增加。20 世纪 60 年代末，西欧、日本从战争中恢复过来并实现了迅速的崛起，世界经济形成了多极化的局面。

第二次工业革命以后，以大量使用新能源为基础的重化工业得到了大力发

---

① 德国学者松巴特（W. Sombart, 1903）在《十九世纪德国国民经济》一书中基于德国对外贸易的历史考察，首次提出了工业化使进口减少，国内市场扩展使出口减少，进而对外贸易的重要性在未来发展中将减少的观点。凯恩斯（J. Keynes, 1933）也认为，技术传播使各国之间的比较成本差异缩小、产业结构趋同，因而未来对外贸易必然是减少的。第二次世界大战后，刘易斯（W. Lewis）、希克斯（J. Hicks）、布劳恩（A. Brown）、钱纳里（H. Chenery）、金德尔伯格（C. Kindleberger）等都有过类似的主张。

展，所以进行大规模的工业生产成为了必然。有限的市场使竞争日趋激烈，为了适应这种需要，企业又不断扩大规模以增强竞争力；同时，资本主义信用制度和股份公司的发展也推动了资本积聚和生产集中的发展。当某个行业内少数企业集中了大部分的生产，垄断就形成了。同时为了追逐市场和扩大生产，一些企业通过直接投资向海外拓展业务发展成了跨国公司。

20 世纪 60 年代以后，各跨国公司日益向大型化方向发展，其资产大幅度增加，不少巨型跨国公司的经济规模和实力甚至超过了一些主权国家。以跨国公司为载体的垄断资本超越国家主权成为了世界市场的支配力量，在一些行业跨国公司甚至在世界市场上形成了垄断力量。

在这个时代一些国家的经济实力重新洗牌，国家内部市场和世界市场上垄断的萌芽产生了，跨国公司如雨后春笋尤其在发达国家大批涌现，总之，世界政治和经济格局都发生了深刻的变化。

二、世界贸易格局改变

战后社会政治、经济格局的变化带来了世界贸易格局的改变。1947 年 23 个国家共同签订了关贸总协定，有效削减了协定国之间的贸易壁垒。在关贸总协定的框架下，世界贸易的范围和规模急剧扩大，不但全球贸易量和贸易额飞速增长，贸易结构发展也出现了新的形式和特点。在 1950 ~ 1980 年的 30 年里，世界贸易总额增长了 7.2 倍。战后贸易量的增长快于收入，工业化国家的贸易增长率达到其国民生产总值增长率的两倍（Balassa. 1978）。战后工业制成品的数量和种类增多，工业发达国之间的贸易量占世界贸易的比重上升。南北贸易模式为主的贸易格局被北北贸易所代替，一些国家生产富有替代性的相似产品，同时通过彼此贸易消费这些相似品。此外，随着时间推移，产业内贸易量占据了制造业贸易总额越来越大的比重。从 1970 年到 2000 年，产业内贸易的平均水平从 13.8% 增加到了 38.4%。多位学者①经过实证研究发现，相似收入国家之间的进、出口商品结构也十分相似，比如欧共体；在发达国家的制成品贸易中，同类产品之间的贸易增多且中间品贸易增多。1960 年荷比卢同盟内部贸易增长，并且这种贸易更多的是在同种商品生产的内部进行（P. J. Verdorn）。最典型的例子就是欧共体和美 – 加同盟中的汽车贸易。

---

① 这些学者包括：小岛清（K. Kojirna，1964）、巴拉萨（B. Balassa，1966）、密切勒（M. Michaely），林达（Linder，1961），Herbert G. Grubel（1970）、Finger（1975）

三、国际贸易新现象向传统贸易理论提出了挑战

克鲁格曼（Krugman，1981）把世界贸易出现的新现象与传统贸易理论的冲突概括为："世界贸易的绝大部分是在要素禀赋相似的工业化国家之间进行；大部分贸易是产业内贸易，即相似产品的双向贸易；战后贸易的扩大绝大部分是在没有大规模的资源重新配置或收入分配影响情况下形成的。"[①] 传统贸易理论，尤其是要素禀赋理论，显然无法对上述三种情况进行解释。根据要素禀赋理论，要素禀赋差异是各国之间发生贸易关系的动因，两国之间要素禀赋差异越大就越有可能发生贸易；一国总是出口要素相对丰裕的产品，进口要素相对稀缺的产品。显然，国际贸易市场出现的这些新现象无法用传统的贸易理论来解释，经验理论的批判向传统贸易理论提出了严峻挑战。

由于战后国际贸易的新发展使传统的比较利益论和要素禀赋论显得越来越软弱无力，为了解释这些新的现象，很多经济学家提出了自己的推论。随着新贸易格局的发展成熟，贸易理论家们不断尝试对这一新的贸易模式作出解释，新的国际贸易理论之多是空前的。早期对产业内贸易的研究进展主要有：雷蒙德·弗农（Raymond Vernon）的产品生命周期理论、林德（Staffan Burenstam Linder）的需求相似理论和规模经济相关的贸易理论。其中，与规模经济相关的贸易理论经过不断地成长，发展出了以克鲁格曼为代表的新贸易理论，成为当代贸易理论的主流。

第二节 弗农和产品生命周期理论

一、理论背景

（一）产品生命周期理论的渊源

产业内贸易现象出现之后，将创新和生产在产品层面的变化融入经济理论的规范分析的工作引起了一些经济学家的注意，约翰·威廉斯（John H. Williams，1929）和唐纳德·麦克杜格尔（Donald MacDougall，1957）做了一些先期的工作。

1961 年美国学者波斯纳（Michael V. Posner）在《国际贸易与技术变化》

---

① 参见 Krugman P. R.，"Intraindustry Specialization and the Gains from Trade". Journal of Political Economy 1981：959～973.

（International Trade and Technical Change）一文中提出了技术差距理论，认为技术是独立于资本和劳动的生产要素之一。各国的技术发展水平各不相同，技术领先的国家在技术上存在比较优势。技术差距模型成功地将技术创新理论与时间滞后相结合并对 H-O 模型进行了修正，认为两个发展水平相似的发达国家即使具有相同的技术水平也会开发出具有差异的产品，不同的产品使贸易产生——即产业内贸易。同时，该理论增加了技术这一生产要素，从而修正了 H-O 模型；由于技术变动包含了时间因素，技术差距理论被看成是对 H-O 理论的动态扩展。

受到技术差距论的启发，美国哈佛大学教授雷蒙德·弗农（Raymond Vernon）于 1966 年发表《产品周期中的国际投资与国际贸易》（International Investment and International Trade in the Product Cycle）一文。这篇文章不局限于解释产业内的贸易现象，弗农的观点更为开阔地立足于说明战后新格局下各国的投资和贸易行为。在这篇文章中，弗农刻画了美国出口和对外投资的动态化过程，为美国企业在外国市场上的策略演进给出了令人满意的解释。他利用优雅而简洁的模型，融合了供给和需求因素，在技术差距理论的基础上提出了产品生命周期理论，为现代国际经济理论奠定了基础。产品生命周期理论不仅继承了技术差距论将技术作为一国比较优势的重要考量，而且强调了交易成本、创新、买方认知变化和市场下的合作策略等因素在贸易和投资行为上的影响。这些思想为国际经济理论日后的发展指引了方向，不但在国际贸易理论中占有重要地位，而且在管理学中得到了广泛的认可。

（二）弗农生平

雷蒙德·弗农 1913 年在纽约出生，1933 年以优异的成绩自纽约城市大学毕业。1941 年从哥伦比亚大学获得博士学位后，他在证券交易委员会和国务院工作了 24 年，处理战后日本和欧洲的经济复苏问题。在这期间他协助日本成功完成了入关谈判并争取了非歧视性待遇。弗农是美国国际经济领域著名的经济学家。

1956 年弗农受哈佛大学公共管理研究院院长的邀请主持美国大都会地区相关项目的研究。他的研究正确估计了纽约的发展活力以及建立中央商务区和周边地区住宅高档化的构想，为纽约接下来几年的城市规划作出了极好的指导。弗农从 1959 年开始在哈佛大学任教，前校长尼尔·鲁丁斯坦（Neil Rudenstine）给予他极高的评价，称"弗农以对国际贸易与发展中国家经济研究的深厚功底极大地扩展了战后哈佛的全球影响力"。此外，弗农还是克拉维斯·狄龙（Clarence Dillon）学院的国际问题讲座教授，在国际贸易理论方面的主要贡献就是创立了产品生命周期理论。当弗农与好友巴克利（Peter Buckley）谈及他 1966 年发表的《产品周期中的国际投资与国际贸易》时，他笑着说"当我写这篇论文时，我就意识到了，这将是我学术生涯的一座里程碑。"①这篇论文分析了战后美国出现的对外直接投资增速的现象。弗农洞悉了这一现象背后的原因，他的理论指出创新与标准化之间的时间滞后和消费者对新标准化产品偏好的不断增加都导致了这种现象的产生。

弗农的产品生命周期理论在管理实践中产生了巨大的影响。1959 年弗农开始正式在哈佛任教，他的思想深深影响了几代哈佛管理学领域的学者。产品生命周期理论经过几代人的传承和改进仍然生机勃勃，至今广为使用。

弗农研究的另一个主要领域是企业与国家之间的相互关系。他在这方面的著作颇多，有《主权国家的困境》（Sovereignty at Bay，1971）、《风暴中的跨国公司》（Storm over the Multinationals，1977）、《超越全球主义》（Beyond Globalism，1989）、《在飓风眼中——跨国企业的未来困境》（In the Hurricane's Eye，1998）。他的这些研究在国家政策领域和经济地理学中都极具影响力，在弗农的讣告中他被称为"全球化的发现者"。

弗农还曾经在肯尼迪政府学院任职，是马歇尔计划团队的成员，为国际货币基金组织和关贸总协定的核心成员。在肯尼迪政府学院，弗农是商业与政府中心的研究员，教授跨国公司作用、欧盟政治经济学等课程，这也从侧面看出他的研究兴趣如此宽泛，横跨经济、政治和历史。他是少有地在国际经济学理论和实践中都具有很大影响的经济学家。正是这种对于现实世界中经济现象充满好奇的关注力，使弗农能够卓越地继续他的研究，成为美国战后国际经济领域最多产的经济学家之一。

二、产品生命周期理论的内容

（一）理论逻辑

产品生命周期理论基于三个基本假设，在弗农 1966 年发表的《产品周期中的国际投资与国际贸易》和《新国际环境下的产品周期假设》（The Product Cycle Hypothesis in a New International Environment，1966）中对其进行了详述。产品生命周期理论假定各工业化国家都拥有相同的知识存量，但是各国的企业

---

① Peter Buckley. In Memory of Raymond Vernon [J]. Journal of International Business Studies, Vol. 30, No. 3 (3rd Qtr., 1999), p. iv.

利用新技术研发产品的能力不同。还假定在一个市场中本地企业比其他企业更清楚将新产品引入当地获利的可能性，也就是本地的企业依靠对市场上未满足需求和潜在地通过垄断获取暴利的机会的了解来进行最初的投资，将抽象的概念转化为可在市场上销售的产品。最后假定产品创新期所在国家比其他国家花费更多的研发费用，这种费用并非源于"创新的社会驱动力"这种模糊的概念，而是源于潜在的消费市场和潜在的供给者之间的沟通和交流。这三个假定在后人的研究中鲜有提及，但是对厘清产品周期理论的适用范围和弗农关于创新的一些看法十分重要。

巴克利认为，产品生命周期理论是围绕影响企业国际化行为的三个核心竞争要素进行刻画的。① 这三个核心的竞争要素是：产品的创新、接近目标市场和基于成本的竞争。产品创新包括产品开发、技术的国际转让与推广能力等方面，一般在技术领先国，也就是发达国家进行。随着厂商生产能力的增强，企业寻求接近目标市场，这包括当地化战略、产品差异化、增加收益等。产品标准化之后，成本成为生产的主要决定因素。基于成本的竞争包括生产全球化、标准化、寻求降低成本的效率等。产品生命周期理论与比较优势理论在谈及贸易的原因时的最大不同是把问题的焦点从各国的技术差异转向技术的变化上。

（二）主要内容

产品生命周期理论强调创新、规模、无知和不确定性在贸易格局中的重要作用，认为产品具有生命周期的特征，"在这个周期过程中，产品的一些特征会发生种种可以预料的变化，因而生产技术和生产地点也会发生变化。在一种产品的生命周期中，市场的性质同样会发生变化，包括在竞争优势和需求特性方面的变化"② 在创新期、成熟期和标准化的三个生命周期阶段产品从美国、其他发达国家、发展中国家依次传递（如图 10.1）。

---

① Peter Buckley. In Memory of Raymond Vernon［J］. Journal of International Business Studies, Vol. 30, No. 3 (3rd Qtr., 1999), p. iv.

② ［英］约翰·伊特韦尔等：《新帕尔格雷夫经济学大辞典》（第三卷 K-P）［M］，北京：经济科学出版社，1996，第 1056 页。

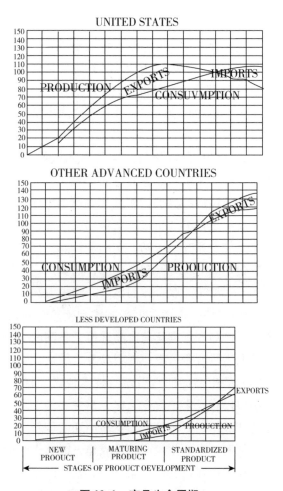

图 10.1 产品生命周期

资料来源：Vernon R. International Investment and International Trade in the Product Cycle [J]．The *Quarterly Journal of Economics*，1966（80）：190～207.

首先是发达国家基于高额的研发投入生产一种产品并根据市场需求不断完善，此时研究与开发的费用在成本结构中占据最大比重。由于少数先进发达国家劳动稀缺而科研技术和科研人员丰富，因此这些少数发达国家拥有这一阶段的比较优势，它们是产品初始期的出口国。接着产品在设计和生产上逐渐标准化，被掌握技术的其他发达国家大量生产，此时产品技术已经确定，产品从研究开发密集型转变为资本密集型。发达国家资本相对丰富，它们拥有这一时期的比较优势，产品将主要由发达国家输送到发展中国家。最后当产品完全标准化时，原材料和非熟练劳动工资是最重要的成本。基于低成本的考虑，产品生产在发展中国家，特别是在工业化方面已取得相当成效的发展中国家和地区具有这方面的比较优势。发展中国家成为该产品的主要生产地，产品由发展中国家向发达国家出口。可以说，一个产品的生命周期以较新而独特的生产方式开始，以标准化生产结束，最终在要素丰裕并且生产成本低廉的国家投入大批量生产成为最终的贸易模式。

弗农在《产品周期中的国际投资与国际贸易》这篇文章中对企业行为进行了分析："在美国，移至南部低工资地区以获取低生产成本的'出口'产业，一般对产业环境没有过多的要求，而且其生产相当标准化。在纺织品工业中，灰色织品、棉被及男士衬衫的生产厂家移到了南部，而高档服饰及非标准化产品的生产商完全不愿意搬迁至南部。在电子行业，许多生产电子管、电阻器及其他大宗、标准化产品的工厂搬到了南部，而客户定制及研究导向的产品仍然留在了靠近市场及大型工业联合体的地区。印刷业和化工产业也能发现相似的情况。"① 由于生命周期，产品在生产方式和生产地点上发生了改变，企业的这种行为模式使新产品和标准化的产品选择了不同的生产区位，这造成了各国之间的贸易模式发生了改变，产业内贸易发生了。

随着产品处于不同的生命周期，需要的技术或者新产品的设计发生了改变，这使贸易的进出口模式发生了改变。比如，主要的工业化国家专业化生产需要大量技术创新的产品，这些产品处于生命周期的创新期和成熟期。而其他国家，主要是发展中国家，专业化生产已经成熟，能够生产标准化的产品。

由于产品生命周期的存在，发达国家之间、发达国家和发展中国家之间产生了一些产业内的贸易。一国可以出口新产品，同时在别的国家进口相似的新产品。比如，美国为代表的创新国家可以出口新型的运动汽车到日本，同时从日本进口其他类型的运动汽车。在发达国家之间这种持续的新产品流使发达国家之间的产业内贸易产生。而发达国家和发展中国家之间的产业内贸易基于同样的原因，发达国家出口新型的产品到发展中国家，同时从发展中国家进口较旧型的产品。

可以说，产品生命周期理论以全新的视角将企业行为和规模经济融入规范的理论分析，解释了战后美国的对外贸易和投资格局的新变化，为国际贸易理

① Vernon R. International Investment and International Trade in the Product Cycle [J]. The Quarterly Journal of Economics, 1966 (80): 190~207.

论和国际投资理论的相融合作出了巨大贡献，广泛应用于产业内贸易现象的分析。弗农一直试图使产品生命周期理论成为经济理论的主流，事实上他也做到了。

第三节　需求相似理论

一、理论背景

（一）林德其人

瑞典经济学家林德（Staffan Burenstam Linder）生于 1931 年，作为一名瑞典的经济学家，他的大部分专著以瑞典语书写并在瑞典国内具有很大影响力。遗憾的是，受语言所限除了早期关于贸易理论的两本专著①的英文版本受到广泛关注之外，他的其他专著和传记影响范围小，与林德相关的一手英文资料相对而言极为缺乏。

林德是斯德哥尔摩经济学院的经济学教授，并于 1986～1995 年期间担任校长的职务。此外，林德曾在多所名校担任客座教授（比如哥伦比亚大学、耶鲁大学、斯坦福大学）。他最广为人知的学术贡献就是提出了林德假说。林德博士期间受到俄林（Bertil Ohlin）的指导，于 1961 年写成他的毕业论文《论贸易和转变》（An Essay on Trade and Transformation），此文开创了基于需求的国际贸易模式的新模型。

此外，林德对休闲经济学也有深入的研究，他发表的专著《受折磨的有闲阶级》（The Harried Leisure Class）先后在美国（1968 年）和瑞典（1969 年）出版，数十年来在英语国家的休闲经济学研究中作为教材被广泛使用，被视为政治经济学的经典著作。

对瑞典人而言，林德更主要的身份是瑞典保守党的副主席、欧洲议会委员；林德以政治家的身份活跃于瑞典国内外的政坛，1969～1986 年出任瑞典议会成员，1976～1978 年和 1979～1981 年间出任瑞典的贸易部长。

---

① 这两本专著分别是：1961 年根据其博士毕业论文改写的《论贸易和转变》（An Essay on Trade and Transformation）和 1965 年出版的《贸易与贸易政策的发展》（Trade and Trade Policy for Development）一书。

（二）需求相似理论的理论渊源

1961 年林德发表了他的博士论文《论贸易和转变》（An Essay on Trade and Transformation），文中主要对贸易产生的原因和贸易的基础这两个国际贸易理论的基本问题提出了自己的看法。在第二章中，林德将动态化引入理论的分析，他发现估计贸易所得的传统方法忽略了贸易带来的未来收入增长的获益，从而使贸易收益被低估了；在其他四章中，林德详细解释了新的贸易模式和一些相关的命题，这一部分正是需求相似理论的主要内容，它奠定了这部著作在国际贸易理论中的重要地位。尽管林德在此文中的一些观点并不那么令人信服，比如林德在文中对传统理论持否定态度，他指出"正如缪尔达尔所说，H-O 理论的结论意味着国际收入的均等化。"巴格瓦蒂为此撰文反驳："缪尔达尔的这一论断本身就是一种谬误"[1]；林德还提出经济规模与进口倾向之间的密切关系，他认为一国的总收入越高内部贸易的规模就越大，而内部市场越大它与外界的贸易就越少。这显然与现实不符，但这并不影响需求相似理论在贸易学说史上的伟大。

需求相似理论，又称偏好相似理论、重叠需求理论（overlapping demand theory）或林德假说（Linder Hypothesis），最初是为了解释里昂惕夫之谜而提出，是试图推翻 H-O 理论的尝试。林德认为 H-O 理论只能解释初级产品之间的贸易，而制造业产品之间的贸易大部分是产业内之间的贸易需要从需求结构的角度加以解释。据此林达提出了三个基本的假设前提：

首先，一种产品的国内需求是其能够出口的前提条件，换句话说，出口只是国内生产和销售的延伸。企业不可能去生产一个国内不存在巨大需求的产品。

其次，影响一国需求结构的最主要因素是平均收入水平。高收入国家对技术水平高、加工程度深、价值较大的高档商品的需求较大，而低收入国家则以低档商品的消费为主以满足基本生活需求。所以，收入水平可以作为衡量两国需求结构或偏好相似程度的指标。例如高尔夫球在欧美是普及运动，但在发展中国家却不是代表性需求。

最后，如果两国之间都有共同需求品质的情形，我们称存在重叠需求。两国消费偏好越相似，则其需求结构越接近，或者说需求结构重叠的部分越大。

① J Jagdish Bhagwati. Rewiew：An Essay on Trade and Transformation by Staffan Burenstam Linder. The Journal of Political Economy, Vol. 70, No. 5 (Oct. , 1962), pp. 516~517.

重叠需求是两国开展国际贸易的基础，品质处于这一范围的商品，两国均可进口和出口。

二、需求相似理论的内容

林德认为，要素禀赋学说只适用于解释初级产品贸易，制造业之间的国际贸易是无法用传统的 H-O 模型解释的，[①] 工业品双向贸易的发生是由相互重叠的需求决定的。该理论从需求的角度入手分析产业内贸易发生的原因。需求相似理论指出产品出口的可能性决定于它的国内需求，

一国某个产业的发展是由于潜在市场的存在，企业家凭借对本国市场更加熟悉的优势开发出适应国内需求的新产品。当国内市场足够大，使产业发展到一定的规模，企业才会开始将业务扩展到国际市场。企业在其他国家培育市场的过程中发现，那些最有潜力的市场是人均收入水平与本国相似、需求结构与本国也大致相同的国家，而这些国家的产业结构往往也趋于相似，这决定了国与国之间的贸易方向和贸易内容。

两国的贸易流向、流量取决于两国需求偏好相似的程度，需求结构越相似则贸易量越大。一种产品如果存在国内需求，那么拥有国内市场就有可能出口到其他具有相似甚至相同偏好的国家。同理，本国也有可能从具有相似偏好的国家进口产品。所以，贸易发生国之间具有相似的偏好使产业内贸易有可能产生，并且偏好越相似彼此之间的产业内贸易量越大。

需求相似理论也部分地解释了发达国家和发展中国家之间的产业内贸易。由于内部收入不均等的存在，发展中国家可能存在一些富有的人，而发达国家也存在一些穷人，但是基于国内的这部分需求十分有限，所以各国通过贸易满足各自的少数派是利益最大化的选择。

---

① 巴格瓦蒂曾就此写过一篇书评，表示林德此书对传统贸易理论有一些误解以及一些论断的错误，但是巴格瓦蒂对书中所指出的贸易与福利的动态关系、对产业内贸易现象的解释等方面给予了高度的评价。见 Jagdish Bhagwati. Rewiew: An Essay on Trade and Transformation by Staffan Burenstam Linder. The Journal of Political Economy, Vol. 70, No. 5（Oct. , 1962）, pp. 516～517.

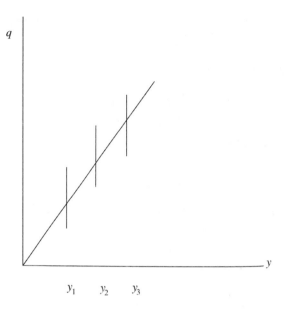

图 10.2　不同收入水平国家间的重叠要求

在图 10.2 中，横坐标代表国家收入，纵坐标代表该国所需各种商品的品质等级。最低收入国与中等收入国有重叠需求，有贸易可能；中等收入国与最高收入国也有重叠需求，也有贸易可能。但是，最低收入国与最高收入国无重叠需求，因此无贸易可能。

此外，林德还指出了其他一些因素对产业内贸易的影响：文化、政治类同性和相似的关税措施对产业内贸易有正向作用；而狭隘的地域观念和高额运输成本容易减少产业内贸易。

由此观之，需求相似理论不但能够很好地解释发达国家之间贸易以及工业制成品之间的产业内贸易，而且也很好地解释了部分产业间贸易。

第四节　规模经济理论

关于规模经济对贸易的影响是传统贸易理论在解决战后贸易现实中的巨大挑战，在多位杰出学者的努力下，关于规模经济的理论日益成熟，最终从对产业内贸易及战后其他贸易现象的完善解释中发展出来。（参见图 10.3）

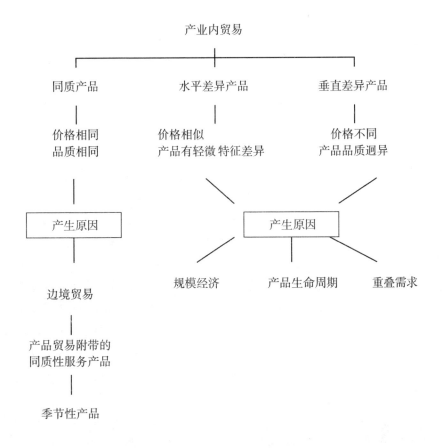

图 10.3 产业内贸易的类型和原因

最先用规模经济解释产业内贸易现象的是新西兰裔经济学家格鲁贝尔（Herbert G. Grubel，1934 ~ ）和德国裔经济学家劳埃德（Peter J. Lloyd，1937 ~ ）。1975 年格鲁贝尔和劳埃德合作出版了《产业内贸易：差异性产品的贸易的理论与测量》① 一书，书中首次提出规模经济和差异性产品是产业内贸易发生的主要原因。以汽车产业为例，制造商通过生产独特的产品（在尺寸、功耗、外观等方面与竞争对手相区别）削弱其他对手的竞争和受到对手的削弱；同时也相应地在双方市场上都占有一定的份额。书中还指出传统的 2 × 2 框架下的 H-O 模型不适用存在规模经济和不完全竞争的市场。这本书在贸易理论

---

① 参见 Grubel H，Lloyd P. Intra-Industry Trade：The Theory and Measurement of International Trade in Differentiated Products ［M］，London ： Macmillan and New York：Wileys，1975.

界引起了很大的反响，正如利默（Leamer，1993）所评价的："……格鲁贝尔和劳埃德（1975）编辑的产业内贸易理论专著……是对 H-O 模型的重要调整，为之后建立以报酬递增和垄断竞争为条件的相关模型奠定了基础。……但是新古典贸易理论 H-O 模型中，以比较优势作为国际贸易的主要原因的传统理论并没有因此而动摇。"①所以，尽管经济学家从不同的侧面对战后的贸易新现象作出了解释，这种努力对解释传统国际贸易逻辑与现实贸易模式之间不对应的矛盾具有一定的帮助，但是它们并没有成为国际经济学的主流。在很大程度上这一阶段对贸易新现象的研究还谈不上理论，而只是一种实证研究。

将规模经济引入贸易理论的尝试最早出现在以阿尔弗雷德·马歇尔（Alfred Marshall，1842~1924）为代表人物的新古典学派。马歇尔首次将报酬递增划分为内部经济和外部经济；他提出无法用自然资源来解释的行业的地理集中就是外部规模经济的表现。马歇尔认为外部规模经济的形成主要有两个原因：首先是专业化的供应商和劳动力市场共享。许多行业需要专门的设备和配套服务，这是单个公司无法提供的，而行业的区域集聚可以使各种各样的专业化供应商和拥有高度专业化技术的工人得以生存，这样该行业中厂商获得相关产品的成本也降低了。其次是知识外溢。个人之间信息与构想的非正式交流是知识传播的重要途径，行业的区域集聚可以加速新思想、新技术和相关知识的非正式扩散。

新古典学派的国际贸易理论大师——俄林（Bertil Ohlin）于 1933 年出版的代表作《区间贸易和国际贸易论》（Interregional and International Trade）一书中就规模经济对贸易的作用进行了阐述，② 但是受到理论发展的限制，俄林的研究仍然承袭了传统贸易理论完全竞争的分析框架，局限于新古典经济学派的一般均衡分析，只是对这一理念进行了笼统的介绍与文字化的描述。马修（R. C. O. Matthews，1949）将外部经济纳入一般均衡分析，他致力于将报酬递增与传统贸易理论相融合而用于研究新的市场结构。到 20 世纪 70 年代，少数贸易理论家，比如巴拉萨（Balassa，1976）和克拉维斯（Kravis，1971），在解释当时发达工业国之间不断增长的贸易时也试图将规模经济引入，但是由于技术上的局限，一直以来将规模经济与传统贸易模型相融合的尝试并没有

① Edward E. Leamer. Factor – Supply Differences as a Somce of Comparatine Advanfage ［J］. The American Economic Reviev, vol. 83, No. 2（May, 1993）, pp. 436~439.

② 引自［瑞典］贝蒂尔·俄林著，王继祖等译：《地区间贸易和国际贸易》，首都经济贸易大学出版社，2001 年 9 月版，第 47，48 页。

成功。

事实上，自从萨缪尔森（1915～2009）为新古典贸易理论构建精准的数学逻辑之后，直到新贸易理论出现之前，贸易理论家们都无法应用数学语言对规模经济和不完全竞争下的贸易行为加以"技术化和逻辑化"的理论处理。克鲁格曼将这种失败归结为"只有当研究重点是要素价格和贸易的要素量，而不是产品价格和产品贸易量的时候，马歇尔的报酬递增理论和传统的比较优势理论的结合才能实现……在此基础上，我们才能得出结论表明要素比例和规模经济都为国际贸易作贡献，并且都是贸易进行的原因。"①

直到1980年前后，美国经济学家埃西尔（Wilfred J. Ethier）在自己发表的一系列关于报酬递增的论文中建立了一种1×2模型，为外部规模经济对贸易的作用给出了开创性的证明。② 克鲁格曼对此模型的评价是"这个模型说明，如果我们的研究从资源配置向生产和贸易的方向进行，在马歇尔外生经济条件下对贸易的分析其清晰度会极大地提高。这个研究思路的变化表面上看微乎其微，但它带来了模型战略的一场深刻变革。"③ 在埃西尔模型中，基于规模经济的国际贸易似乎是中间产品而非最终产品，他的这种思想对克鲁格曼、格罗斯曼、赫尔普曼等当代国际贸易理论家产生了很大的影响。随后，克鲁格曼（Krugman，1979，1981）在埃西尔模型和张伯伦模型的基础上将规模经济理论加以完善，分别就外部规模经济和内部规模经济对贸易的作用给出了证明。

第五节　产业内贸易理论述评

一、产业内贸易理论的开创性

产业内贸易理论的相关内容虽然不是完善性的，但是极富有开创性。在古典、新古典贸易理论统治主流贸易理论思想数个世纪之后，产业内贸易理论的出现为贸易学说注入了新的活力。产品生命周期理论不但提出将技术作为一个

---

① 参见 Krugman P. R. Increasing Returns and the Theory of International Trade［R］. NBER Working Paper，1985.

② 该模型以劳动力为惟一生产要素，以一种不具有规模经济的产品和一种具有外部规模经济但不存在内部规模经济的产品为假设前提。Ethier 涉及这一模型的论文将被列在参考文献中。

③ 参见 Krugman P. R. Increasing Returns and the Theory of International Trade［R］. NBER Working Paper，1985.

单独的要素禀赋，而且通过动态化的研究方法生成了一套简洁而有力的综合模型，这个模型是如此的优雅，以致在现实已经发生巨大改变的今天，它仍然具有无限的活力，作为重要的方法被广泛推广。需求相似理论则放弃了传统贸易理论立足于供给的研究方法，从需求的角度回答了基本的贸易理论问题。时至今日，基于这一理论的实证检验仍在不断的完善和发展，显示出无比的理论活力。规模经济理论则得到了更多主流贸易理论学家的关注，不断地吸收新智慧得到了充分的理论发展，成为当今最主流的贸易理论。

所以说，战后涌现的新的贸易现象得到了实质性的解释，尽管立足于这些新的贸易现象，多个思潮的迸发并没有形成统一的理论框架，但是它们共同推进了理论的发展，为更成熟的贸易理论形成开辟了无数的可能性，是贸易学说史上的巨大进步。

二、产业内贸易理论的局限性

产业内贸易理论并没有完全否定传统的贸易理论，传统贸易理论仍然在不断发展以适应新的贸易现实，比如现代比较优势理论①中对产业内贸易的现象也给出了合理的解释。相比较而言，尽管产业内贸易理论冲出了传统贸易理论的局限，为贸易学说作出了开创性的贡献，可是仍然拥有广阔的进步空间，在前进的道路上，产业内贸易理论仍有诸多局限需要一一打破。

在产业内贸易程度的衡量上一直不尽如人意，目前普遍使用的产业内贸易指数由于太过依赖产业划分方式而显得不够稳定，但是并没有更好的指标改善这一现状。而从理论上，三个主要理论并不是齐头并进。产品生命周期理论虽然被贸易理论学家用于产业内贸易现象的解释，但是并没有得到进一步深入，而是在管理学中得到了长足发展。需求相似理论则纠结于实证模型的细微修改而并没有在理论上得到进一步的突破。而规模经济理论在克鲁格曼一系列有影响力的论文发表之后演化为新贸易理论逐渐成为了贸易理论的主流。

---

① 现代比较优势理论的概念由李辉文提出，包括 HOV 模型及其发展、动态比较优势模型、引入中间产品和要素的跨国流动、非贸易品、比较优势与产业内贸易、高维模型等。这种提法虽然没有得到学术界的广泛认同，但是涵盖了传承新古典贸易理论的诸多贸易思想。

第十一章

克鲁格曼与新贸易理论

第一节　新贸易理论的学术渊源

一、新贸易理论的缔造者

（一）新贸易理论的先驱们

新贸易理论是在 20 世纪 70 年代后期产生的，克鲁格曼在《国际贸易新理论》（Rethinking International Trade，1991）一书中是这样描述的："20 世纪 70 年代中期，产业组织理论革命为贸易理论带来了变革。……从某种意义上讲，将这些模型应用于国际贸易的思想肯定启发了某些人的灵感。到了 20 世纪 70 年代后期，一些贸易理论家已经开始根据这些描述不完全市场中经济行为的模型展开研究，建立起了具有突破意义的贸易行为模型"①。将规模经济和不完全竞争用规范的理论模型纳入当代贸易理论的分析框架的里程碑，是克鲁格曼（Krugman，P. R）在 20 世纪 70 年代后期发表的两篇论文：一篇是 1979 年发表在《国际经济学杂志》上的《报酬递增、垄断竞争和国际贸易》；一篇是 1980 年发表在《美国经济评论》上的《规模经济、产品差异及贸易模式》。克鲁格曼在这两篇论文中所体现的新贸易理论思想受到了很多其他经济学家的启发，其中迪克西特（Dixit，A. K.）和斯蒂格利茨（J. E. Stiglitz）建立的 D-S 模型赋予新贸易理论关键性的特征。1977 年迪克西特（Dixit，A. K.）和斯蒂格利茨（J. E. Stiglitz）发表了《垄断竞争与最优产品多样化》的论文，本文一个重要的贡献就是发展了张伯伦垄断竞争模型，建立了一个关于规模经济与多样化的两难选择模型，即 D-S 模型。而克鲁格曼将 D-S 模型应用于国际贸

---

① 引自［美］保罗·克鲁格曼著，黄胜强译：《克鲁格曼国际贸易新理论》，中国社会科学出版社，2001 年 12 月版，本书概要第 4 页。

易理论中，形成了新贸易理论研究的坚实基础。克鲁格曼的这一成功来源于新古典经济学中产业组织理论的发展和新贸易理论中 D-S 模型的建立。

如果把新贸易理论比做一座建筑的话，那么克鲁格曼为这座建筑描绘了草图，它的建造和完善需要更多经济学家的参与。在新贸易理论的发展史上，参与完成这项工作的经济学家众多。除了保罗·克鲁格曼（Paul Krugman）以外，其他的贡献者主要有：艾尔赫南·赫尔普曼（Helpman，E）、阿维纳什·迪克西特（Dixit，A. K.）、吉恩·格罗斯曼（Gene Grossman）、埃西尔（Ethier）、诺曼（V. Norman）等。

如果想了解新贸易理论的概貌，有三本是必读书目——《市场结构和对外贸易》、《贸易政策和市场结构》、《克鲁格曼国际贸易新理论》。这三本书都是综合性质的专著，可以说新贸易理论的主要内容多集中在这两本专著和一本论文集里。赫尔普曼和克鲁格曼（Helpman，E nd Krugman，1985））出版的《市场结构和对外贸易》一书，系统综合了新贸易理论的实证方面，提出了贸易发生的原因及其效应的一般框架，被誉为国际贸易理论方面的"重大突破"和"每个人的书房里都需要的里程碑式的书"。① 1989 年赫尔普曼和克鲁格曼（Helpman，E nd Krugman，1989）出版了《贸易政策和市场结构》一书，这本书综合了战略性贸易政策的相关模型，系统化了不完全竞争市场中贸易政策的效应。论文集《克鲁格曼国际贸易新理论》则总结了克鲁格曼在新贸易理论方面的主要贡献（Krugman，1990）。除此之外，新贸易理论里还有一些具有突破意义的重要作品，主要是一系列的论文。迪克西特和斯蒂格利茨（Dixit，A. K. and J. E. Stiglitz，1977）的论文《垄断竞争与最优产品多样化》发表于《国际经济评论》。在这篇论文里 D-S 模型被建立起来，它是新贸易理论的基础。受 D-S 模型的启发，1979 年克鲁格曼的成名之作——《收益递增，垄断竞争与国际贸易》诞生，这篇论文为新贸易理论奠定了基石。1981 年布兰德（Brander. J. A.，1981）在其《同质产品的产业内贸易》一文中建立了布兰德模型，这一模型证明了寡头垄断企业之间的竞争是国际贸易的一个独立的因素，即使在比较优势和报酬递增都不存在的条件下这种竞争也可以使两国之间产生相同产品的双向贸易。这篇论文开创性地为同质产品之间的产业内贸易给出了模型证明，使其广为沿用。1984 年克鲁格曼（Krugman，1984b）发表

---

① ［以］艾尔赫南·赫尔普曼、保罗·克鲁格曼著，李增刚译：《贸易政策和市场结构》［M］，上海：上海人民出版社，2009 年，第 4 页。

了《保护进口以促进出口——寡头垄断及规模经济条件下的竞争》一文,他建立模型证明了在寡头垄断市场和规模经济条件下,贸易保护可以促进一国出口。这篇论文为战略性贸易政策关键作品,此后战略性贸易政策被标志上贸易保护主义的色彩,成为贸易保护主义者的理论庇护。

(二)保罗·克鲁格曼其人

保罗·克鲁格曼(Paul R. Krugman, 1953~)是目前最受人瞩目的贸易理论家之一,早在25岁他就已经在世界顶级刊物上发表了5篇论文,不到30岁就拿到了终身教职,38岁时获得美国经济学会颁发的约翰·贝茨·克拉克奖(John Bates Clark medal),55岁时瑞典皇家科学院授予他诺贝尔经济学奖。克鲁格曼不仅在专业领域受到同行们的极大认同,而且由于对亚洲金融危机和美国次贷危机的正确预言以及撰写教科书和专栏也为普通大众所熟悉。迪克西特(Avinash Dixit)认为克鲁格曼很可能是20世纪80年代最具创新力且最有影响力的国际贸易理论家。

克鲁格曼对经济学发生兴趣的萌芽来源于童年阅读的以撒·艾西莫夫①的"基地系列"科幻小说。他认为小说中所描述的未来社会科学家使用"科学历史"的方法拯救人民正是他的理想,所以选择了他认为现实中最接近这一理想的经济学。在麻省理工学院(MIT)攻读博士学位期间,克鲁格曼就尝试作出一些具有突破意义的研究,但是结果并不令人满意。1977年克鲁格曼赴耶鲁大学任教。经过一年的沉淀,他发现了一个有待开发的领域——规模报酬和不完全竞争在贸易中的重要性。1979年7月,当克鲁格曼在国民经济研究局的暑期研讨会宣读他那篇著名的关于垄断竞争贸易模型的论文之后,他一夜成名。同年,克鲁格曼将这篇名为《收益递增、垄断竞争与国际贸易》(Increasing Returns, Monopolistic Competition, and International Trade)的论文发表在

---

① 艾萨克·艾西莫夫(Isaac Asimov, 1920~1992)是出生于俄罗斯的美国犹太人作家与生物化学教授,门萨学会会员。他创作力丰沛,产量惊人,作品以科幻小说和科普丛书最为人称道,是美国科幻小说黄金时代的代表人物之一。艾西莫夫治学有方,他的科普著作多以史学手法阐述科学概念,尽可能细数从头,理性分析科学脉络。提及某个科学家时,也会一并附上详细的背景资料,诸如国籍、出生日期和死亡日期,并以语源学和发音方式介绍科技名词。这些特点在他的《科学指南》(Guide to Science)、三大卷的《认识物理学》(Understanding Physics)和《艾西莫夫的科学探索史纲》(Asimov's Chronology of Science and Discovery)里处处可见。

《国际经济学杂志》（Journal of International Economics）。① 这篇论文被诺贝尔奖评选委员会誉为是他最具有开拓性的研究之一，它开启了克鲁格曼主导贸易理论"新时代"的第一步。正如 2008 年经济学诺贝尔奖颁奖礼上评审主席霍尔姆隆德（Bertil Holmlund）评价的那样"克鲁格曼开创了新贸易理论，他的模型优雅而又有说服力，向我们展示了产品的规模经济和消费者对多样化的偏好是如何使技术和要素禀赋相似的国家之间产生了贸易。"

成名之后的克鲁格曼被里根政府选中，在费尔德斯坦（Martin S . Feldstein）亲自邀约下加入了政府的经济顾问团。但是与做一名政府官员相比，显然克鲁格曼更适合做政策评论家，以他自己的话来说："宁愿用文字来透析政策，也不愿在经济分析上拍政府的马屁。"仅一年的时间，克鲁格曼就身心俱疲地离开了华盛顿。随后几年他经历了创作的低谷期，甚至对自己的研究能力产生了怀疑。

1987 年克鲁格曼终于走出阴霾，恢复了惊人的创作力。除了发表一系列论文、出版《期望减少的年代》和《国际经济学》等一系列具有影响力的著作之外，克鲁格曼分别与赫尔普曼和福田（Fujita）合作创立了新国际贸易理论和新经济地理学。

克鲁格曼除了在经济理论上作出了巨大贡献，还由于精准的预言被称为"黑嘴"经济学家。他在 20 世纪 90 年代发表了《亚洲经济的奇迹》一文，预言了亚洲的金融危机；2006 年在他的专栏中再次预言了美国的金融危机。

在他的纽约时报博客，克鲁格曼一再声明他"不适应政治"，尽管他主笔了 1983 年里根政府的总统经济报告并通过电视经济演说帮助克林顿在 1992 年成功竞选总统。他告诉新闻周刊："从性格上来说，我不适合那样的角色。你必须善于人的技能，当人们说蠢话的时候咬自己的舌头。"但是，撰写专栏的工作让克鲁格曼的性格得到了自由的发挥。在批评政府的行为时他往往言辞犀利，毫不留情。作为支持民主党的典型鹰派人物，克鲁格曼也从不掩饰自己的政治立场，他甚至把在专栏中对布什政府的政策提出批评的 100 多篇文章集结成册，并于 2003 年出版了《大破解——我们迷失在新世纪》一书。

在生活中克鲁格曼为人十分低调，与他充满激情的文风形成了鲜明的对

---

① 投稿时，克鲁格曼到处碰壁，他的老师巴格瓦蒂（Bhagwati）时任 Journal of International Economics 的主编。虽然巴格瓦蒂并不认同克鲁格曼的新贸易理论，但出于欣赏，他仍然力排众议将克鲁格曼这篇开山之作刊登了出来。

比；即使在他获得诺奖之后仍然很少参加社交活动。这位性格害羞、内向但思维敏捷、文笔出众的经济学家十分高产，迄今他已经发表不下两百篇论文和二十多本专著，其他专栏、随笔、博客文章难以计数。他还是英国伦敦经济学院百年教授以及国际经济以及对外关系理事会三十人小组的成员。他的研究几乎涉及国际经济学的所有领域——包括国际贸易理论与政策、经济地理和国际金融，是当代最具影响力的经济学家之一。面对荣誉的克鲁格曼十分坦然，他说："我们都想得到权利，我们也渴望成功，但是对我来说，最好的回报就是理解带来的快乐。"

二、新贸易理论学术思想的来源

新贸易理论产生于 20 世纪 70 年代后期，使规模经济在三种不同市场结构下的研究都有了关键性的发展。最早对于规模经济的研究是新古典学派的带代表人物——阿尔弗雷德·马歇尔（Alfred Marshall，1842～1924）的尝试。马歇尔以"代表性企业"为主要分析工具并使外部规模经济模型服务于一系列的假设条件："第一，在谈及成本时，用行业中效率既不是最高也不是最低的代表性企业进行衡量；第二，即使有些企业在成长阶段，有些企业在衰落阶段，但是由于企业之间的相互抵消，这个行业可以达到长期均衡；第三，及时代表性企业没有提高其内部效率，但随着行业扩张，它的生产成本也降低了。"①

新贸易理论决定性的突破在于将产业组织理论和贸易理论整合，掀起了一场规模经济与不完全竞争市场结构的革命。可以说，新贸易理论的产生完全得益于产业组织理论的发展：战后的经济大萧条在动摇古典经济学地位的同时使经济学理论在宏观和微观层面上都有所发展。在宏观层面上的突破表现为凯恩斯革命，而微观层面上对资本主义市场竞争本质的讨论成果则体现在不完全竞争学说的发展。

张伯伦（Edward H. Chamberlin，1899～1967）1933 年出版的《垄断竞争理论》和英国经济学家罗宾逊（Joan Robinson，1903～1983）同年出版的《不完全竞争经济学》共同构成了"垄断竞争论"的核心内容。这两位经济学家同时独立地写出了挑战古典竞争模型的著作，并都提出这一思想：在市场上存在着从"完全竞争"到"完全垄断"的不同竞争水平，大部分市场条件是

---

① ［美］斯坦利·L. 布鲁、兰迪·R. 格兰特著，邱晓燕等译：《经济思想史（第 7 版）》［M］，北京大学出版社，2008 年第 1 版，第 231 页。

"不完全的"，包含不同程度的垄断力量。张伯伦和罗宾逊的不完全竞争理论使整个经济学界为之神往。[①] 这一贡献使完全竞争的市场结构受到了挑战，垄断竞争这一更接近现实的市场结构第一次得到了规范分析。尤其是张伯伦（1933）的张伯伦垄断竞争模型，几乎在每一本经济学原理和中级微观经济学分析的教科书中都占有专门的篇幅，[②] 不但其分析框架仍被克鲁格曼沿用，而且其对 D-S 模型的启发也为新贸易理论垄断竞争模型的形成起到了至关重要的作用。

三、新贸易理论的逻辑

（一）要素价格均等化集合（FPE）

在一个报酬递增和不完全竞争的世界中建立一个贸易模型的困难在于如何克服"在不存在一般化的不完全竞争理论"[③] 的基础上建立一个完整的框架，将特定假设和特定模型一般化。克鲁格曼和赫尔普曼在《市场结构和对外贸易》一书中给出了一种超乎常规的分析方法。它将传统的一般均衡分析逆向使用：首先建立一个"一体化经济"的参照点，再通过分割"破坏"这种一体化。恢复一体化的条件就是不同分割之间进行交易的方式，即贸易的模式。具体而言，就是通过一体化均衡下的部门就业向量构筑一个要素价格均等化集合（FPE），探讨 2 国家×2 要素×多产品假设下的不同贸易情况。如图 11.1 所示，在要素价格均等化集合中，O 是本国的原点，O^* 是外国的原点，要素均等化集合 $OQ_1Q_2O^*Q_1^*Q_2^*$ 的边界由两国的三种产品的就业向量组成。在这个要素均等化集合中，OO^* 是两国要素价格均等化线，无论一国的要素禀赋在 FPE 内的哪一点，其与 OO^* 之间的距离就是要素含量净贸易流动的方向；除了描述贸易构成，要素均等化集合还可以描绘贸易量的大小，在平行于 OO^* 的直线上贸易量是常数，而离开 OO^* 越远贸易量越大。克鲁格曼使用 Tavis（1964）提出的这一分析方法证明了新贸易理论中不同于传统理论的贸易行为。不仅如此，FPE

---

① 参见马克·斯考恩著，马春文等译：《现代经济学的历程——大思想家的生平和思想》［M］，长春：长春出版社，2006 年，第 326 页。

② Rovert B. Ekelund, Jr. 和 Robert F. Hebert 在《A History of Economic Theory and Method》一书中对张伯伦的思想评价道："在 20 世纪 30 年代、40 年代和 50 年代，对垄断竞争模型的极大的兴趣发展了起来。弗里茨·马克卢普、罗伯特·特里芬（Robert Triffen）、威廉·菲尔纳（William Fellener）、阿瑟·史密谢斯（Arthur Smithies）和其他教授的工作都建立在张伯伦工作的基础上。"

③ 《市场结构和对外贸易》一书在导论中提到：新贸易理论拥有新生理论的普遍特点，那就是模型繁多。但是各个模型的假设条件不一致，解释存在特殊性，与传统的贸易理论在形式上没有一致性，所以建立一个与传统理论存在广泛联系的探讨框架是新贸易理论中的一个重要问题。

的分析方法在克鲁格曼新经济地理学方面的研究中也起到了重要的作用，这成为克鲁格曼获得2008年诺贝尔经济学奖的一个重要原因。

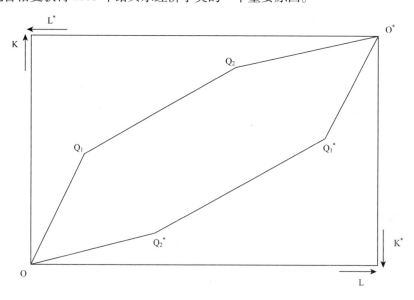

图11.1　要素价格均等化集合

（二）规模经济与市场结构

规模经济的存在使单个国家凭借对有限产品进行专业化生产在国际竞争中获得优势，具有规模优势的厂商更容易控制市场、获得定价权，从而导致超额利润的出现，所以规模经济的存在往往造成完全竞争市场崩溃、市场结构发生改变。传统贸易理论下，依据完全竞争条件使用的一般均衡分析方法在分析不完全竞争市场结构下无法发挥作用。新贸易理论依据规模经济的来源和市场结构的变化对四种情况进行了探讨。

外部经济模型分析了厂商本身的规模对成本没有影响，市场结构是完全竞争的情况。当规模经济是外部的，尽管各厂商的规模没有变化，但是更大的行业规模使厂商的效率提高了。外部经济理论避开了不完全竞争市场的讨论。

内部规模经济下，厂商面临着不完全竞争的市场，根据单个厂商的定价行为不同分为垄断竞争模型和寡头垄断模型。垄断竞争理论侧重对规模经济的分析。在垄断竞争模型中，厂商由于产品的相异性具有定价的权利，但是彼此之间的定价行为又互不影响，所以市场能够在所有厂商的平均价格上达到均衡。"第一，每个厂商均能生产与竞争对手有差异的产品，也就是说它的顾客不会由于微小的价格差别而去购买其他厂商的产品，产品的差异确保每家广商在行业中对它所特有的产品拥有垄断地位，从而在某种程度上摆脱了竞争；第二，每个厂商把竞争对手的价格作为既定价格——即不考虑自己的价格对其他厂商价格的影响。因此即使各厂商在现实中均面临着竞争，但在模型中的厂商行为像一个垄断者一样——这也是该模型名字的由来。"① 这种设计使规模经济和一般均衡的分析方法得以共存，因此尽管极度简化了现实的情况，但是由于垄断竞争模型成功地把握了规模经济和不完全竞争市场的关键特征，从 20 世纪 80 年代以来该模型在国际贸易研究中得到了广泛的应用。

　　与垄断竞争理论相比，对寡头垄断的探讨更多地注重对不完全竞争市场结构的分析。寡头垄断由于考虑了厂商行为的相互影响而更接近于现实，也正因为厂商们相互依存的定价政策，复杂的博弈过程无法设计成一般化的模型。在寡头垄断模型中厂商定价不但要考虑消费者行为，而且要考虑竞争者定价行为相互之间的影响。面对运输成本、贸易壁垒和不同的消费者需求弹性，企业将各个国家的市场进行分割，实施价格歧视；各个寡头之间的竞争行为在倾销模型中构成了引起相同产品双向贸易的原因。

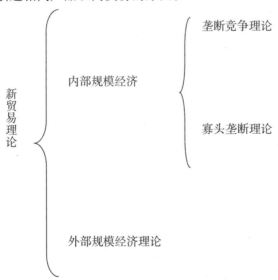

图 11.2　新贸易理论结构图

---

　　①　［美］保罗·克鲁格曼、茅瑞斯·奥博斯法尔德著，海闻等译：《国际经济学》（第五版），中国人民大学出版社，第 121 页。

第二节　新贸易理论

克鲁格曼在他的论文集《国际贸易新理论》一书的开头就以形象生动的语言对什么是新贸易理论进行了描述："世界贸易中既有小麦的模式，也有飞机的模式；即使大部分贸易为小麦模式，甚至飞机模式的贸易也会受到小麦模式的影响，建立在小麦模式上的传统贸易理论也肯定不能构成完整的贸易理论。"① 新贸易理论就是建立在"飞机模式"上的贸易理论。当两国之间在技术和资源上不存在大的差异时，传统贸易理论无法解释的贸易行为背后是规模经济引致的利益所得。在这种贸易中规模报酬递增和不完全竞争是基本的游戏规则。那么这种"飞机模式的世界贸易"是如何进行的？克鲁格曼在新贸易理论中给出了答案。

一、垄断竞争理论

早在俄林（Ohlin，1933）的《区间贸易和国际贸易论》一书中就对规模经济的作用进行了阐述，但是由于没有适当的工具模型，俄林只是对这一理念进行了笼统的介绍而并未将其系统化。到 20 世纪 70 年代，少数贸易理论家，比如巴拉萨（Balassa，1976）和克拉维斯（Kravis，1971），在解释当时发达工业国之间不断增长的贸易时也试图将规模经济引入，但是由于并未建立起一个规范的分析框架而没有受到主流贸易理论界的重视。真正将规模经济和不完全竞争用规范的理论模型纳入当代贸易理论分析框架的是克鲁格曼 1979 年发表在《国际经济学杂志》上的《报酬递增、垄断竞争和国际贸易》一文和1980 年发表在《美国经济评论》上的《规模经济、产品差异及贸易模式》一文。这是早期新贸易理论的核心内容。在张伯伦垄断竞争模型的基础上，赫尔普曼和克鲁格曼（1985）成功地将规模经济和不完全竞争放入一般化的分析框架中，使垄断竞争模型成为近几十年来国际贸易分析的主流理论。

（一）模型假设

为了与传统理论相一致，模型建立在经典的 2×2×2 假设基础上，并在资本密集品中引入了规模经济。"假定有两个国家（本国和外国）、两种生产要素（资本和劳动力）并使用相同的技术生产两种产品（食品和工业制成品）。

---

① ［以］艾尔赫南·赫尔普曼、保罗·克鲁格曼著，李增刚译：《贸易政策和市场结构》［M］，上海：上海人民出版社，2009 年，第 1 页。

食品是一种规模报酬不变的同质产品，而工业制成品是品种多样化的异质产品，并且每种花样的生产都符合规模报酬递增。由于对于各种花样的消费偏好和技术存在差异，制造业最终出现垄断竞争。"① 在垄断竞争的市场结构中，制造业的厂商各自生产具有异质性的产品，使产品不完全相同但是可以相互替代；同时由于假定行业的总销售量是个不变的常数，所以定价高于行业内平均价格的厂商占有较小的市场份额，定价低于行业内平均价格的厂商占有较大的市场份额。此外，"由于市场是可竞争的，存在能够迅速进入和撤出的竞争者，而现有公司并不比这些潜在的竞争者具有成本上的优势。"②

（二）贸易模式

在上述假设的基础上，利用要素价格均等化集合分析垄断竞争模型下的贸

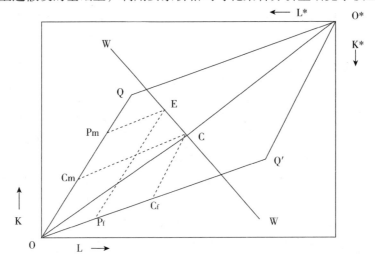

图 11.3 垄断竞争模型下的贸易模式

易模式，如图 11.3 所示的，OQ 或者 O*Q′表示世界用于工业制成品生产的资源，QO* 或 Q′O 表示世界用于食品生产的资源，WW 是相对要素价格。如果 E 是本国的资源禀赋，那么 OPm 是用于生产工业制成品的资源，OPf 是用于生产食品的资源。如果各国消费与生产相等的份额并且消费比例相同，那么本国是工业制成品的净出口国和食品的净进口国。

---

① Krugman P. R.. Increasing Returns and the Theory of International Trade ［R］. Cambridge，Mass：NBER，1997.

② ［以］艾尔赫南·赫尔普曼、保罗·克鲁格曼著，尹翔硕、尹翔康译：《市场结构和对外贸易——报酬递增、不完全竞争和国际经济》［M］，上海：上海人民出版社，2009 年，第 75 页。

但这并不是垄断竞争下贸易模式的全部内容，由于每个国家对存在差异的各种制成品都有需求，所以本国出口制成品的同时需要从外国进口一部分制成品。这构成了一个完整的贸易模式——本国是食品的纯进口国，同时既是制成品的纯出口国，又是制成品的进口国，产业内贸易因此产生（见图11.4）。可以说，如果不存在规模经济，各国可以生产所有产品，相同要素禀赋国家之间的贸易就不会发生了。正是由于规模经济下各国生产的品种有限，促使了国际贸易的产生。极端情况下，当一国的要素禀赋从E点移向了C点，则产业间贸易消失，所有的贸易量将来源于规模经济引起的产业内贸易。

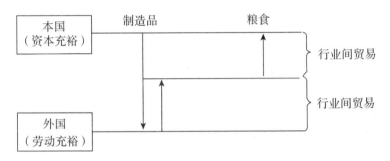

图11.4 产业内贸易与产业间贸易

总之，垄断竞争理论告诉我们：关于垄断竞争市场的贸易模式，在规模经济条件下，传统贸易理论的结论仍然成立，一个国家是禀赋相对丰裕的要素服务的净出口国。同时在这种垄断竞争市场里，规模经济导致的生产集中使一部分需求只能通过贸易来满足，所以即使本国是工业制成品的净出口国，仍然需要进口一些在外国生产的工业制成品；甚至即使国与国之间的禀赋相同，贸易依然会发生，并且全部都是产业内的贸易。但是，规模经济虽然要求每种单独的不同质产品的生产集中于本国或者外国，行业内的贸易模式仍然是不可预测的。垄断竞争模型无法预测哪个国家生产哪种工业制成品，而历史因素和偶然事件是决定这些细节的重要因素。

（三）贸易的福利效应

垄断竞争理论下的贸易福利效应需要通过一系列复杂的假设和公式来证明，这里仅对其逻辑和结论加以解释。以资本丰裕的国家为例，贸易使资本密集型的制造业工人工资相对于食品行业上升，这从传统贸易理论中就可推出；接着贸易下市场的扩大使消费者享受到了国内没有生产的产品花样，因此作为消费者的个人福利提高了。如果能证明贸易使密集使用稀缺要素部门的工人的效用也提高，那么该贸易模式将使所有参与贸易的国家受益。

克鲁格曼（1981）通过设计一个由工资、产品平均价格、产品数量决定的效用函数，推导出了稀缺资源从贸易中获益的条件：如果产品的多样化足够多，那么两种资源都能从贸易中获益；如果资源禀赋相似度足够高的国家进行贸易，那么两种资源也都能从贸易中获益。赫尔普曼和克鲁格曼（1985）进一步提出"在某些假定条件下生产规模和产品花色品种都与产业的总产量同涨同落。那么工业制成品的全世界总产量大于本国在封闭经济下的产量时，贸易就会带来收益。……就世界要素的整体而言，一个国家的要素禀赋与其越相似并且国家越小，就越可能出现所有要素都能从贸易中获利的情况。"①

克鲁格曼指出，规模经济可以使所有部门从贸易中获益，产业内贸易比产业间贸易带来的调整的痛苦更少。简单地描述这种福利效应就是："由于行业内贸易能让各国从更大的市场规模中获益，因此从国际贸易中可以获取额外的收益，且比从比较优势中获取的要多。如我们所看到的，一国通过从事行业内贸易，能够在减少自产商品花色的同时却增加国内消费者所需要的商品种类。由于自产商品种类减少，一国能在更大规模上从事生产，从而提高生产效率和降低成本。同时，消费者也从更广泛的选择中获利。"②

二、寡头垄断理论和战略性贸易政策

正如前面所说的，垄断竞争模型得益于诸多高度简化的假设条件使结论明显又广被接受。而寡头垄断模型在市场结构上更加符合现实的世界，在垄断竞争模型中没有被充分重视的不完全竞争市场结构对国际贸易的影响在寡头垄断理论里成为了集中讨论的问题。最初的研究是布兰德（1981）在《相同产品的产业内贸易》一文中首先建立模型证明了在不存在运输成本的情况下，企业之间的战略互动能够产生两国之间相同产品的双向贸易。1983年布兰德和克鲁格曼的《一个相互倾销的国际贸易模型》完善了这一理论，认为即使存在运输成本，潜在竞争和满足多样化需求带来的好处也能够弥补这一损失，使两国之间的同质产品贸易变得有意义。这一理论不但证明了即使不存在异质产品之间的产业内贸易，潜在的竞争效应也会成为贸易产生的原因，而且被广泛

① Krugman P. R.. Increasing Returns and the Theory of International Trade [R]. Cambridge, Mass: NBER, 1997.

② [美] 保罗·克鲁格曼、茅瑞斯·奥博斯法尔德著，海闻等译：《国际经济学》（第五版），中国人民大学出版社，第132页。

采用的战略性贸易政策正是建立在这一理论基础之上。

（一）模型假设

相互倾销理论主要建立在古诺假设的基础上，即不完全竞争的企业将彼此的产出看做是既定的。在现实世界里似乎价格才是企业之间竞争的主要手段，古诺假设下的相互倾销理论的结果无法一般化，但是相互倾销理论很好地解释了不完全竞争的市场结构下的一些特征，例如公司数目的增加往往意味着市场竞争的加剧，成为战略性贸易政策的理论基础。

相互倾销模型假定两个相互对称的国家分别拥有一个垄断厂商生产相同的产品，并且两个市场间的运输成本相同。如果两国的市场是完全相通的那么两个市场的产品具有同一个价格，由于运输成本的存在贸易将不会发生。所以，模型采用了另外一个重要的假设——两个市场是分割的——即由于运输成本和贸易壁垒的存在，国际市场不能一体化。这个假设条件使价格歧视成为可能，由于规模经济的存在，向对方的市场倾销对本国的垄断厂商变得有利可图。

（二）相互倾销的过程

布兰德（1981）研究了没有市场分割情况下，两国市场从封闭到开放的过程。没有贸易的情况下，两国的垄断企业在本国市场以边际收益等于边际成本的价格提供产量以实现利润最大化；开放使垄断企业试图在彼此的市场上进行销售，直到总产量达到边际成本等于市场价格时的产量。此时，在没有运输成本的条件下，两个企业最终在两个市场上都占有一半的份额。

布兰德和克鲁格曼（1983）在此基础上放松了运输成本为0的假设，使市场被分割，价格歧视导致相互倾销的过程。在他们的模型中，每个厂商都认为自己的产品在外国市场的份额小于本国市场，因此在对称的条件下，厂商面临的需求弹性比在本国市场上销售时更大。所以对于一个厂商而言，在对方的市场上降价销售不但能够增加自己的利润，而且将降价造成的损失转嫁给了对方的厂商。当运输成本带来的损失与由于出口带来的收益持平，两个厂商在两个市场上占有的份额达到平衡。

相互倾销模型得出了两个十分重要的结论：首先，垄断厂商的互相倾销行为使垄断市场变得更具有竞争性，即使这种竞争并没有发生，潜在的竞争也会减少两个国家由于垄断扭曲造成的损失；第二，尽管运输成本的存在使两个市场无法达到产量最大化，但是贸易从规模经济和加剧竞争中带来的好处有可能抵消额外的运输成本带来的损失。

（三）战略性贸易政策

战略性贸易政策建立在垄断竞争模型的种种结论之上，为"保护进口可以促进出口"的观点提供了理论支持。依据垄断竞争模型的逻辑，由于外国厂商在本国市场上以高于边际成本的价格销售而分取了垄断利润，所以战略性贸易政策提倡通过贸易政策抬高外国企业的边际成本，使本国企业获取规模经济带来的优势。

为此，克鲁格曼引入了"租"和"外部经济"的概念加以说明，他认为在新贸易理论中，由于没有最优均衡的存在，次优均衡下的超额利润不会消失，所以超额利润的分配成为各国制定战略性贸易政策的目标。"租"就是规模经济下产业存在的超额利润，为了使本国通过贸易政策获得更多的超额利润、提高国民收入，一国可以以他国的利益损失为代价。而"外部经济"概念的引入与外部经济理论具有重要的关系，克鲁格曼在《战略性贸易政策与新国际经济学》一书中举了高技术产业的例子来说明一些具有外部经济特征的产业由于为社会创造了类似技术外溢的额外利润，所以贸易政策应该通过保护或出口补贴等手段对其给予保护。如果其他国家同样对高技术产业实施保护使本国丧失了外部经济带来的额外利润，那么应该予以反击。

虽然战略性贸易政策的实施是建立在不甚完善的理论基础之上，并且由于其对贸易保护的辩护使相关利益集团很容易举起这面大旗造成贸易保护主义盛行的风潮。但是新贸易理论坚持信奉贸易保护政策在不完全竞争市场中具有积极的影响。克鲁格曼在较早的一篇论述战略性贸易政策的文章中就明确指出"在每一种情况下，保护进口可以促进出口的基本理论都是相同的。通过给本国企业在某个市场上的特殊地位，一个国家可以使这个企业对外国的竞争者拥有一种规模优势，即使在一个没有保护的市场上，这个规模优势也会转化为较低的边际成本和较高的市场份额"①。

三、外部规模经济理论

对外部规模经济的探讨是规模经济模型化的最早尝试，其主要的成果来自于马歇尔模型将外部规模经济与比较优势理论的结合。新贸易理论中的外部规

① Krugman P. R. Import Protection as Export Promotion: International Competition in the Presence of Oligopoly and Economies of Scale ［Z］. in Kiezkowski, Henryk, ed. Monopolistic Competition in International Trade. Oxford University Press. 引文出自中国社会科学出版社 2001 年出版的《克鲁格曼国际贸易新理论》中译本第 180 页。

模经济研究显然受到埃西尔（Wilfred J. Ethier）思想的影响，克鲁格曼将马歇尔关于外部规模经济的贸易理论与埃西尔（1979，1982）关注要素流动的思想作了结合，并对外部规模经济模型作了许多深入的扩展。

外部经济是发生在行业内部而不是厂商内部的规模经济，不管是一国内部还是国际市场都可能存在这种规模经济的外部效应。① 马歇尔认为外部规模经济来源于专业化供应商聚集带来的便利、共享的劳动力市场和知识外溢效应。克鲁格曼沿袭了这三个结论并通过建立新模型得出了更多有用的结论。

外部规模经济理论探讨了一个 $2 \times 2 \times 1$ 模型（2 个国家，2 种商品，1 种要素）。假设 2 个资源禀赋不同的国家具有相同的技术水平，劳动作为惟一的要素生产具有外部规模经济的商品 1 和没有规模报酬不变的商品 2，并且不存在运输成本。此外，商品 1 的外部规模经济被强调是在一国内部就可以达到的。如果贸易的起点是只有一个国家生产商品 1，那么规模经济的存在会使其生产成本低于另一国家，并且一直保持这种先期建立产业的优势地位而使另一个国家无法进入。随着这个国家对商品 1 的生产规模不断扩大最终实现了专业化分工 —— 一个国家专门生产商品 1，另一个国家专门生产商品 2。如果贸易的起点是两个国家都生产商品 1，那么具有较大产业规模的一国同样踏上了规模扩大的道路，最终达到专业化分工。所以，行业规模越大生产成本越低，越能够维持其优势地位阻止潜在竞争者的进入。正如克鲁格曼所指出的："当外部经济作用非常重要时，即使一国在某一行业具有潜在的低生产成本，另一个首先在这一行业开始大规模生产的国家仍能够维持其生产优势。在这种情况下，一国可能会不可想象地从贸易中蒙受损失。"②

最后，外部规模经济理论还对学习曲线下的动态规模经济进行了探讨，得出了与上述相似的结论。

四、理论评述

（一）新贸易理论对传统贸易理论的继承

当战后国际贸易形态改变之后，新理论对传统贸易理论的批判声日益高涨，新贸易理论成长的过程中也对传统理论进行了实证和理论的驳斥。但是，

---

① ［以］艾尔赫南·赫尔普曼、保罗·克鲁格曼著，尹翔硕、尹翔康译：《市场结构和对外贸易——报酬递增、不完全竞争和国际经济》［M］，上海：上海人民出版社，2009 年，第 49 页。

② ［美］保罗·克鲁格曼、茅瑞斯·奥博斯法尔德著，海闻等译：《国际经济学》（第五版），中国人民大学出版社，第 146 页。

克鲁格曼国际新贸易理论并没有完全否定传统的贸易理论，而是在继承和发扬传统贸易理论的基础上对其进行了创造性的改进。新贸易理论对传统贸易理论的继承主要有三个方面。

首先，新贸易理论继承了传统贸易理论的一般均衡的分析框架。在经济学说史上，瓦尔拉斯一般均衡理论源于洛桑学派创始人——法国经济学者莱昂·瓦尔拉斯（Léon Walras），后经维尔弗雷多·帕累托（Vilfredo Pareto）、约翰·希克斯（John R. Hicks）等众多学者丰富形成。边际革命之后，一般均衡理论成为正式经济理论的基本原理之一。在一般均衡的分析框架之中，通常按照一系列限制性的假设条件建立一组方程模型来代表一个经济关系的系统。只要存在一个一般均衡的状态，就可以用此描绘经济关系。传统贸易理论和新国际贸易理论的分析框架都是一般均衡分析，由于假设条件的限制不同而建立了不同的方程和分析过程。

其次，新国际贸易理论承认传统贸易理论对完全竞争市场的解释能力。传统国际贸易理论的很多思想，例如国与国之间的差异是国际贸易的一种动因、一国禀赋决定其国际分工模式、贸易保护使全球福利总和收到损失等，对现实尤其是产业间贸易仍然具有强大的解释能力。① 克鲁格曼认为甚至在规模经济条件下，传统贸易理论的某些结论，例如要素流动可以替代贸易、贸易包括产业内贸易有利于一国福利等结论仍然适用。克鲁格曼和赫尔普曼在《市场结构和对外贸易》中指出，只要做出必要的假定，即使某些产业具有规模报酬递增的性质和不完全竞争的市场结构，传统贸易理论仍然能解释一些特定的现象。

最后，新国际贸易理论是对传统贸易理论的完善和发展。新国际贸易理论引入规模经济使其理论前提更接近现实，从而扩展了传统贸易理论。比如，在传统贸易理论中，认为国与国之间的差异是国际贸易的主要动因，但新国际贸易理论主张国与国之间的差异是国际贸易动因之一，但是其主要动因是报酬递增形成的国际分工；在传统贸易理论中，一国禀赋决定其国际分工模式，但新国际贸易理论指出，除了禀赋差异，规模经济的发生对分工模式尤其具有规模经济特征的产业具有重要影响。在一些方面新国际贸易理论甚至颠覆了传统的贸易理论。例如，传统贸易理论均主张自由贸易，新国际贸易理论认为从单一国家角度考虑贸易保护确实有利于其发展；从市场结构上看，比起完全竞争，

---

① 克鲁格曼在其新经济地理学的分析中也涉及到对一部分产业间贸易的解释。

不完全竞争市场更贴近这个世界的现实。

（二）新贸易理论对当代贸易理论的影响

新贸易理论摆脱了传统贸易理论的束缚，利用 D-S 模型不但融合了产业组织理论和贸易理论而且开创了新经济地理学，为当代的经济理论发展起到了不可替代的作用。自从 2008 年克鲁格曼获得诺贝尔经济学奖之后，对新贸易理论的评述更多了，其中大部分对克鲁格曼应用 D-S 模型的分析赞誉有加。相对于古典贸易理论和新古典贸易理论而言，新贸易理论放弃了将规模经济与完全竞争市场相结合的部分均衡分析，转而利用 20 世纪 30 年代不完全市场结构方面的突破性进展，将规模经济纳入到不完全竞争市场结构内进行了讨论。这种方法不但成功地阐述了产业内贸易等国际贸易新现象，而且为国际贸易理论的发展注入了新的活力。可以说，新贸易理论开启了一个属于它的新时代。

新贸易理论的成就之一是对贸易产生的原因作出了新的解释，国与国之间的差异不再是导致贸易的惟一原因。新贸易理论认为"贸易不一定是比较优势的结果。相反，它可能是收益递增或规模经济的结果，即来自于随着产出增加，单位产品成本下降的趋势。即使国与国之间并不存在资源或技术上的差异，规模经济仍促使各国追求生产的专业化和贸易。"① 此外，在规模经济的形成中，历史上的偶然事件在决定贸易模式时起到了重要的作用。

新贸易理论的另一重要影响是提出了保护进口可以促进出口，贸易保护能带来收益，为贸易政策的实施提供了理论支持。不论是否出自本意，新贸易理论已经成为捍卫贸易保护主义的理论盾牌。

诚然，新贸易理论还是一个经济理论界中的"婴儿"，它有许多需要完善的地方，例如模型的动态化。新贸易理论发展的同时期，一些别的理论也在蓬勃发展。有一些衍生于此，比如新新贸易理论；有一些则有截然不同的逻辑，比如新兴古典贸易理论。

---

① ［美］保罗·克鲁格曼、茅瑞斯·奥博斯法尔德著，海闻等译：《国际经济学》（第五版），中国人民大学出版社，第 145 页。

第十二章

杨小凯与新兴古典贸易理论

第一节　杨小凯与新兴古典经济学

一、新兴古典经济学产生的动因

经济学主要创立者亚当·斯密在其著作《国富论》中提出了两个具有价值的思想。一个是劳动分工，另一个是自由竞争的市场机制即"看不见的手"。在书中斯密认为专业化和分工提高了生产率，是经济增长和增加国民财富的原动力。由于《国富论》是以研究国民财富的性质和原因为主题，关注财富及其增长，所以分工问题成为了古典经济学的理论核心。

在 19 世纪末到 20 世纪初，马歇尔使用数学分析工具对古典经济学思想进行解析。在马歇尔的分析框架中，从给定效果函数和给定函数下的个人决策问题入手时，需要研究所有可行解的角点。一个最优化问题的角点解是指设计一些决策变量的上限值和（或）下限值。但在马歇尔的时代，由于数学工具的局限无法解决角点解问题，马歇尔只能在分析框架上使用某种方法避开此问题来保证个人决策问题的解是内点解，然后在此基础上进行边际分析。[①] 因此，马歇尔选择了将纯消费者和纯生产者两分的方法来使得边际分析得以成立，并将其作为新古典经济学的基石。在此基础上马歇尔对需求和供给进行了狭义地解释，并用规模经济概念替换专业化经济概念，这三个部分成为了新古典经济学框架的特征。马歇尔在纯消费者和纯需求者两分基础上对需求和供给的狭义解释，使得在新古典经济学框架内的经济组织结构以及纯消费者和纯需求者之间的组织结构成为既定条件，缺乏与供给和需求的联系。而规模经济概念与个

---

① 如果一个决策变量的最优值是其最大值或最小值，则最优决策的解就称为角点解；如果所有决策变量的最优值在其最大和最小值之间，则最优决策就称为内点解。

人专业化水平或企业内部专业化水平无关，企业规模大并不能保证企业内部的专业化水平很高，所以规模经济概念无法代替专业化概念。①

新古典经济学框架中将纯消费者与纯生产者两分的假定，注定了其卓越成就中存在着不完美的缺陷。首先，两分的假定使得经济分析的重点开始从经济组织转向资源配置。由于数学工具的限制，马歇尔无法解决角点解问题，也就无法在数学框架内解释专业化和分工经济。所以只能转向相对不重要的资源分配问题，在一个给定稀缺程度和一个给定的分工模式和水平条件下，找到不同商品最具效率的生产数量和用于生产这些商品最具效率的要素的投入数量，并用边际分析完美的进行形式化。② 马歇尔对资源分配问题的形式化为主流经济学建立起一个有序的结构，但却背离了古典经济学的专业化和分工的主题。其次，两分假定不符合经济现实。纯消费者和纯生产者的两分假定使得消费者只能从生产者手中购买商品，不能自己或选择专业化水平，否定了自给自足经济的存在，也无法解释经济组织如何从自给自足向分工演进的原因。最后，两分假定限制了新古典经济学分析框架的解释能力。纯消费者和纯生产者的两分假定导致特定的市场结构，企业是既定的，所以无法解释企业内部的分工。此外，也无法解释企业的演进过程，其中涉及了经济组织、制度、经济发展和宏观经济有关的问题。

从 20 世纪 80 年代开始，以杨小凯为代表的一批经济学家以古典经济学的分工思想为基础，运用线性规划和非线性规划等新的数学工具，针对新古典经济学两分假定的不合理性，建立了经济决策和均衡模型，实现了对古典经济学的复兴，这一学派故而被命名为"新兴古典经济学"。正如新兴古典经济学的重要成果《经济学：新兴古典与新古典框架》前言部分所说："此书用非线性规划、动态规划和其他非古典数学规划方法将古典主流经济学的灵魂在一个现代躯体中复活。由于此书的灵魂比新古典经济学更老，而它的躯体却比新古典经济学更新，所以我们称之为新兴古典经济学。"③

二、杨小凯的生平与主要著作

新兴古典经济学派的最主要创立者就是澳大利亚籍华裔经济学家杨小凯。

---

① 杨小凯、黄有光：《专业化与经济组织：一个新兴古典微观经济学分析框架》，经济科学出版社 1999 年版，第 6 页。

② 杨小凯著，张定胜等译：《经济学：新兴古典与新古典框架》，社会科学文献出版社 2003 年第 1 版，第 12 页。

③ 同上书，第 1 页。

由于其在经济学上的重大成就，杨小凯曾经分别在 2002 年和 2003 年两次被提名诺贝尔经济学奖，被誉为"离诺贝尔奖最近的华人"。

杨小凯（1948～2004）原名杨曦光，乳名小凯，出生于吉林省敦化市。1966 年文化大革命开始后，刚进入湖南省长沙市一中高中部的杨小凯成为了一名忠诚的红卫兵，1967 年 2 月因为一次路见不平的对抗行动被市公安局的派出所监禁了两个月。1967 年下半年至 1968 年，杨小凯已经逐渐摆脱了派系争执，开始认真严肃地思考文化大革命，并写出了当时社会认为"大逆不道"的文章——《中国向何处去?》而被打成现行反革命入狱 10 年，入狱时年仅19 岁。他在狱中面对绝境没有自暴自弃，而是更加努力地思考和学习，并拜当时也关在牢里的二十几位教授、工程师为师，学习数学、英语、材料力学和机械学。在狱中，杨小凯反复研读《资本论》，发现了劳动价值论的三大缺陷，甚至自己用拉格朗日方法推导出"戈森第二定理"，对于新兴古典经济学派的基本思想也是他在狱中学习思考后萌生的。出狱时杨小凯的知识程度已经达到并且超过了大学学历的水平。出狱后，他在湖南大学数学系旁听了一年，从此改用其乳名杨小凯。不久杨小凯在湖南新华印刷二厂当了一名校对工。

1979 年杨小凯报考中国社会科学院经济学实习研究员，但因他的历史成分被拒绝参加考试。1980 年他再次报考，在当时社会科学研究院副院长于光远的帮助下，终于获准参加考试，通过考试后被录取为实习研究员。杨小凯在中国社会科学院数量经济研究所工作的两年里，出版了其最初的经济学专著《经济控制论初步》和《数理经济学基础》，并发表了一批经济学方面的论文。1982 年杨小凯被武汉大学经济管理系聘为讲师，1983 年获当时在武汉大学访问的美国普林斯顿大学邹至庄教授的赏识，被普林斯顿大学录取为博士研究生并获得了福特基金会的全额奖学金。邹至庄本意让杨小凯追随其研究计量经济学，但杨小凯坚持研究创立自己的新框架，以超边际分析的方法研究古典经济学中的分工和专业化问题并在其博士论文中得以体现。1988 年获得博士学位后，他在耶鲁大学做了一年客座研究员，并开始在《美国经济评论》、《政治经济学》等世界顶级期刊上发表论文。1990 年杨小凯被澳大利亚莫纳什大学聘为终身教职。

1991 年杨小凯在美国《政治经济学》（JPE）杂志上发表论文《经济增长的微观经济机制》（A Microeconomic Mechanism for Economic Growth），该篇论文建立了一个能够预测劳动分工、生产力、贸易依存度和经济结构同时演进的动态均衡模型，奠定了用劳动分工内生演进解释经济增长的微观基础。此后，杨小凯又陆续发表了多篇重量级的论文，包括《垄断竞争和最优产品多样性》（AER）、《分工和产品多样化》（AER）、《专业化、信息和增长》（JDE）等。1993 年杨小凯与黄有光出版了著作《专业化与经济组织》（Specialization and Economic Organization），将劳动分工、专业化经济和经济组织结构引入经济学的核心，标志着新兴古典经济学的基本框架得以确立。同年，杨小凯升任为澳大利亚莫纳什大学教授并被选为澳大利亚社会科学院院士。

20 世纪 90 年代末期，杨小凯又发表了四篇重要论文：《有交易成本和劳动分工的大规模经济中的一般均衡》、《通往非人格化网络决策和内生劳动分工结构的理论》、《瓦尔拉斯序贯均衡、有限理性和社会实验》、《确定劳动分工均衡结构的一般方法》，夯实了超边际分析方法的理论基础。1998 年杨小凯撰写的以新兴古典经济学为核心的教科书——《经济学原理》出版，在经济学界引起热烈反响。2001 年杨小凯又出版了《发展经济学——超边际与边际分析》和《经济学：新兴古典与新古典框架》两本著作，这两本著作包含了杨小凯运用超边际分析方法所取得的全部研究成果，标志着新兴古典经济学走向成熟，受到了多名匿名审稿人的一致高度评价："这是一个令人激动的贡献，它将对与增长和发展提出新颖的看法"。诺贝尔经济学奖得主布坎南（James Buchanan）在 2002 年 3 月主讲的《新的经济分析框架对全球化问题的启示》中多次强调，对由专业化的经济所造成的一般化报酬递增的分析以杨小凯为主要创建人的新兴古典经济学或超边际分析为最佳，并誉其为当今世界上最重要的经济学研究。

2004 年 7 月 7 日，杨小凯因患肺癌在澳大利亚墨尔本的家中病逝，享年56 岁。终其一生的成就，杨小凯是当今世界上最有影响的、天才式的华人经济学家。他的工作是对前人工作的继承，但这种继承是完全与前人隔绝的状态下完成的。在科学史上，没有哪一位杰出的科学家可以做到这一点。杨小凯不仅继承了斯密的分工理论并把它形式化，对新古典经济学的边际分析也是建立在整个经济学的科学方法的基础上。新兴古典经济学利用超边际分析这种具有开创性的方法取得了开创性的研究成果，创立了与传统主流经济学具有根本不同的新框架，并将现代经济学的各个流派尽收囊中，从而整合成一个新的经济学主流学派。诺贝尔奖经济学奖得主阿罗称赞杨小凯的工作"使斯密的劳动分工论与科斯的交易费用理论混为一体"。而同为诺贝尔经济学奖得主的布坎南曾经说过"有一个中国学者，他可能是目前最好的经济学家之一"，而这个人就是杨小凯。

三、新兴古典经济学的分析框架和方法

（一）新兴古典经济学分析框架

在对古典经济学和新古典经济学研究的基础上，为了同时包容古典经济学的分工问题和新古典经济学给定的稀缺程度下的资源分配问题，新兴古典经济学对经济学提出了一个新的定义：经济学是研究经济活动之间两难冲突的学问。它不仅分析个体决策的两难冲突，而且分析个体决策的交互作用如何在各种制度的安排下达到一种个体都无法拒绝的折中局面。

新古典经济学研究的是资源配置中的两难冲突，即有限资源和无限欲望之间的基本矛盾所导致的冲突。体现在个体决策的两难冲突是个体在消费或生产决策中进行取舍。而个体决策交互作用如何折中，在一个竞争性的市场上，就是自利决策之间的"看不见的手"通过市场价格间接进行调和，达成一个折中，即供求均衡。这种结果可能不能使每个个体都完全满意，但都必须接受这个结果。

古典经济学研究的是分工问题的两难冲突，即分工经济与交易成本的冲突。而对这种两难冲突的折中，可以解释资源的稀缺程度是如何由个体的自利决策及其交互作用内生决定的，也就是斯密所关心的分工如何能够减少资源的稀缺性从而使一个社会变得更加富裕。新兴古典经济学将古典经济学关于分工可以降低资源稀缺性并提高国家财富的核心思想进行形式化，其研究的是分工对总和生产力产生的正网络效应与交易费用之间的两难冲突。

新兴古典经济学不同于新古典经济学纯消费者和纯生产者两分的假定，认为每个个体即是生产者也是消费者。根据古典经济学的思想，人们最重要的决策就是他们对职业和专业化水平的选择。这些决策的总的结果决定了社会的分工水平或者说是分工网络的大小。需求和供给是分工的两个侧面。"看不见的手"最重要的功能就是协调人们选择专业化水平和模式的决策，以最大限度利用分工的正网络效应。下图是新兴古典经济学中的基本分析工具，可以充分说明新兴古典经济学所研究的分工对总和生产力产生的正网络效应与交易费用之间的两难冲突。

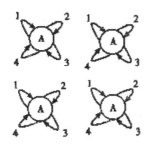

(a) 自给自足

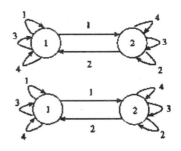

(b)局部分工

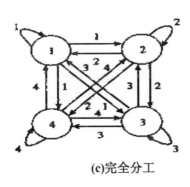

(c)完全分工

图 12.1 新兴古典经济学分析框架

资料来源：杨小凯、张永生：《新兴古典经济学与超边际分析》，社会科学文献出版社 2003 年版，第 15 页。

图中假定社会中有 4 个先天条件完全相同的消费－生产者 A，社会中生产和消费 4 种产品（1、2、3、4），每个人必须消费全部 4 种产品，而可以选择生产其中的一种或几种产品。图中圆圈代表每个人，带有箭头的线条代表产品流，线条上的数字标明了贸易的产品。在图（a）表示的情形中，分工产生的交易费用大于分工带来的专业化生产的好处，因此个体选择自给自足全部 4 种产品，社会中没有分工也没有交易费用；在图（b）表示的情形中，随着交易效率的提高，个人选择部分分工模式，为满足对所有产品的消费需求，个体必须买卖两种商品 1 和 2，社会中出现了 1 和 2 的交易市场，市场一体化程度提高；在图（c）表示的情形中，随着交易效率的逐渐提高，最终经济社会进入了完全分工状态。此时每个人专业化生产一种产品，个体专业化程度、经济结构多样化程度、社会商业化程度、生产集中程度、生产力、市场个数都上升，交易次数和总交易费用也增加。以上说明伴随着专业化水平的逐渐提高，分工所引起的正网络效应也在增加，交易费用也在不断增加，两者就形成了两难冲突。

关于分工的思想，斯密在《国富论》中提出分工水平取决于市场范围（斯密定理），此后分工理论由杨格（Allyn Young）发展到了最高峰。杨格在其 1928 年的经典论文《报酬递增与经济进步》（Increasing Returns and Economic Progress）中指出分工取决于分工，即分工水平是内生决定的，强调了劳动分工的自我繁殖和正反馈效应。它具体表现为由于在分工网络框架中分工所带来的好处与分工所产生的交易费用的两难冲突，分工水平取决于交易效率的提高。交易效率的提高，折中这种两难冲突的空间就越大，分工水平也就越高。在一个动态均衡模型里，分工水平的提高可能在缺乏外生改进交易效率的情况下产生，即分工将内生动态化地演进，那么经济体系也将内生动态化地从自给自足向完全分工演进。当然，在一个静态均衡模型中外生地改变交易效率也可以使这种演进发生。上述两种现象，作为分工演进不同侧面而出现。在这个过程中，市场由于个人选择专业化水平和模式自利决策及其交互作用内生的出现。

（二）新兴古典经济学的分析方法

在新古典经济学由于数学工具的局限无法解释分工或产业问题上，新兴古典经济学引入了超边际分析的方法。超边际分析是在对每个角点解进行边际分析之外进行的对不同角点解的总收益分析，是对新古典边际分析方法的一种超越，因此这种分析方法被称为超边际分析。自布坎南（Buchanan）和斯特布利宾（Stubblebine）（1962）创造了"超边际分析"一词，超边际分析方法不断地应用于经济学领域。新兴古典经济学派，包括杨小凯、威尔斯、博兰、史鹤凌、迪克西特（Dixit）和黄有光等则将其应用于研究分工与专业化问题，既考察了个体效用最大化的微观行为，又分析了社会经济的全面均衡。

在新兴古典经济学中，每个个体要做的决策有两种类型。第一种涉及一个人的专业化及专业化水平，在做这类决策时，对内点解的边际分析行不通；另一种涉及个体在决定要从事的所有活动中如何分配其有限的资源。这类决策以一个角点解或内点解的边际分析为特征。超边际分析将这两类决策结合起来进行分析。按照库恩－塔克定律，从数学意义上看，每个人的最优决策永远是角点解，而且可能的角点解多不胜数。而按照文定理，① 从经济意义上或从现实角度分析，可以把绝大多数的角点解排除在最优解之外。每个人的最优决策是个体自利决策和众多决策之间相互作用的最终结果，即局部均衡，它是个体实现约束条件下的效用最大化决策。局部均衡的数学过程就是将剩下的每一个角点解进行边际分析，求出每一个角点解的局部最优值，也就是角点均衡，而所有个体的角点均衡的任一组合都是经济的全面均衡。其中使社会最优的一个角点均衡组合就决定了市场中的组织结构，构成了社会的一般均衡解。

四、新兴古典经济学与新兴古典贸易理论

在经济学体系中，贸易理论是微观经济理论的延伸。新兴古典经济学摒弃了新古典经济学纯消费者和纯生产者两分的假定，从消费者与生产者的统一出发创立了新的微观经济学框架。该学派在新的框架下，在斯密对由于分工而产生贸易的理论基础上，引进专业化分工和交易理论，建立内生动态优势模型，对传统的贸易理论进行重新思考，对贸易理论的基本问题给出新的解释，发展成了新兴古典贸易理论，又称内生贸易理论。新兴古典贸易理论有以下特点：（1）新兴古典贸易理论能够与其他理论在统一框架下构成一个有机整体；（2）新兴古典贸易理论将国内贸易与国际贸易解释成为本质相同，只是由于分工水平发展程度不同的不同产物；（3）新兴古典贸易理论不但能解释贸易现象，还能解释贸易政策和经济结构等问题。②

第二节　新兴古典贸易理论的主要内容

一、"内生比较优势"思想的复兴

传统的贸易理论认为，斯密的绝对优势理论局限于两国贸易的发生，仅当绝对优势存在时，即只有当两国之间在同种商品生产上存在生产率的绝对差异时才会发生。而这相较于李嘉图的比较优势理论的两国贸易发生的条件要苛刻的多。李嘉图认为只要两国在两种商品的生产上具有相对生产率的差异，即只

---

① 所谓文定理是指在存在着专业化经济和交易费用的条件下，最优决策从不同时买和卖同种产品，从不同时买和生产同种产品，最多只卖一种产品。这是杨小凯对经济学理论的重要贡献。他于1988 年运用库恩－塔克定理，排除了一些非最优的可能解，将最优解的范围大大缩小。后由文玫（Wen，1996）将该命题推广到了一般准凹效用函数和非常一般的生产条件，所以将其称为文定理。

② 张辑、马妍绯：《新兴古典贸易理论述评》，《高等教育与学术研究》2007 年第 3 期，第 172 ~ 177 页。

要存在比较优势时就有贸易的基础，而不必有绝对优势。在20世纪80年代以前，主流观点认为，由于贸易发生的条件更加宽松，李嘉图的比较优势理论更具普遍性，绝对优势理论只是比较优势理论的一个特例。

这一观点受到迪克西特—斯蒂格利茨模型，即新贸易理论的质疑。他们发现，即使两国的初始条件完全相同，没有外生比较优势，只要存在规模经济则两国可以选择不同专业，从而产生内生的绝对优势，斯密的理论比李嘉图的理论更具有普遍的适用性和一般意义。其后的克鲁格曼应用此模型很好地解释了林德贸易模式，[①] 即比较优势明显的发达国家与落后国家的贸易要大大小于先天条件相近的发达国家之间的贸易。

新兴古典经济学认为绝对优势理论和比较优势理论不是简单的适用范围大小的不同，而是具有本质上的区别。斯密的绝对优势，理论是分工带来的生产率差异内生出的绝对优势，是一种后天创造的内生优势，而李嘉图的比较优势理论是先天存在的一种外生差异。杨小凯（1991，1996）假定人们没有与生俱来的差别，即不存在外生比较优势。专业化生产会提高生产效率，满足人们的多样化消费，但也增加了交易费用。这种两难冲突的折中将会产生最优分工。人们专于不同的行业，通过专业化而内生地获得比外行高的生产率，也就是获得内生比较优势，这就是内生分工与专业化模型。所谓的内生比较优势是指在天生生产条件完全相同的国家之间选择专业化生产某种产品，它可以内生地创造出原来没有的比较优势。萨克斯、杨小凯和张定胜（2001）将交易效率和生产函数在国家间的差别引入迪克西特 – 斯蒂格利茨模型，证明只要一国内生比较优势超过外生比较劣势，一国就有可能出口外生比较劣势的产品。

二、国内贸易与国际贸易的统一

新兴古典经济学认为，在新贸易理论模型中，规模经济和多样化消费之间形成两难冲突。若人口规模或可用资源增加，则市场折中这种两难冲突的余地就会变大，即形成一个规模扩大的统一市场，就会使生产率和产品种类同时增加，所以国际贸易是折中这种两难冲突的最佳途径。但是该模型并没有解释国内贸易是如何内生地向国际贸易转变的。杨小凯和史鹤凌（1992）将新贸易理论中内生产品种类的方法引入新兴古典经济学框架中，分析其模型中存在的四个相互冲突的力量：专业化效益与交易费用、多样化消费与由此产生的决策

---

① 林德（Linder）贸易模式指发达国家之间的贸易超过了发展中国家与发达国家之间的贸易的现象。

费用，从而统一了国内贸易理论与国际贸易理论。当交易效率很低时，由于每个消费者同时是生产者，分工产生好处完全被交易费用所抵消，所以人们自给自足，没有交换和贸易产生。随着交易效率的提高，首先出现一些地方性市场，但还不需要统一的国内市场。当交易效率进一步改进，分工的好处大于交易费用所造成的福利损失时，则地方性市场会汇合成全国市场。当交易效率的提高使得国内市场不足以满足高分工水平的要求时，分工将深化到可以突破国内市场规模的限制，国际贸易也随着而产生。

三、内生增长模型

新兴古典经济学派基于规模经济的模型预测，人口的增加会增大规模经济与消费多样化两难冲突的折中空间，从而提高生产率和消费品种类。如在很多发达国家和新兴工业化国家人口的增长对经济起飞产生正面影响，这与索洛（Solow，1956）增长模型相冲突。索洛认为人口的增加会压制经济的增长，如很多非洲国家的人口增长对该国经济产生了明显的负面影响。

杨小凯和勃兰德的内生增长模型成功地解决了这两种模型之间的冲突。按照其理论，不仅是人口数量，而且是劳动分工的演进和交易效率决定人均收入。当交易效率极低或是分工演进处在低级阶段时，分工水平很低，一个人口众多的国家可能由于自给自足经济而被分割成相互隔离的规模很小的地方经济。低分工水平意味着很低的专业化水平和低生产率，所以人均收入也很低，这就导致了大的人口规模与低人均收入水平共存。当交易效率提高或分工演进到很高水平，地方市场将融入一个统一的大市场，所以大的人口规模给发展大市场和容纳高分工水平提供了条件，从而高分工水平产生了高生产力和高人均收入，这就表明了大的人口规模对人均收入的增长具有正面影响。

四、支持自由贸易的力量

成文利、萨克斯、杨小凯（2000）将超边际分析引用到李嘉图模型中，证明不断提高交易效率会提高一般均衡中的专业化分工水平，交易效率高的国家的分工水平比交易效率低的国家的分工水平要高。此时，落后国的国内相对价格就是国际市场相对价格，人均收入与自给自足时相同，贸易与分工利益被发达国家独占。所以落后国愿意利用贸易保护政策，如保护性关税，来增加本国利益，而发达国家倾向于自由贸易政策保持这种贸易优势。当交易效率提高时，一般均衡会非连续地跳到两国分工水平都很高的状态。此时两国的相对价格有两国的生产条件和消费偏好共同决定。当两国为了得到更多的贸易好处而利用贸易保护政策时，贸易好处将可能会被耗损掉，所以自由贸易是通往贸易共赢之路。在此模型中，还可证明通过削减关税和非关税壁垒以及提高交易效率来促进自由贸易。

关于实行自由贸易还是提高国际竞争力的争论，新兴古典经济学派认为在促进自由贸易的同时还应同时提高国际竞争力，因为提高一国的国际竞争力是改善国家福利的重要途径。如果用一国的交易效率来衡量一国的国际竞争力，即使一国较另一国存在比较优势，但交易效率很低，那么该国仍将被排斥在贸易之外。

五、发扬二元经济的思想

在新兴古典贸易理论中，贸易与经济发展的关系不是遵循互为条件、相互作用的机制，而是作为分工的不同侧面相伴而生，二者都是分工产生和深化的结果。分工引起了贸易，同时也是分工带来的生产率的增加促进了经济发展。20 世纪 50 年代，刘易斯（Lewis）提出了二元经济现象，由于当时数学工具的局限，只能用边际分析法研究工业和农业的二元结构。而新兴古典经济学派的张定胜（2000）将内生比较利益引进李嘉图模型，利用超边际分析研究商业化部门和非商业化部门的二元结构。指出交易效率改进会改变一国所处于的非商业化的自给自足状态，使部分居民卷入国际分工而出现部分商业化的局面，即二元经济结构。而另一国交易效率的改进和贸易条件的改善，将会使该国获得大部分国际贸易的好处。在这两类二元经济中，收入分配不均将随着自给自足状态改变而不断上升。随着两国交易效率的进一步提高，两国都完全卷入国际和国内分工，两国国内所有人的生产活动完全商业化，二元经济消失，收入分配的不平等度下降。

第三节　对新兴古典贸易理论的总体评价

以杨小凯为代表的新兴古典经济学派利用超边际分析的新经济学研究方法，在其框架内用分工网络和交易效率等概念来讨论贸易问题，不仅继承和解释了传统的贸易理论，而且为西方国际贸易理论的发展提供了一种新的思路，作出了巨大的贡献。总体来看，其成就包括以下几个方面。

一、新兴古典贸易理论框架统一了新旧贸易理论

新兴古典贸易理论对古典贸易理论进行了重新思考，重新定位了绝对优势

和比较优势原理的相互关系，认为斯密的内生比较优势应该是较李嘉图理论中的外生比较优势更为重要的贸易产生的原因，是更具有普遍意义的理论。新兴古典经济学派在其模型中将内生比较优势贯彻始终，并且内生比较利益会随分工的发展而不断被创造和增进，使得其模型成为内生动态优势模型，而模型的核心是递增规模报酬。

从劳动分工的角度来看，国际贸易有两种分工基础：一种是基于技术和资源不同的外生比较利益的劳动分工，包括李嘉图技术差距比较优势和赫克歇尔—俄林的资源差异比较优势；一种是基于规模经济和专业化经济的内生比较利益的劳动分工，包括新贸易理论中的内生规模比较优势和新兴古典贸易理论内生专业化经济比较优势。传统贸易理论的核心是比较利益，而新贸易理论和新兴古典贸易理论的核心是递增规模报酬。实际经济是比较利益和递增规模报酬的混合体，所以新兴古典经济学派在递增规模报酬的新兴古典贸易模型中引入外生比较利益因素，试图将传统贸易理论统一于新兴古典贸易理论框架之中。①

二、新兴古典贸易理论统一了贸易理论和贸易政策

在传统的贸易理论中，理论和政策有着明确的区分。以往的国际贸易纯理论首先论证贸易利益的存在，然后再结合政策制定的政治经济学分析，对各国贸易政策选择作出说明。古典和新古典贸易理论的直接结论是，自由贸易能够给参与贸易的各国带来利益，因此其政策主张是实行自由贸易政策。对于世界范围内存在的不同贸易体制和贸易政策倾向，以往的贸易理论认为这是因政府面临着国内不同利益集团的政治压力而不得不采取的政策。新贸易理论分析了不完全竞争的市场结构，认为在寡头市场结构下，可以通过实施战略性贸易政策实现利润转移将垄断利润从国外转移到国内，在牺牲外国福利的情况下增进本国福利。格罗斯曼和赫尔普曼则讨论了国际贸易政策决定的不同阶段，第一阶段是国内的利益集团游说其偏好的政策，由此决定政府的政策偏好；第二阶段是各国政府之间通过谈判来确定国际均衡的贸易政策。这些贸易政策主张没有对贸易理论和贸易政策给出统一的解释，也不能说明一国贸易政策选择的演变。新兴古典贸易理论则从个人的生产和贸易决策分析开始，通过对专业化经济和交易费用的两难冲突的分析，不但成功地解答了贸易理论的基本问题，而

---

① 纪昀：《从新古典到新兴古典：国际贸易理论的最新发展》，《世界经济研究》2000年第1期，第83～87页。

且阐明了贸易政策与交易效率及各国均衡分工水平之间的关系。①

三、新兴古典贸易理论统一了国内贸易与国际贸易

按照新古典经济学的理论框架，在没有政府干预的前提下，国家之间只要产生外生比较优势或内生比较优势就会发生国际贸易。但它无法解释古代在没有政府干预的时候，为什么国内贸易仍然没有发展成国际贸易。新兴古典经济学派认为，原因就在于新古典经济学的纯消费者和纯生产者两分的假定，使得国内贸易与国际贸易的产生原理不同。因为纯消费者与纯生产者两分，国内贸易由于消费者生存的需要而必须发生，而国际贸易中的各个国家既是生产者又是消费者，所以没有必要一定发生国际贸易，从此可以看出二者并没有统一在同一个框架内。②

新兴古典贸易理论认为每个人既是消费者也是生产者，在经济发展过程中必然存在着专业化经济与交易费用的两难冲突。随着交易效率不断提高，分工的好处也会渐渐大于由交易费用而造成的福利损失，从而最初由于低水平分工所导致的自给自足经济将逐步发展成为局部的地方性市场，国内的统一市场，直至由于分工的发展而突破了市场规模的限制，最终产生国际贸易。因此新兴古典贸易理论在其理论框架下统一了国内贸易与国际贸易。

四、新兴古典贸易理论仍需进一步发展

新兴古典贸易理论虽然利用先进超边际分析研究方法，而且在理论上也接近完美，但是却存在着一些不足之处。首先，较规模报酬不变的外生比较优势理论而言，新兴古典贸易理论缺少明确的贸易模式。李嘉图比较优势理论认为一国应该出口本国的比较优势产品进口比较劣势产品。新古典贸易理论认为一国应该出口本国丰裕要素密集生产的产品，进口本国稀缺要素密集生产的产品。而作为内生优势理论的新兴古典贸易理论，却只能指明个人应贸易那些专业化经济较大、交易条件较好的产品，但是哪个人或哪个国家买卖哪种商品是不确定的。③ 其次，为了追求框架的整合和形式的完美，其理论模型在建立时为了保证数学上的严密和理论上的统一，设置了一些较强而且不太合理的假

---

① 李俊江、侯蕾：《新兴古典贸易理论述评》，《江汉论坛》2006 年第 9 期，第 30 ~ 33 页。

② 国彦兵：《论杨小凯教授对国际贸易理论的贡献》，《国际贸易问题》2005 年第 1 期，第 126 ~ 129 页。

③ 鞠建东、林毅夫、王勇：《要素禀赋、专业化分工、贸易的理论与实证———与杨小凯、张永生商榷》，《经济学季刊》2004 年第 1 期，第 58 页。

定，甚至有些可能会推导出不合理的结论，这大大削弱了理论的现实应用性。另外，劳动分工演进的许多数据难于从现有的统计口径中获得，因此很难用历史数据对新兴古典经济学理论进行检验，也就更不能进行预测。而且，由于劳动分工演进是一个长期的过程，因此新兴古典理论模型更适于解释长期的经济现象，而对短期现实的解释力欠缺。可见，创立新兴古典经济学的理论意义大于其现实意义。①

---

① 李俊江、侯蕾：《新兴古典贸易理论述评》，《江汉论坛》2006 年第 9 期，第 33 页。

第十三章

梅里兹、安特拉斯与新新贸易理论

第一节　梅里兹、安特拉斯的时代、生平和著作

马克·梅里兹（Marc J. Melitz）和珀·安特拉斯（Pol Antràs）是当代年轻的经济学家，他们因在新新贸易理论两个分支体系中的突出成就而闻名于经济学界。以二人为代表的新一代国际贸易理论学者将企业异质性引入已有的分析模型，从微观企业层面解释了当今国际贸易与对外投资中的新现象，他们的理论成果是当今国际贸易理论的最前沿，也是未来国际贸易理论的发展方向。

一、梅里兹、安特拉斯所处的时代

梅里兹和安特拉斯对新新贸易理论的研究成果产生在一个全球化深化的时代。"全球化是一个多层次的复杂现象，它包括深刻的国内和国际的政治、社会和经济互动"①，而"国际贸易则是全球化过程中不可缺少的重要部分"②。全球化并不是一个新鲜的现象，19世纪末和第二次世界大战以来都曾在世界范围内掀起过全球化的浪潮。但是在最近30年的时间里，全球化的发展更加深化，世界各国对彼此的依赖程度越来越深，这期间各国政府都不同程度地通过加强区域合作或在本国实行改革措施等方式来扩大本国经济对国际贸易的开放程度。国际贸易和全球化确实给许多国家带来了巨大的收益，例如"使这些国家从专业化和规模效应中获得了收益，支持了知识和新技术的传播，增加了消费者的可选择范围。"③ 然而，因为国际贸易或全球化而遭受的损失也同

---

① WTO, "World Trade Report 2008—Trade in a Globalizing World," 2008, pp. xi. http://www.wto.org/english/res _ e/reser_ e/wtr_ e. html.

② 同上。

③ 同上。

时不绝于耳。在一些地方，人们越发对全球化及其产生的各种影响产生疑虑，"贸易怀疑论"呈现出了某种上升态势。不管人们以怎样的语言来评价，或者以怎样的行动来应对国际贸易和全球化，不同社会中的各个部门已经不可阻挡的向着一体化的方向迈进。

自 20 世纪 80 年代中期以来，全球贸易领域出现了一些新变化。其中一个突出的变化是：在全球贸易稳步发展的同时，对外直接投资呈现快速增长的态势。据统计，2006 年全球对外直接投资占世界 GDP 的比重达到了 25.3%，约为 1982 年的 5 倍。[1] 从投资环境角度来看，"自由化和放松管制在巨大的对外直接投资流中作出了重要的贡献"[2]。例如在最近 30 年里，北美自由贸易、欧盟等自由贸易区域大批建立起来，世界贸易组织（WTO）代替了关税与贸易总协定（GATT）成为协调多边贸易的国际组织，中国加入了 WTO 等等，各种有利因素使越来越多的产品市场、资本市场和劳动力市场融合在了一起。从微观经济主体角度来看，企业参与跨国经营的组织形式、生产方式和进入时期越来越多样化。这种多样化的表现与企业的异质性密不可分，即不同企业在生产率、规模和组织形式等各个方面的差异影响了企业的国际化经营决策和行为。全球贸易领域的另外一个突出变化是：中间产品在当今市场中的作用日益突出，企业内贸易呈上升趋势。中间产品是"帮助商业车轮旋转的润滑剂"[3]，是"将国际交换的成果带给人们的工具"。中间产品贸易的增加与日益突出的企业内贸易关系密切，而这一切又与企业的边界有着深刻的联系。据统计，1994 年美国全部进口产品总量的 42.7% 和出口产品总量的 36.3% 都发生在跨国公司边界之内。[4] 在这种表面统计数据的背后还存在一些已经被观测到的经济现象，如资本密集型行业的企业内贸易相对较高，而且企业内贸易的流量大多发生在资本充裕的国家之间。

在这样一个全球化深化的时代里，传统贸易理论对贸易产生原因的分析已经不足以充分解释当今的现实问题。自 20 世纪 80 年代以来，企业层面的生产与贸易数据变得越来越具有可得性，基于此类数据的实证研究发现每个企业都

① WTO, "World Trade Report 2008—Trade in a Globalizing World," 2008, pp. 15. http://www.wto.org/english/res_ e/reser_ e/wtr_ e. html.

② 同上。

③ Pol Antràs, Arnaud Costinot, "Intermediated Trade," forthcoming Quarterly Journal of Economics, 2011.

④ Zeile, William J. , "U. S. Intrafirm Trade in Goods, " *Survey of Current Business*, LXXVII, 1997, 23~38.

是不同的，从而打破了以往贸易理论中关于所有企业都是一样的基本假定。这种对企业异质性的关注使研究人员可以从更微观的角度探讨企业进行国际贸易、对外直接投资、外包和一体化等行为的决策依据，所谓的"新新贸易理论"（"new new" trade theories）应运而生。

二、梅里兹的生平和著作

马克·梅里兹（Marc J. Melitz, 1967~）是美国著名的经济学家，在国际贸易领域的研究成果具有非常高的影响力。他在 2011 年初位列经济学研究论文数据库（Research Papers in Economics，缩写为 RePEc）全球 200 强年轻经济学家排名的第一位。[①] 梅里兹 22 岁时获得了美国哈弗福德学院数学专业的学士学位，3 年后在马里兰大学工商管理学院的运筹学专业获得了工商管理硕士学位。1997 年和 2000 年，梅里兹分别获得了密歇根大学经济学专业的硕士和博士学位。毕业后的梅里兹在哈佛大学经济学系担任了 4 年的助理教授和 1 年的副教授。2005 年夏天他来到普林斯顿大学，并在 2007 年成为该校经济与国际事务教授。2008 年梅里兹当选了计量经济学会成员。2009 年 7 月梅里兹以经济学教授的身份再次回到哈佛大学，与埃尔赫南·赫尔普曼（Elhanan Helpman, 1946~）和珀·安特拉斯等一批在国际贸易理论领域杰出的学者共事。在担任大学教师的同时，梅里兹还在美国国家经济研究局、经济政策研究中心和 CESifo 等机构担任研究员，并在《国际经济学杂志》、《美国经济学会杂志》、《微观经济学》、《经济研究评论》等期刊担任编辑。

梅里兹主要关注生产者层面对全球化的反应。他在国际经济与贸易领域出版了许多高水平论文且被引用率非常之高，其中最具影响力的论文是 2003 年他在计量经济学杂志中发表的《贸易对行业内再分配和整体行业生产率的影响》（The Impact of Trade on Intra-Industry Reallocations and Aggregate Industry Productivity）。这篇文章被视为新新贸易理论的问世之作，推动了国际贸易理论向微观层面的演进，具有重要的理论价值。此后，梅里兹与埃尔赫南·赫尔普曼、斯蒂芬·耶普（Stephen Yeaple）、法比奥·吉罗尼（Fabio Ghironi）、贾马尔科·奥塔维亚诺（Gianmarco I. P. Ottaviano）和约纳·鲁宾斯坦（Yona Rubinstein）等人围绕异质性企业的国际贸易问题发表了多篇学术论文，进一步发展了新新贸易理论，如《异质企业的出口与 FDI》（Export Versus FDI with

---

① IDEAS, "Top 200 Economists (10 years or less)", http：//ideas. repec. org/top/top. young. html.

Heterogeneous Firms，2004)、《异质企业的国际贸易和宏观动态》(International Trade and Macroeconomic Dynamics with Heterogeneous Firms，2005)、《异质企业动态贸易流量》(Trade Flow Dynamics with Heterogeneous Firms，2007)、《市场规模、贸易和生产率》(Market Size，Trade，and Productivity，2008)等等。

三、安特拉斯的生平和著作

珀·安特拉斯 (Pol Antràs，1975 ~) 出生在西班牙的巴塞罗那，他在少年时期就表现出了突出的学习能力和聪慧的头脑。17 岁时安特拉斯获得了西班牙国家奥林匹克计算机科学奖，并在第二年获得美国提供的 ASSIIST (American Secondary Schools for International Students and Teachers) 奖学金。1998 年，安特拉斯以 GPA 最高分的优异成绩获得了西班牙朋培法普拉大学经济学学士学位，并在第二年获得了该校的经济学硕士学位。安特拉斯的经济学博士学位是在 2003 年于美国麻省理工学院获得的，他在博士研修期间就关注了企业层面的贸易问题，并完成了一篇名为《企业、契约与贸易结构》(Firms，Contracts，and Trade Structure，2003) 的博士论文。安特拉斯博士毕业后一直执教于哈佛大学经济系并于 2007 年成为该校经济学教授，期间还曾担任美国国家经济研究局国际贸易与组织工作组主任。目前，他在《经济学季刊》、《欧洲经济学协会杂志》和《美国经济评论》等期刊担任编辑职务，在美国国家经济研究局和经济政策研究中心等机构也承担了研究工作。

安特拉斯在 2003 年将他的博士论文整理后发表在《经济学季刊》，其中探索了企业如何在全球范围内组织生产的决策问题，形成了企业内生边界理论的最初形态，与梅里兹的异质性企业贸易理论共同支撑起了新新贸易理论。为了进一步发展新新贸易理论，安特拉斯独立或与其他学者共同发表了一系列高水平著作，如《美国的综合生产函数是柯布—道格拉斯形式吗？对替代弹性的新估计》(Is the U. S. Aggregate Production Function Cobb- Douglas? New Estimates of the Elasticity Substitution，2004)、《不完全契约与产品周期》(Incomplete Contracts and the Product Cycle，2005)、《知识经济中的离岸外包》(Offshoring in a Knowledge Economy，2006)、《契约与技术采用》(Contracts and Technology Adoption，2007)、《组织离岸外包：中间管理者和通讯成本》(Organizing Offshoring：Middle Managers and Communication Costs，2008) 和《FDI 流量与跨国公司活动》(FDI Flows and Multinational Firm Activity，2009) 等等。

第二节　新新贸易理论的思想来源与基本内容

以往的国际贸易理论以国家或产业为基本研究单位，对于实际从事跨国经营活动的主体——企业却涉及甚少。这些理论往往以一个具有代表性的企业来代表所有企业，致使每个企业的内部特征和行为差异被关进了无法考察的"黑箱"。近年来"对部门内生产单位的经验研究已经得出了大量关于多种表现形式的异质性（最显著的就是规模和生产率）。这种部门内的异质性对于贸易理论与经验模型的研究十分重要。"① 因此，在经验研究的推动下，从微观层面解释贸易行为的新新贸易理论逐渐形成，它的出现弥补了传统贸易理论中对企业研究的不足，使国际贸易理论的解释力更符合当代世界的现实经济情况。

一、梅里兹与异质性企业贸易理论

（一）异质性企业贸易理论的思想来源

对于企业异质性与企业国际化经营的研究在 20 世纪的最后几年里和 21 世纪之初就已经初露端倪。在经验研究方面，梅里兹从伯纳德和詹森（Bernard A. B. 和 Jensen J. B. 1999a，b）对美国的研究、克莱里德斯·莱克和 Tybout（Clerides Lack 和 Tybout，1998）对哥伦比亚、墨西哥和摩洛哥的研究等一些严格的实证分析中看到：生产率更高的企业会自我选择进入出口市场，而且生产率在行业内发生了再分配，生产率较高的出口企业获得了生产率的提升。

其实，类似的经验研究在 20 世纪 90 年代已经出现在了一些高水平文章中。例如，伯纳德和詹森曾在 1995 年的论文《1976～1987 年美国制造业的出口者、就业与工资》（Exporters，Jobs and Wages in U. S. Manufacturing，1976～87）中发现出口企业的劳动生产率、资本密集度、技术密集度和员工所获得的工资均高于非出口企业。1997 年，伯纳德与瓦格纳（J. Wagner）发现在德国制造业中同样存在出口企业与非出口企业在事前的生产率和规模差异，并在他们共同发表的文章《德国制造业中的出口与成功》（Exports and Success in German Manufacturing）中进行了详细的阐述，此后二人又在 2001 的发表了《德国企业的出口进入与退出》中再次讨论了相关问题。2002 年，德尔加多

---

① Marc J. Melitz, "International Trade and Heterogeneous Firms," *New Palgrave Dictionary of Economics*, 2nd ed. , forthcoming.

（Delgado）等人在对西班牙 1991～1996 年制造业的调查统计中发现了存在高生产率企业自我选择进入出口市场的现象。同年，卡斯特拉尼（Castellani）对意大利企业的经验研究也证明了企业异质性与企业出口行为的类似关系。这些经验研究激发了梅里兹对贸易理论的深入思考，他希望将企业生产率的差异等异质性融入传统贸易模型中。

与此同时，考虑了企业异质性的国际贸易理论探索也已经出现。伯纳德、伊顿、詹森和科图姆（Bernard，Eaton，Jenson 和 Kortum 简称，BEJK）于2003 年共同发表了《国际贸易中的企业与生产率》（Plants and Productivity in International Trade）一文，他们将企业异质性引入了一个李嘉图模型，使新得到的模型可以体现出企业特有的比较优势。这篇文章与梅里兹（2003）所得到的结论（贸易会引起产业内再分配）是基本一致的，但是它所刻画的再分配传播渠道和动机却与梅里兹有所不同。梅里兹认为 BEJK 设定"企业是在竞争生产同样种类的产品——这种竞争来自于国内和国外的同类产品生产者。这就导致了内生的成本加成分布，使得一种特性在文章中缺失了。"①

（二）异质性企业贸易理论的基本内容

梅里兹通过已有文献发现："企业表现出的巨大差异也会与企业进入国际交易的决策具有强烈的相关性（例如出口、从国外供应者那里进口中间产品或者投资海外机构）：只有一小部分企业存在这种行为，……并且与同部门中那些没有参与国际联系的企业相比，这些企业是非常大型的且生产能力更高。"② 同时，梅里兹认为传统的贸易模型是无法解释这一新经济现象的，他表示："在一个国家的整体环境中，不同企业间再分配所发生的变化是不能由一个基于代表性企业的模型所解释的。"于是梅里兹在 2003 年发表的《贸易对行业内再分配和整体行业生产率的影响》文章中建立了一个"包含企业异质性的动态产业模型来分析国际贸易的产业内效应。"③ 在这个模型中，梅里兹引用了霍彭海恩（Hopenhayn，1992a，b）对企业生产率的处理方法来解释同一产业内异质性企业的内生选择。霍彭海恩仅考虑了竞争性的企业，而梅里兹则将其纳入了一般均衡框架下的垄断竞争模型之中，从而又进一步扩展了克

---

① Marc J. Melitz, "The Impact of Trade on Intra-Industry Reallocations and Aggregate Industry Productivity," *Econometrica*, Vol. 71, November 2003, pp. 1695～1725.

② Marc J. Melitz, "International Trade and Heterogeneous Firms," *New Palgrave Dictionary of Economics*, 2nd ed., forthcoming.

③ 同上。

鲁格曼（1980）的贸易模型。通过这样一个创新的模型分析，梅里兹说明了"开展贸易将如何只引起生产率更高的企业进入出口市场（而一些生产率较低的企业继续只为本国市场生产产品），而且同时迫使生产率最低的企业退出市场。"①

在《贸易对行业内再分配和整体行业生产率的影响》一文的模型分析中，梅里兹首先从需求和生产的角度设定了模型的基本条件。其中具有启发意义的是他在生产函数中引入了代表企业生产率水平的变量，那么收入、价格、产量和利润等函数均可由生产率水平这一变量所表示。由于每个企业进入同一行业都需要支付固定的进入成本，所以只有那些生产率较高的企业可以留在市场中，反之则只能退出市场。通过求导封闭经济下自由进入情况与零利润临界情况的函数关系式，梅里兹得到了封闭经济中的均衡。进一步，在假定存在冰山运输成本和对称的国外市场等条件下，梅里兹考察了开放经济的均衡情况和贸易自由化对行业生产率和社会福利的影响。

通过模型所得到的结论是直接且明确的，它证明了出口成本的存在明显改变了不同企业从贸易中获得的收益情况。"事实上，只有一部分企业，更有效率的那些，通过市场份额和利润的增加获得了贸易的收益"②，而效率较低的企业会在市场份额和利润两个方面都遭受损失。但是，开展贸易却会"迫使生产效率最差的企业退出所在产业。这些贸易所引起的向效率较高企业的再分配解释了为什么通过贸易就会引起综合生产率的提高，而不是必须通过提高每个企业的生产效率。"③ 同时，梅里兹认为贸易成本的存在是不会影响一国福利水平的提升的，即更多地参与国际贸易会为一个国家带来福利的提高。那么"阻碍再分配过程或干扰要素市场弹性的政策可能会拖累甚至妨碍一个国家从贸易中获得全部的收益。"④ 虽然这一富于创新意义的模型证明了贸易所引起的产业内再分配会带来长期的收益，但是在短期内还是需要付出一定成本的。因此，梅里兹认为"当在不阻碍再分配过程时，需要一些政策来帮助减轻交易成本。"⑤

---

① Marc J. Melitz, "The Impact of Trade on Intra-Industry Reallocations and Aggregate Industry Productivity," *Econometrica*, Vol. 71, November 2003, pp. 1695~1725.

② 同上。

③ 同上。

④ 同上。

⑤ 同上。

总而言之，梅里兹所建立的模型显示了三个方面的分析效果：第一，模型表明了贸易是怎样引起生产率较高的企业进入出口市场，又是怎样迫使生产率最低的企业退出市场的；第二，行业向贸易的扩展是怎样导致更多的行业内再分配向生产率较高的企业倾斜的；第三，行业内再分配对社会福利的贡献是怎样使整个行业生产率得到增长的。梅里兹总结他这篇文章的一个重要贡献就是："提供了这样一个可以非常容易处理的包含企业异质性的一般均衡模型。"

二、安特拉斯与企业内生边界理论

（一）企业内生边界理论的思想来源

安特拉斯从现有文献中看到："大致来看，全球三分之一的贸易都是企业内贸易。"① 这引发了他对企业边界和国际贸易关系的研究兴趣。"企业边界"是一个在传统经济理论中早有涉及的概念，亚当·斯密（1776）和马克思（1848）都曾在各自的论著中涉及到分工与协作会使企业规模或范围扩大的论述，从而间接讨论了企业边界的问题。而后，马歇尔（Alfred Marshall）和钱德勒（Alfred D. Chandler）等学者也在各自的著作中探讨了企业规模的作用和影响因素。真正研究"企业边界"这一概念的学派是新制度经济学，代表著作是罗纳德·科斯（Ronald H. Coase）在 1937 年发表的《企业的性质》（The Nature of the Firm）和奥利弗·威廉姆森（Oliver E. Williamson）在 1985 年发表的《资本主义经济制度》（The Economic Institutions of Capitalism）。在科斯的文章中他对企业作出了明确的定义，界定企业为"价格机制的替代物"。②基于其所定义的企业概念和交易成本的存在，科斯认为当其他因素保持不变时，一个企业会在以下三种情况下扩张企业边界："（1）更少的组织成本和随着组织交易增多而更缓慢的成本增加；（2）企业家犯错误的可能性更小和随着组织交易增多而更少的错误增加；（3）更大企业规模下生产要素供给价格下降（或增长缓慢）的更多。"③ 可见，这种通过对企业组织内部交易成本与公开市场或其他企业交易成本的比较决定了企业的边界。威廉姆森在他的著作中强调了企业边界的临界点，并通过资产专用性和交易频率等概念对企业边界作了深入研究。

---

① Pol Antràs, "Firms, Contracts, and Trade Structure," *Quarterly Journal of Economics*, Vol. 118, No. 4, November 2003, pp. 1374 ~ 1418.

② R. H. Coase, "The Nature of the Firm," Economica, New Series, Vol. 4, No. 16, 1937, pp. 386 ~ 405.

③ 同上。

安特拉斯不仅从以上学者的理论中汲取了关于企业边界的基本思想，而且从格罗斯曼和哈特（Sanford J. Grossman 和 Oliver D. Hart，1986）的《所有权的成本与收益：一个纵向和横向一体化的理论》一文中获得了如何从模型中刻画企业边界的启发。在格罗斯曼和哈特（1986）的文章中，他们建立了一个需要付出成本的契约理论，强调"契约权利可分为两个部分：专用权和剩余权。当列举一份契约中资产的全部专用权是需要付出成本时，让一方购买全部剩余权可能是最佳选择。"而后，在二人的模型中两个企业被假定为都需要持续两个时期，而且每个企业都由一个可以获得所在企业全部收入的经理所经营。格罗斯曼和哈特从他们的分析中得到了"纵向一体是为了获得剩余控制权而购买了供应者的资产"等结论，也展示了其理论模型对现实经济的解释能力。另外，由于安特拉斯试图解释的是企业边界、契约和贸易结构的关系问题，他还需要从贸易理论中获得有关思想与模型启发。然而，安特拉斯发现"传统贸易理论对企业边界却是沉默的。现有对企业理论的贡献趋向于规模内的局部均衡而且忽视了企业内贸易的国际维度。"① 于是，带着从赫尔普曼和克鲁格曼（Helpman 和 Krugman）的《市场结构和对外贸易》（Market Structure and Foreign Trade，1985）一书中所获得的关于贸易模型的构建思路，安特拉斯开始了富于开创性的企业内生边界理论研究。

（二）企业内生边界理论的基本内容

安特拉斯在《企业、契约和贸易结构》文章中试图揭示企业内贸易的两种系统模式："在行业面板中，企业内进口在美国全部进口中所占比重明显更高，出口行业的资本密集度更高；在国家截面中，企业内进口占全部美国进口比重也明显更高，出口国家的资本—劳动比率更高。"② 为了从理论层面上将这两种系统模式统一而论，安特拉斯将格罗斯曼—哈特—穆尔（Grossman-Hart-Moore，1986，1990）对企业的观点和赫尔普曼—克鲁格曼（Helpman-Krugman，1985）对国际贸易的观点进行了整合，从而形成了企业内生边界理论的最初框架。

安特拉斯在文章中"构建了一个关于企业边界的不完全契约产权模型，然后将其纳入一个标准的不完全竞争和产品差异性的贸易模型。这个模型界定

---

① Pol Antràs, "Firms, Contracts, and Trade Structure," *Quarterly Journal of Economics*, Vol. 118, No. 4, November 2003, pp. 1374~1418.

② 同上。

了跨国公司的边界和生产的国际定位。"① 具体而言，模型首先假定了封闭经济中存在两种生产要素——资本和劳动，用以在两个部门内生产差异化的产品。"资本和劳动的供给是无弹性的且可以在部门间自由移动。"② 在生产者的眼中每一种产品都是不同的，因为"每一种产品都需要投入一个专门的、独特的中间产品，而且这种专门的中间投入必须是高质量的，否则最终产品的产出为零。"③ 在这里，安特拉斯将中间产品的生产技术假定为使用资本和劳动两种要素的柯布—道格拉斯函数形式，且不存在固定的生产成本。那么，当投入的中间产品具备了高质量的特点后，最终产品的生产就不再需要更多的成本。从安特拉斯的假定中可以看到，市场中存在两种形式的生产者："最终产品生产者和中间投入品的供应者。在作出任何投资之前，一个最终产品的生产者要决定是否进入一个既定的市场，如果进入，则是否从一个垂直的一体化供应者还是单独的供应者那里获得零部件。……一体化的供应者与非一体化的供应者只在它们所被赋予的剩余权方面存在差别……"④

至于对不完全契约的刻画，安特拉斯"假设外部人员是无法分辨中间投入品的质量高低的。因此投入供应者和最终产品生产者不能签订一个强制协议来指定以一个固定的价格来购买某一种中间投入品。如果他们这样做，投入品供应者将产生在同样的收入下以低成本生产低质量投入品的动机。"⑤ 显然，安特拉斯对于契约不完全性的假设是符合现实经济情况的，而且他进一步细致描述了不同时期中最终产品生产者与中间品供应者的合作过程及其中涉及的变量关系。"在 t_0 时期，最终产品生产者决定是否进入一个给定的市场，签订剩余权，决定成本份额范围，供应者向最终产品生产者支付一次性转移支付。在 t_1 时期，企业选择他们对资本和劳动的投资并付出固定成本。在 t_2 时期，最终产品生产者将零部件的标准交给他的合作伙伴，而后者可以以高质量或低质量提供中间投入品。在 t_3 时期，零部件的质量可以由合作伙伴双方共同观测，因而双方就供应决策进行议价。最后，最终产品在 t_4 时期被生产出来并销售

---

① Pol Antràs, "Firms, Contracts, and Trade Structure," *Quarterly Journal of Economics*, Vol. 118, No. 4, November 2003, pp. 1374~1418.

② 同上。

③ 同上。

④ 同上。

⑤ 同上。

出去。"①

　　基于以上阐述，安特拉斯对企业行为进行了函数化，并分别分析了一体化的供应者和非一体化的供应者的情况。从而他得到了第一个命题，即存在惟一的临界资本密集度，使得所有小于该临界值的企业选择外包中间投入品的生产环节，而大于这一临界值的所有企业选择合并它们的供应者，只有处于这一临界值的企业对于两种选择不能确定。这一命题解释了安特拉斯所描述的第一种企业内贸易系统模式，说明了资本密集度与企业是否采取企业内贸易的关系。安特拉斯在此基础上进一步讨论了行业均衡与一般均衡情况。在多国模型的讨论中，安特拉斯假定不同国家间仅在要素禀赋上存在差异。通过对企业在全球范围内的生产定位等问题的分析，安特拉斯得到了他的第二个命题：对于任意一对国家，S 国企业内进口占全部 N 国从 S 国进口的比重是出口国家资本—劳动比率的递增函数。而且，对于一个给定的资本—劳动比率，它不受任意一国相对规模的影响。因此，命题二进一步证明了他对第二个企业内贸易系统模式的描述。

　　综上，安特拉斯的贸易模型不仅成功地解释了当前国际经济中的企业内贸易现象，而且能够通过考察资本密集度等企业特性预测其全球生产组织模式。最后，安特拉斯使用企业内贸易数据与美国进口数据验证了他的主要结论，揭示出资本密集度、技术水平和契约制度等异质性在企业组织全球生产过程中的重要作用，进一步印证了其贸易模型的适用性。安特拉斯的这一理论成果填补了传统贸易理论对企业边界研究的一个空白，也形成了新新贸易理论的独立分支，为接下来的深入研究奠定了基础。

第三节　新新贸易理论的初步发展

　　新新贸易理论的出现激发了经济学者们对企业与贸易关系的研究热情，包括梅里兹和安特拉斯在内的来自许多国家的研究者都加入了这一前沿理论研究，形成了对该理论的初步发展。

一、异质性企业贸易理论的初步发展

　　在率先提出了异质性企业贸易理论后，梅里兹积极参与到对该理论的发展

　　① Pol Antràs, "Firms, Contracts, and Trade Structure," *Quarterly Journal of Economics*, Vol. 118, No. 4, November 2003, pp. 1374~1418.

与完善工作中。2004 年梅里兹与赫尔普曼、耶普运用"临近—集中"理论的分析框架，讨论了异质性企业在服务国内市场、出口和水平对外直接投资间的选择。在这篇名为《异质性企业出口与 FDI》的文章中，三人将异质企业引入一个简单的多国、多部门模型，其中作出不同选择的企业所面临的成本也是不同的。所得到的结论是"企业根据生产率（差异）分成了不同的组织形式。生产率最低的企业离开行业，因为如果它们留下，无论怎样组织（生产），它们的经营利润将会为负。其他低生产率企业选择只服务国内市场。剩余的企业既服务国内市场也服务国外市场，但是它们在国外市场的经营模式是不同的。在这一群体中，生产率最高的企业选择投资外国市场，而生产率较低的企业选择出口。"[1] 他们的论证证明了梅里兹（2003）的结论，也通过一个简单的模型使异质性企业贸易理论更易理解且更易通过实证研究来证明。2005 年，梅里兹与吉罗尼完成了的文章中通过一个随机的一般均衡两国贸易模型将异质性企业融入宏观动态分析之中。2007 年，梅里兹与吉罗尼再次完成了一篇关于异质性企业的动态贸易流量的文章。2008 年，梅里兹与奥塔维亚讨论了市场规模和贸易如何影响一个市场的竞争强度，而后又反作用于市场中的异质性生产者和出口者的选择。同年，梅里兹与赫尔普曼和鲁宾斯坦发展了一个异质性企业的国际贸易模型，从而考察了贸易伙伴国与贸易流量的问题。

除梅里兹和他的同伴外，其他学者也从不同角度推进了异质性企业贸易理论。2004 年，法尔维（Falvey）等人将前沿技术纳入异质性企业出口贸易的分析之中，对不同效率国家的出口企业与行业生产率的关系进行了研究。2005 年，鲍尔温（Baldwin）在研究异质性企业贸易模式的同时还探讨了上开放程度增强对企业和总体经济的影响。同年，格罗斯曼（Grossman）等人构建了包含三个国家的经济模型，探讨异质性与跨国公司在全球范围内组织生产决策的问题，并分析了对外直接投资中沉没成本的存在性问题。还是在这一年，耶普对异质性企业贸易理论作出了突出的研究贡献，他解释了企业异质性的产生根源。耶普认为"企业在诞生的时候都是相同的，它们以各自的特性采用不同技术来自由生产，而且自由雇佣在完全竞争的劳动力市场中能力不同的工人。企业的异质性得到提升是因为企业内生的选择使用不同的技术和相应的雇佣不同类型的

---

① E. Helpman, M. J. Melitz, S. R. Yeaple, "Export Versus FDI with Heterogeneous Firms," *The American Economic Review*, Vol. 94, 2004, pp. 300～316.

工人。"① 通过模型分析，耶普证明："相对于非出口企业而言，出口企业更大，采用更多先进技术，支付更高的工资，而且表现出更高的生产率。"② 此外，贸易摩擦的降低对企业技术水平、员工水平、工资水平和贸易流量等变量也具有可以被模型解释的相应作用。此后，基于异质性企业的贸易理论与实证研究呈总体增长的趋势，这些研究成果对现实经济的解释能力也逐渐增强，表明了异质性企业贸易理论的价值所在，更为今后深入研究的开展奠定了基础。

二、企业内生边界理论的初步发展

2004 年，安特拉斯与赫尔普曼共同发表了《全球采购》一文，提出了"一个南北国际贸易模型，其中差异性的生产者在北方国家发展起来。各部门中都存在生产率不同的最终产品生产者，……企业决定采用一体化的方式生产中间投入品或是通过外部采购（获得中间投入品）。"③ 在他们的模型中，"异质性最终产品生产者选择组织形式。也就是说，他们选择中间投入品生产的所有权结构和定位。总部服务总是由本国（北方国家）来提供。中间投入品可以由本国或低工资的南方国家提供，而且中间投入品的生产可以由最终产品生产者或独立的供应者所生产。"④ 生产率较高的企业可以从南方国家获得中间投入品，而生产率较低的企业从北方国家获得中间投入品。"在同一个国家中采购投入品的企业中，生产率较低的企业外包而生产率较高的企业内包。"⑤ 这样，模型就从异质性企业的角度解释了企业全球组织生产模式的决策问题，是对企业内生边界理论的一次突破性扩展。

2005 年，安特拉斯在 5 月份发表的文章中展示了如何将产权方法的核心思想与国际贸易理论相结合，从而研究"在一个统一的框架中，跨国公司的定位与控制决策。"同年 9 月份，他在另一篇文章中探讨了不完全契约与产品生命周期的问题。为了解决最佳组织结构问题，安特拉斯在文章中对产品生命周期假设进行了发展，认为"制造业首先在企业边界内转向国外，而且只有

① S. R. Yeaple, "A simple Model of Firm Heterogeneity, International Trade, and Wages," *Journal of International Economics*, Vol. 65, 2005, pp. 1~20.

② 同上。

③ Pol Antra's, Elhanan Helpman, "Global Sourcing,", *Journal of Political Economy*, Vol. 112, No. 3, June 2004, pp. 552~580.

④ 同上。

⑤ 同上。

在之后的发展阶段中才转向独立的国外企业。"① 2006 年，安特拉斯与加里卡诺（Garicano）和罗西－汉斯博格（Rossi-Hansberg）讨论了"跨国团队的构成是怎样影响工作组织与工资结构"的问题，得到了"全球化扩大了南方国家非管理者的工资差距"② 等结论。2007 年，安特拉斯与埃斯莫格卢（Acemoglu）和赫尔普曼进一步研究了"契约的不完全性、技术互补和技术采用的关系"问题，发现"更大的契约不完全性导致采用较不先进的技术，而且当中间投入品存在更大的互补性时契约不完全性的作用会更明确"③。在 2008 年与同伴共同发表的两篇文章中，安特拉斯等人分别研究了"组织内生地对中间代理人的知识进行充分运用"④ 的问题和组织跨国生产的交易成本问题，以及契约的摩擦与全球采购之间的关系。最近 3 年里，安特拉斯在研究内容中加入了对中间产品贸易的关注，从而更深入地探讨了企业边界、一体化和全球化等经济问题。除安特拉斯和他的同伴外，基恩·格罗斯曼（Gene M. Grossman）、戴利亚·马林（Dalia Marin）和蒂里·维迪尔（Thierry A. Verdier）等学者也在近年从不同的方向延伸了企业内生边界理论的解释范围。

　　总而言之，无论是异质性企业贸易理论还是企业内生边界理论，它们作为新新贸易理论的重要分支都创新性的观察到了企业之间的差异以及这种差异对企业国际化经营的影响。这种理论层面上的创新并不是对传统贸易理论的否定，相反，它正是基于现实经济贸易情况对传统贸易理论的合理补充与发展。新新贸易理论的出现使沉寂已久的国际贸易理论界焕发了新的生机，但是新新贸易理论从产生到发展至今还不到 10 年时间，这对于任何一种理论而言都是一个极短的成长过程，还需要较长的时间和大量的科研努力才能使它走向成熟。而这一理论的每一步成长都将在广大热爱国际贸易理论读者的见证下完成，甚至可能会在某一位或某一些读者的笔中"流淌"出来。

　　① Pol Antràs, "Incomplete Contracts and the Product Cycle," *American Economic Review*, Vol. 95, No. 4, September 2005, pp. 1054～1073.

　　② Pol Antràs, Luis Garicano, Esteban Rossi-Hansberg, "Offshoring in a Knowledge Economy," *Quarterly Journal of Economics*, Vol. 121, No. 1, February 2006, pp. 31～77.

　　③ Daron Acemoglu, Pol Antràs, Elhanan Helpman, "Contracts and Technology Adoption," *American Economic Review*, Vol. 97, No. 3, June 2007, pp. 916～943.

　　④ Pol Antràs, Luis Garicano, Esteban Rossi-Hansberg, "Organizing Offshoring: Middle Managers and Communication Costs," forthcoming in Helpman, E., D. Marin, and T. Verdier, The Organization of Firms in a Global Economy, Harvard University Press, 2008.

参考文献

中文文献:

《马克思恩格斯全集》第 4 卷,人民出版社 1958 年版。

《马克思恩格斯全集》第 4 卷 II,人民出版社 1972 年版。

《马克思恩格斯全集》第 26 卷 II,人民出版社 1973 年版。

马克思:《剩余价值理论》,《马克思恩格斯全集》第 26 卷,人民出版社 1972 年版。

马克思、恩格斯:《共产党宣言》,人民出版社 1997 年版。

《马克思恩格斯全集》第 3 卷,人民出版社 1960 年版。

《马克思恩格斯全集》第 4 卷,人民出版社 1958 年版。

《马克思恩格斯全集》第 42 卷,人民出版社 1978 年版。

《马克思恩格斯全集》第 48 卷,人民出版社 1982 年版。

《马克思恩格斯选集》第 1 卷,人民出版社第 2 版。

马克思:《资本论》第 1 卷,人民出版社 1975 年 6 月。

马克思:《资本论》第 3 卷,人民出版社 1975 年 6 月。

马克思:《资本论》第 1 卷,《马克思恩格斯全集》第 44 卷,人民出版社。

《列宁选集》第 1 卷,人民出版社 1972 年版。

恩格斯:《反杜林论》,人民出版社 1970 年版。

董国辉:《劳尔·普雷维什经济思想研究》,天津:南开大学出版社,2003 年第 1 版。

高铦:《第三世界发展理论探讨》,北京:社会科学文献出版社,1992 年版。

郭寿玉:《资本主义南北经济关系新论——马克思主义中心外围论》,北京:首都师范大学出版社,1993 年版。

国彦兵:《西方国际贸易理论:历史与发展》,杭州:浙江大学出版社,2004 年版。

江时学:《拉美发展模式研究》,北京:经济管理出版社,1996 年版。

肖枫:《西方发展学与拉美的发展理论》,北京:世界知识出版社,1990 年版。

海闻、P. 林德特、王新奎:《国际贸易》,上海:上海人民出版社,2003 年版。

王永昆:《西方国际贸易理论讲座》,北京:中国对外经济贸易出版社,1990 年版。

栾文莲:《全球的脉动:马克思主义世界市场理论与经济全球化问题》,人民出版社

2005 年版。

杨圣明：《马克思主义国际贸易理论新探》，经济管理出版社 2002 年版。

李翀：《马克思主义国际贸易理论的构建》，中国财政经济出版社 2006 年版。

刘东升：《国际经贸理论基源卷》，薛荣久：《国际经贸理论通鉴》，对外经济贸易大学出版社 2006 年版。

王俊宜、李权：《国际贸易》，中国发展出版社 2003 年版。

姚开建：《经济学说史》，中国人民大学出版社 2003 年版。

张旭昆、袁亚春、王如芳：《经济思想通史》，浙江大学出版社 2003 年版。

卢森贝：《政治经济学史》第 1 卷，三联书店 1961 年版。

葛扬、李晓蓉：《西方经济学说史》，南京大学出版社 2003 年版。

于俊文：《亚当·斯密》，商务印书馆 1987 年版。

宛樵、吴宇晖：《亚当·斯密与〈国富论〉》，吉林大学出版社 1986 年版。

佟家栋：《贸易自由化、贸易保护与经济利益》，经济科学出版社 2002 年版。

胡代光、厉以宁、袁东明：《凯恩斯主义的发展和演变》，清华大学出版社 2004 年版。

方福前：《从〈货币论〉到〈通论〉——凯恩斯经济思想发展过程研究》，武汉大学出版社 1997 年版。

中文译著

贾恩卡洛·甘道尔夫著，王根蓓译：《国际贸易理论与政策》，上海：上海财经大学出版社，2005 年版。

[美] 保罗·克鲁格曼著，黄胜强译：《新国际贸易理论》[M] 北京：中国社会科学出版社，2001 年版。

[美] 保罗·克鲁格曼、茅瑞斯·奥博斯法尔德著，海闻等译：《国际经济学》[M]，中国人民大学出版社。

[以] 艾尔赫南·赫尔普曼、保罗·克鲁格曼著，尹翔硕、尹翔康译：《市场结构和对外贸易——报酬递增、不完全竞争和国际经济》[M]，上海：上海人民出版社，2009 年版。

[以] 艾尔赫南·赫尔普曼、保罗·克鲁格曼著，李增刚译：《贸易政策和市场结构》[M]，上海：上海人民出版社，2009 年版。

马克·斯考恩著，马春文等译：《现代经济学的历程——大思想家的生平和思想》[M]，长春：长春出版社，2006 年版。

M. P. 托达罗著，于同申等译：《第三世界的经济发展》（上、下），北京：中国人民大学出版社，1991 年版。

劳尔·普雷维什著，苏振兴、袁兴昌译：《外围资本主义：危机与改造》，北京：商务印书馆，1990 年版。

恩格斯：《马克思恩格斯选集》（第四卷），北京：人民出版社，1972 年版。

马克思：《资本论》（第一卷），北京：人民出版社，1975 年版。

迈克尔·托达罗著，黄卫平等译：《经济发展》，北京：中国经济出版社，1999 年第 6 版。

列宁：《帝国主义是资本主义的最高阶段》，北京：人民出版社，1972 年版。

莱斯利·贝瑟尔主编，中国社会科学院拉丁美洲研究所组译：《剑桥拉丁美洲史》（第 6 卷），北京：社会科学文献出版社，2000 年版。

莱斯利·贝瑟尔主编，江时学等译：《剑桥拉丁美洲史》（第 7 卷），北京：社会科学文献出版社，1997 年版。

莱斯利·贝瑟尔主编，徐壮飞等译：《剑桥拉丁美洲史》（第 8 卷），北京：社会科学文献出版社，1998 年版。

萨米尔·阿明：《不平等的发展—论外围资本主义的社会形态》，北京：商务印书馆，1980 年版。

伊曼纽尔著，文贯中等译：《不平等交换》，北京：中国对外经济贸易出版社，1988 年版。

约翰·伊特韦尔等编：《新帕尔格雷夫经济学大辞典》（第 3 卷），北京：经济科学出版社版。

约翰·伊特韦尔等编：《新帕尔格雷夫经济学大辞典》（第 4 卷），北京：经济科学出版社，1996 年版。

瓦西里·里昂惕夫著，崔书香等译：《投入产出经济学》，北京：中国统计出版社，1990 年版。

俄林著，王继祖译：《地区间贸易和国际贸易》，北京：首都经济贸易大学出版社，2001 年版。

芬得雷等编著，田肇寰等译：《百年俄林》，北京：机械工业出版社，2006 年版。

亚当·斯密著，郭大力、王亚南译：《国民财富的性质和原因的研究》上卷，商务印书馆 1974 年版。

亚当·斯密著，郭大力、王亚南译：《国民财富的性质与原因的研究》下卷，商务印书馆 1974 年版。

大卫·李嘉图著，郭大力、王亚南译：《政治经济学及赋税原理》，商务印书馆 1962 年版。

约翰·斯图亚特·穆勒：《自传》，1873 年版。

大卫·李嘉图：《李嘉图著作和通讯集》第 7 卷，商务印书馆 1982 年版。

P. T. 埃尔斯沃斯、J. 克拉克·利斯：《国际经济学》，中译本，商务印书馆 1992 年版。

亚当·斯密：《国民财富的性质与原因的研究》下卷，商务印书馆 1981 年版。

约翰·雷著，胡企林等译：《亚当·斯密传》，商务印书馆 1998 年版。

欧内斯特·莫斯纳、伊恩·辛普森·罗斯著，林国夫等译：《亚当·斯密通信集》，商务印书馆 1992 年版。

斯坦利·L. 布鲁、兰迪·R. 格兰特著，邱晓燕等译：《经济思想史》第 7 版，北京大学出版社 2008 年版。

约翰·梅纳德·凯恩斯著，宋韵声译：《就业、利息和货币通论》，商务印书馆 2005 年版。

约翰·梅纳德·凯恩斯著，何瑞英译：《货币论》上卷，商务印书馆 1997 年版。

约翰·梅纳德·凯恩斯著，何瑞英译：《货币论》下卷，商务印书馆 1997 年版。

约翰·梅纳德·凯恩斯著，赵波、包晓闻译：《预言与劝说》，江苏人民出版社 1999 年版。

贾格迪什·巴格沃蒂著，海闻译：《今日自由贸易》，中国人民大学出版社 2004 年版。

R. F. 哈罗德著，刘精香译：《凯恩斯传》，商务印书馆 1993 年版。

中文论文

陈丽丽：《国际贸易理论研究的新动向—基于异质企业的研究》，《国际贸易问题》，2008 年第 3 期。

樊英：《异质企业贸易模型的理论进展》，《国际贸易问题》，2008 年第 3 期。

洪联英、罗能生：《出口、投资与企业生产率：西方贸易理论的微观新进展》，《国际贸易问题》，2008 年第 7 期。

洪联英、罗能生：《全球生产与贸易新格局下企业国际化发展路径及策略选择—基于生产率异质性理论的分析方法》，《世界经济研究》，2007 年第 12 期。

李春顶：《中国外贸发展战略调整与政策选择—来自新新贸易理论的启示》，《当代经济研究》，2009 年第 8 期。

F. 帕索斯著，余幼宁译：《R. 普雷维什与拉丁美洲的经济发展》，《国外社会科学》，1982 年第 1 期。

边稽：《萨米尔·阿明和"依附"理论》，《西亚非洲》，1980 年第 2 期。

费利佩·帕索斯著，徐英译：《拉丁美洲经济思想 50 年》，《拉美问题译丛》，1990 年第 2 期。

劳尔·普雷维什著，白凤森、徐世澄译：《外围资本主义的动力及其改造》，《世界经济译丛》，1981 年第 4 期。

劳尔·普雷维什著，高铦译：《发展主义与新古典派的对话—评弗里德曼和哈耶克》，《国外社会科学》，1983 年第 2 期。

杨小凯、张永生：《新贸易理论、比较利益理论及其经验研究的新成果：文献综述》，《经济学》，2001 年第 1 期。

庄宗明：《马克思的国际价值论及其意义》，《当代经济研究》2003 年第 3 期。

杨圣明：《经济全球化与国际价值问题》，《中国社会科学院研究生院学报》2002 年第

6 期。

刘厚俊、袁志田：《马克思国际贸易理论与西方国际贸易理论的比较》，《当代经济研究》2006 年第 1 期。

英文文献
著作

Bethell L. ed. , *Ideas and Ideologies in Twentieth Century Latin America*, New York： Cambridge University Press, 1996.

CEPAL, *The Latin American Common Market*, Mexicl, D. F. ： The United Nations, 1959.

Dietz J. L. , James D. D. , *Progress toward development in Latin America：from Prebisch to technological autonomy.* Lynne Rienner Publishers, 1990.

Higgins B. *Economic development：principles, problems and policies*, New York： W. W. Norton& Company, Inc. , 1959.

Hirschman A. O. ed. , "Latin American Issues：Essays and Comments," New York： The Twentieth Century Fund, 1961.

Hohnson G. *Economic policies toward less developed countries*, New York：Frederick a. Praeger Publishers, 1976.

United Nations, *Towards a Dynamic Development Policy for Latin Amercia*, New York, 1963.

Popescu O. *Studies in the History of Latin American Economic Thought*, London：Routledge, 1997.

Prebisch R. , *Cooperratión internacional en la polítia de desarrollo latinoamericano*, Nueva York：Nacionas Unidas, 1954.

Streeten P. , *Development perspectives*, London：The Macmillan Press Ltd. , 1981.

Viner J. *International trade and economic development*, Glencoe：The Free Press, 1952.

Weinberg G. et al. , *Raúl Prebisch：Obras* 1919 ~ 1948, Tomo Ⅰ y Tomo Ⅱ, Buenos Aires：Fundación Raúl Prebisch, 1991.

Donald Moggridge and Austin Robinson, *The Collected Writings of John Maynard Keynes*, Vol. II：*The Economic Consequences of the Peace*, Palgrave Macmillan, 1971.

Elizabeth Johnson, *The Collected Writings of John Mayard Keynes*, Vol. X VII：*Activities* 1920 ~ 1922 *Treaty Revision and Reconstruction*, Macmillan, 1981.

Donald Moggridge, *The Collected Writings of John Maynard Keynes*, Vol. X IX：*Activities* 1920 ~ 1922 *The Return to Gold and Industrial Policy*, Macmillan, 1981.

J. M. Keynes, *A Treatise on Money.* op. cit. , vol. I.

Donald Moggridge, *The Collected Writings of John Maynard Keynes*, Vol. X X：*Activities* 1929 ~ 1931 *Rethinking Employment and Unemployment Policies*, Macmillan, 1981.

Donald Moggridge, The Collected Writings of John Maynard Keynes, Vol. X XI: Activities 1931 ~ 1939 World Crises and Policies in Britain and America, Macmillan, 1982.

Douglas A. Irwin, *Against the Tide: An intellectual history of free trade*, *Princeton*, Princeton University Press, 1995.

WTO, "World Trade Report 2008—Trade in a Globalizing World," 2008.

英文论文

Love J L. "Raul Prebisch and The Origins of the Doctrine of Unequal Exchange," *Latin American Research Review*, 1980.

Prebisch R. , "Elregimen de pool en el comercio de carnes," *Revista de Ciencias Economicas*, 1923.

Prebisch R. "Anotaciones a la Estadistica Nacional," *Revista de Economia Argentina*, 1925.

Prebisch R. , "Commercial policy in the underdeveloped countries," *American Conomic Review*, 1959.

Prebisch R. , "The economic development of Latin America and its Principal Problems," *Economic Bulletin for Latin America*, Vol. 7, 1962.

Prebisch R. , "Towards a New Trade Policy for Development," Report by the Secretary-General of UNCTAD, United Nations, 1964.

Prebisch R. , "Raul Prebisch on Latin American development," *Population and Development Review*, Vol. 7, 1981.

Prebisch R. , "Power relations and market laws," in Kim K S, RUCCIO D F. Debt and Development in Latin American, University of Norte Dame Press, 1985.

Prebisch R. , "The economic development of Latin America and its Principal Problems," *Economic Bulletin for Latin America*, Vol. 7, 1962.

Street J. H. , "Raul Prebisch, 1901 ~ 1986: An Appreciation," *Journal of Economic Issues*, Vol. 21, 1987.

Haberler G. "Critical observations on some current notions in the theory of economic development," *L' industira*, 1957.

Brander J. A. Intra-industry Trade in Identical Commodities [J] . Journal of International Economics, 1981 (11): 1 ~ 14.

Brander J. A. , Krugman P. R. A 'Reciprocal Dumping' Model of International Trade [J] . Journal of International Economics, 1983 (15): 313 ~ 321.

Ethier, W. Dumping [J] . Journal of International Economics, 1982 (90): 487 ~ 506.

Ethier, W. Internationally Decreasing Cost and World Trade [J] . Journal of International Economics, 1979 (9): 1 ~ 24.

Grubel H, Lloyd P. Intra-Industry Trade: The Theory and Measurement of International Trade in Differentiated Products [M], London : Macmillan and New York: Wileys, 1975.

Helpman E. Increasing Returns, Imperfect Markets, and Trade Theory [J] . Discussion Paper. Tel Aviv University.

Krugman P. R. Import Protection as Export Promotion: International Competition in the Presence of Oligopoly and Economies of Scale [Z] . in Kiezkowski, Henryk, ed. Monopolistic Competition in International Trade. Oxford University Press.

Krugman P. R. Increasing Returns and the Theory of International Trade [R] . Cambridge, Mass: NBER, 1997.

Krugman P. R. Increasing Returns and the Theory of International Trade [R] . NBER Working Paper, 1985.

Krugman P. R. , "Intraindustry Specialization and the Gains from Trade" . Journal of Political Economy 1981: 959 ~ 973.

Travis, William P. The Theory of Trade and Protection [M] . Cambridge, Mass. : Harvard University Press, 1964.

Adrian Wood, "Give Heckscher and Ohlin a chance," *Review of World Economics*, 1994.

Bagicha S. Minhas, "The Homohypallagic Production Function, Factor-Intensity Reversals, and the Heckscher-Ohlin Theorem," *The Journal of Political Economy*, Vol. 70, No. 2, Apr. , 1962.

David Stafford Ball, "Factor-Intensity Reversals in International Comparison of Factor Costs and Factor Use," *The Journal of Political Economy*, Vol. 74, No. 1, Feb. , 1966.

Edward E. Leamer, "The Leontief Paradox, Reconsidered," *The Journal of Political Economy*, Vol. 88, No. 3, Jun. , 1980.

Irving B. Kravis, "Wages and Foreign Trade," *The Review of Economics and Statistics*, Vol. 38, No. 1, Feb. , 1956.

Irving B. Kravis, " 'Availability' and Other Influences on the Commodity Composition of Trade," *The Journal of Political Economy*. Vol. 64, No. 2, Apr. , 1956.

Jaroslav Vanek, "The Natural Resource Content of Foreign Trade, 1870 ~ 1955, and the Relative Abundance of Natural Resources in the United States," *The Review of Economics and Statistics*, Vol. 41, No. 2, May, 1959.

Michael Mussa, "Tariffs and the Distribution of Income: The Importance of Factor Specificity, Substitutability, and Intensity in the Short and Long Run," *The Journal of Political Economy*, Vol. 82, No. 6, 1974.

Mordechai E. Kreinin, "Comparative Labor Effectiveness and the Leontief Scarce-Factor Paradox," *The American Economic Review*, Vol. 55, No. 1/2, Mar. , 1965.

Rachel McCulloch, Protection and Real Wages: *The Stolper-Samuelson Theorem*, *Samuelsonian Economics and the 21st Century*, Apr, 2005.

Ronald W. Jones, "The Specific-Factors Model," forthcoming, *The Princeton Encyclopedia of the World Economy*.

Rybczynski. T. M. , "Factor Endowment and Relative Commodity Prices," Economica, New Series, Vol. 22, No. 88, 1955.

Wolfgang F. Stolper, Paul A. Samuelson. "Protection and real wages," *The Review of Economic Studies*, Vol. 9, No. 1, 1941.

Wassily Leontief, "Domestic Production and Foreign Trade: The American Capital Position Re-Examined," Proceedings of the American Philosophical Society, Vol. 97, No. 4, 1953.

Ethier W. , "Some of the theorems of international trade with many goods and factors," *Journal of International Economics*, 1974.

Samuelson, Paul, "International trade and the Equalisation of Factor Prices," *The Economic Journal*, Vol. 58, No. 230, 1948.

Samuelson, Paul, "BERTIL OHLIN (1899 ~ 1979)," *The Scandinavian Journal of Economics*, Vol. 83, No. 3, 1981.

Samuelson, Paul, "Bertil Ohlin: 1889 ~ 1979," *Journal of International Economics*, 1982.

Ronald Findlay, Rolf G. H. Henriksson, Hakan Lindgren, Mats Lundahl, "Eli Heckscher, International trade, and Economic History," EH. NET, 2007。

Brian Hindley. Reviewed work (s): The Technology Factor in International Trade by Raymond Vernon [J] . Economica, New Series, Vol. 38, No. 152 (Nov. , 1971), p. 455.

Donald Wellington. Reviewed work (s): The Technology Factor in International Trade by Raymond Vernon [J] . The Journal of Economic History, Vol. 31, No. 3 (Sep. , 1971), pp. 723 ~ 724.

Franz Gehrels. Reviewed work (s): An Essay on Trade and Transformation by Staffan Burenstam Linder [J] . The American Economic Review, Vol. 52, No. 3 (Jun. , 1962), pp. 622 ~ 625.

Irving B. Kravis. Reviewed work (s): An Essay on Trade and Transformation by Staffan Burenstam Linder [J] . Annals of the American Academy of Political and Social Science, Vol. 345, Transportation Renaissance (Jan. , 1963), pp. 184 ~ 185.

J. H. Auten. Reviewed work (s): An Essay on Trade and Transformation by Staffan Burenstam Linder [J] . Southern Economic Journal, Vol. 29, No. 1 (Jul. , 1962), pp. 53 ~ 54.

J. M. Finger. Reviewed work (s): The Technology Factor in International Trade by Raymond Vernon [J] . Southern Economic Journal, Vol. 37, No. 4 (Apr. , 1971), pp. 500 ~ 502.

Jacques de Bandt. Reviewed work (s): The Technology Factor in International Trade by Raymond Vernon [J] . Revue économique, Vol. 23, No. 1 (Jan. , 1972), pp. 128 ~ 129.

Jagdish Bhagwati. Rewiew: An Essay on Trade and Transformation by Staffan Burenstam Linder. The Journal of Political Economy, Vol. 70, No. 5 (Oct. , 1962), pp. 516~517.

James E. Anderson. Reviewed work (s): The Technology Factor in International Trade. by Raymond Vernon [J] . The Journal of Finance, Vol. 26, No. 3 (Jun. , 1971), pp. 831~833.

Krugman P. R. Increasing Returns and the Theory of International Trade [R] . NBER Working Paper, 1985.

Krugman P. R. , "Intraindustry Specialization and the Gains from Trade". Journal of Political Economy 1981: 959~973.

Peter Buckley. In Memory of Raymond Vernon [J] . Journal of International Business Studies, Vol. 30, No. 3 (3rd Qtr. , 1999), p. iv.

Raymond Vernon. International Investment and International Trade in the Product Cycle [J] . The Quarterly Journal of Economics, Vol. 41, Issue 4 (Nov. 1979), pp. 255~267.

Richard N. Cooper. Reviewed work (s): The Technology Factor in International Trade by Raymond Vernon [J] . Technology and Culture, Vol. 12, No. 3 (Jul. , 1971), pp. 523~525.

Robert E. Baldwin. Reviewed work (s): An Essay on Trade and Transformation by Staffan Burenstam Linder [J] . The Journal of Business, Vol. 36, No. 2 (Apr. , 1963), pp. 257~258.

William Gruber, Dileep Mehta, Raymond Vernon. The R & D Factor in International Trade and International Investment of United States Industries [J] . The Journal of Political Economy, Vol. 75, No. 1 (Feb. , 1967), pp. 20~37.

Andrew B. Bernard, J. Bradford Jensen, Stephen Redding and Peter Schott. "Firms in International Trade," *Journal of Economic Perspectives Summer*, 2007.

Andrew B. Bernard, Stephen Redding and Peter Schott. "Comparative Advantage and Heterogeneous Firms," *Review of Economic Studies*, Vol. 74, January, 2007.

Andrew B. Bernard, J. Bradford Jensen and Peter Schott. "Trade Costs, Firms and Productivity" *Journal of Monetary Economics*, Vol. 53, Issue 5, July, 2006.

Andrew B. Bernard and J. Bradford Jensen. "Exporting and Productivity in the USA". *Oxford Review of Economic Policy*, Vol. 20, No. 3, 2004.

Andrew B. Bernard and J. Bradford Jensen, "Entry, Expansion and Intensity in the U. S. Export Boom, 1987~1992," *Review of International Economics*, 12 (4) , 2004.

Andrew B. Bernard and J. Bradford Jensen, "Why Some Firms Export," *The Review of Economics and Statis*tics, Vol. 86, No. 2, 2004.

Andrew B. Bernard, Jonathan Eaton, J. Bradford Jensen, and Samuel S. Kortum. "Plants and Productivity in International Trade" American Economic Review, Vol. 93, No. 4, September, 2003.

Aw, B. , Chen X. and Roberts M. "Firm-level evidence on productivity differentials and turnover in Taiwanese manufacturing," Journal of Development Economics, Vol. 66, 2001.

Daron Acemoglu, Pol Antràs, Elhanan Helpman, "Contracts and Technology Adoption," American Economic Review, Vol. 97, No. 3, June 2007.

E. Helpman, M. J. Melitz, S. R. Yeaple, "Export Versus FDI with Heterogeneous Firms," The American Economic Review, Vol. 94, 2004.

Grossman, Helpman, Szeidl, "Optimal Integration Strategies for the Multinational Firm," Journal of International Economics, 2005.

Grossman, Helpman, "Outsourcing versus FDI in Industry Equilibrium," Journal of the European Economic Association, 2003.

Marc J. Melitz, "The Impact of Trade on Intra-Industry Reallocations and Aggregate Industry Productivity," Econometrica, Vol. 71, November 2003.

Marc J. Melitz, F. Ghironi, "International Trade and Macroeconomic Dynamics with Heterogeneous Firms," Quarterly Journal of Economics, Vol. 120, 2005.

Marc J. Melitz, F. Ghironi, "Trade Flow Dynamics with Heterogeneous Firms," American Economic Review P&P, Vol. 97, 2007.

Marc J. Melitz, G. Ottaviano, "Market Size, Trade, and Productivity," Review of Economic Studies, Vol. 75, 2008.

Marc J. Melitz, E. Helpman, Y. Rubinstein, "Estimating Trade Flows: Trading Partners and Trading Volumes," Quarterly Journal of Economics, Vol. 123, 2008.

Marc J. Melitz, "International Trade and Heterogeneous Firms," New Palgrave Dictionary of Economics, 2nd ed. , forthcoming.

Pol Antràs, "Firms, Contracts, and Trade Structure," Quarterly Journal of Economics, Vol. 118, No. 4, November 2003.

Pol Antra`s, Elhanan Helpman, "Global Sourcing,",, Journal of Political Economy, Vol. 112, No. 3, June 2004.

Pol Antràs, "Incomplete Contracts and the Product Cycle," American Economic Review, Vol. 95, No. 4, September 2005.

Pol Antràs, Luis Garicano, Esteban Rossi-Hansberg , "Offshoring in a Knowledge Economy," Quarterly Journal of Economics, Vol. 121, No. 1, February 2006.

Pol Antràs, Luis Garicano, Esteban Rossi-Hansberg, "Organizing Offshoring: Middle Managers and Communication Costs," forthcoming in Helpman, E. , D. Marin, and T. Verdier, The Organization of Firms in a Global Economy, Harvard University Press, 2008.

Pol Antràs, Arnaud Costinot, "Intermediated Trade," forthcoming Quarterly Journal of Economics, 2011.

R. H. Coase, "The Nature of the Firm," Economica, New Series, Vol. 4, No. 16, 1937.

S. R. Yeaple, "A simple Model of Firm Heterogeneity, International Trade, and Wages," Journal of International Economics, Vol. 65, 2005.

S. R. Yeaple, "Firm Heterogeneity and the Structure of U. S. Multinational Activity: An Empirical Analysis", NBER Working Paper, 2008, No. 14072.

S. R. Yeaple, "The Complex Integration Strategies of Multinationals and Cross Country Dependencies in the Structure of Foreign Direct Investment," Journal of International Economics, Vol. 60, 2003.

Zeile, William J. , "U. S. Intrafirm Trade in Goods, " Survey of Current Business, LXXVII, 1997, 23 ~ 38.

后 记

　　《国际贸易学说史》经过大家共同努力终于可以定稿并印刷出版了，和这姗姗来迟的春天一样，让人如释重负并且心情振奋。写一本关于国际贸易思想史或者学说史方面的书是大家由来已久的愿望。在多年的国际贸易教学和科研过程中，出于对各种国际贸易学说来龙去脉的困惑，大家一直有搜集和梳理各种贸易学说的想法。因此，完成一本关于国际贸易学说发展演变方面的学术著作，实不敢说"通古今之变，成一家之言"，更多是我们对国际贸易理论研究的心得和体会，特意将它整理出来，希望对大家的学习和研究可以有所启发。

　　本书从两年前开始策划、搜集文献和撰写提纲，到后来大家交流研讨和动笔写作，期间不断发现新的问题和遇到新的困难。这些困难远远超过了原来的预期，主要体现在：一是原始资料难以搜集，尤其是部分时间比较久远的外文文献难以获取；二是国际贸易学说整理难度大，各种国际贸易思想、学说、理论纷繁复杂，整理难度颇大；三是对各种学说客观评价难度较大，尤其一些非主流学说和最新的贸易学说，需要我们在融会贯通的基础上提出自己的想法。本书写作的过程也是不断克服困难的过程。尽管存在各种困难和不足，但我们仍坚持认为写作《国际贸易学说史》是国际贸易理论研究的一次有益尝试，对于了解和掌握各种理论、推进理论学习和理论创新可以起到一定的启发作用！

　　本书的写作和出版也得益于吉林大学经济学院良好的学术氛围，得益于吉林大学经济学院世界经济学科在世界经济和国际贸易领域多年来的学术积累。学院各位老师和同学关于国际贸易学说领域的交流和探讨以及提出的修改意见为本书的完成提供了有益帮助，在这里向他们表示真诚的谢意。当然，还要感谢教育部高等学校社会科学发展研究中心"高校社科文库"项目、"吉林大学985 工程"项目的资助以及光明日报出版社提供的大力支持，他们为本书的顺利出版提供了保证。

本书由李俊江教授负责总体结构设计和最终审定，由史本叶负责统稿，具体章节分工是：李俊江和史本叶撰写导论；史本叶和侯蕾撰写第十二章；范硕撰写第一章、第二章；范思琦撰写第六章、第七章、第九章、第十三章；孙黎撰写第三章、第四章、第五章、第八章；王一捷撰写第十章、第十一章。在本书出版之前，史本叶、范硕、范思琦、孙黎和王一捷做了大量补充、修订和校对等工作。

由于国际贸易理论体系庞杂、发展迅速，很多最新的国际贸易理论仍在发展变化和总结归纳过程之中，加之我们受理论水平和文献资料的限制，本书难免存在各种不足和疏漏之处，恳请读者朋友不吝赐教，以便我们及时改正和补充。

作者

2011 年 4 月